U0736455

全国中医药行业高等教育"十四五"规划教材
全国高等中医药院校规划教材（第十一版）

大学生就业指导

（新世纪第二版）

（供中医学类、中药学类、护理学类、
公共管理类等各专业用）

主　编　曹世奎　张光霁

中国中医药出版社
·北 京·

图书在版编目（CIP）数据

大学生就业指导 / 曹世奎，张光霁主编 . -- 2 版 . --
北京：中国中医药出版社，2024.7（2024.12 重印）
全国中医药行业高等教育"十四五"规划教材
ISBN 978-7-5132-8792-0

Ⅰ.①大… Ⅱ.①曹… ②张… Ⅲ.①大学生—就业
—中医学院—教材 Ⅳ.① G647.38

中国国家版本馆 CIP 数据核字 (2024) 第 102466 号

融合出版数字化资源服务说明

全国中医药行业高等教育"十四五"规划教材为融合教材，各教材相关数字化资源（电子教材、PPT 课件、视频、复习思考题等）在全国中医药行业教育云平台"医开讲"发布。

资源访问说明

扫描右方二维码下载"医开讲 APP"或到"医开讲网站"（网址：www.e-lesson.cn）注册登录，输入封底"序列号"进行账号绑定后即可访问相关数字化资源（注意：序列号只可绑定一个账号，为避免不必要的损失，请您刮开序列号立即进行账号绑定激活）。

资源下载说明

本书有配套 PPT 课件，供教师下载使用，请到"医开讲网站"（网址：www.e-lesson.cn）认证教师身份后，搜索书名进入具体图书页面实现下载。

中国中医药出版社出版

北京经济技术开发区科创十三街 31 号院二区 8 号楼
邮政编码　100176
传真　010-64405721
山东华立印务有限公司印刷
各地新华书店经销

开本 889×1194　1/16　印张 10.5　字数 286 千字
2024 年 7 月第 2 版　2024 年 12 月第 2 次印刷
书号　ISBN 978-7-5132-8792-0

定价　49.00 元
网址　www.cptcm.com

服 务 热 线　010-64405510　微信服务号　zgzyycbs
购 书 热 线　010-89535836　微商城网址　https://kdt.im/LIdUGr
维 权 打 假　010-64405753　天猫旗舰店网址　https://zgzyycbs.tmall.com

如有印装质量问题请与本社出版部联系（010-64405510）

全国中医药行业高等教育"十四五"规划教材
全国高等中医药院校规划教材（第十一版）

《大学生就业指导》
编 委 会

主　编

曹世奎（长春中医药大学）　　　　　张光霁（浙江中医药大学）

副主编

刘同国（山东中医药大学）　　　　　苏文娟（南京中医药大学）

吉广庆（山西中医药大学）　　　　　宋　萌（北京中医药大学）

张　明（天津中医药大学）

编　委（以姓氏笔画为序）

王建钟（浙江中医药大学）　　　　　历建萍（长春中医药大学）

石香云（河北中医药大学）　　　　　孙孝涧（安徽中医药大学）

杜　娟（成都中医药大学）　　　　　杨永坚（云南中医药大学）

孟晓媛（辽宁中医药大学）　　　　　柯龙山（福建中医药大学）

曾雪璐（黑龙江中医药大学）　　　　赖洪燕（广西中医药大学）

熊　艳（湖南中医药大学）

学术秘书（兼）

历建萍（长春中医药大学）

全国中医药行业高等教育"十四五"规划教材
全国高等中医药院校规划教材（第十一版）

专家指导委员会

名誉主任委员

余艳红（国家卫生健康委员会党组成员，国家中医药管理局党组书记、局长）

王永炎（中国中医科学院名誉院长、中国工程院院士）

陈可冀（中国中医科学院研究员、中国科学院院士、国医大师）

主任委员

张伯礼（天津中医药大学教授、中国工程院院士、国医大师）

秦怀金（国家中医药管理局副局长、党组成员）

副主任委员

王　琦（北京中医药大学教授、中国工程院院士、国医大师）

黄璐琦（中国中医科学院院长、中国工程院院士）

严世芸（上海中医药大学教授、国医大师）

高　斌（教育部高等教育司副司长）

陆建伟（国家中医药管理局人事教育司司长）

委　员（以姓氏笔画为序）

丁中涛（云南中医药大学校长）

王　伟（广州中医药大学校长）

王东生（中南大学中西医结合研究所所长）

王维民（北京大学医学部副主任、教育部临床医学专业认证工作委员会主任委员）

王耀献（河南中医药大学校长）

牛　阳（宁夏医科大学党委副书记）

方祝元（江苏省中医院党委书记）

石学敏（天津中医药大学教授、中国工程院院士）

田金洲（北京中医药大学教授、中国工程院院士）

仝小林（中国中医科学院研究员、中国科学院院士）

宁　光（上海交通大学医学院附属瑞金医院院长、中国工程院院士）

匡海学（黑龙江中医药大学教授、教育部高等学校中药学类专业教学指导委员会主任委员）

吕志平（南方医科大学教授、全国名中医）

吕晓东（辽宁中医药大学党委书记）

朱卫丰（江西中医药大学校长）

朱兆云（云南中医药大学教授、中国工程院院士）

刘　良（广州中医药大学教授、中国工程院院士）

刘松林（湖北中医药大学校长）

刘叔文（南方医科大学副校长）

刘清泉（首都医科大学附属北京中医医院院长）

李可建（山东中医药大学校长）

李灿东（福建中医药大学校长）

杨　柱（贵州中医药大学党委书记）

杨晓航（陕西中医药大学校长）

肖　伟（南京中医药大学教授、中国工程院院士）

吴以岭（河北中医药大学名誉校长、中国工程院院士）

余曙光（成都中医药大学校长）

谷晓红（北京中医药大学教授、教育部高等学校中医学类专业教学指导委员会主任委员）

冷向阳（长春中医药大学校长）

张忠德（广东省中医院院长）

陆付耳（华中科技大学同济医学院教授）

阿吉艾克拜尔·艾萨（新疆医科大学校长）

陈　忠（浙江中医药大学校长）

陈凯先（中国科学院上海药物研究所研究员、中国科学院院士）

陈香美（解放军总医院教授、中国工程院院士）

易刚强（湖南中医药大学校长）

季　光（上海中医药大学校长）

周建军（重庆中医药学院院长）

赵继荣（甘肃中医药大学校长）

郝慧琴（山西中医药大学党委书记）

胡　刚（江苏省政协副主席、南京中医药大学教授）

侯卫伟（中国中医药出版社有限公司董事长）

姚　春（广西中医药大学校长）

徐安龙（北京中医药大学校长、教育部高等学校中西医结合类专业教学指导委员会主任委员）

高秀梅（天津中医药大学校长）

高维娟（河北中医药大学校长）

郭宏伟（黑龙江中医药大学校长）

唐志书（中国中医科学院副院长、研究生院院长）

彭代银（安徽中医药大学校长）

董竞成（复旦大学中西医结合研究院院长）

韩晶岩（北京大学医学部基础医学院中西医结合教研室主任）

程海波（南京中医药大学校长）

鲁海文（内蒙古医科大学副校长）

翟理祥（广东药科大学校长）

秘书长（兼）

陆建伟（国家中医药管理局人事教育司司长）

侯卫伟（中国中医药出版社有限公司董事长）

办公室主任

周景玉（国家中医药管理局人事教育司副司长）

李秀明（中国中医药出版社有限公司总编辑）

办公室成员

陈令轩（国家中医药管理局人事教育司综合协调处处长）

李占永（中国中医药出版社有限公司副总编辑）

张岠宇（中国中医药出版社有限公司副总经理）

芮立新（中国中医药出版社有限公司副总编辑）

沈承玲（中国中医药出版社有限公司教材中心主任）

前　言

　　为全面贯彻《中共中央 国务院关于促进中医药传承创新发展的意见》和全国中医药大会精神，落实《国务院办公厅关于加快医学教育创新发展的指导意见》《教育部 国家卫生健康委 国家中医药管理局关于深化医教协同进一步推动中医药教育改革与高质量发展的实施意见》，紧密对接新医科建设对中医药教育改革的新要求和中医药传承创新发展对人才培养的新需求，国家中医药管理局教材办公室（以下简称"教材办"）、中国中医药出版社在国家中医药管理局领导下，在教育部高等学校中医学类、中药学类、中西医结合类专业教学指导委员会及全国中医药行业高等教育规划教材专家指导委员会指导下，对全国中医药行业高等教育"十三五"规划教材进行综合评价，研究制定《全国中医药行业高等教育"十四五"规划教材建设方案》，并全面组织实施。鉴于全国中医药行业主管部门主持编写的全国高等中医药院校规划教材目前已出版十版，为体现其系统性和传承性，本套教材称为第十一版。

　　本套教材建设，坚持问题导向、目标导向、需求导向，结合"十三五"规划教材综合评价中发现的问题和收集的意见建议，对教材建设知识体系、结构安排等进行系统整体优化，进一步加强顶层设计和组织管理，坚持立德树人根本任务，力求构建适应中医药教育教学改革需求的教材体系，更好地服务院校人才培养和学科专业建设，促进中医药教育创新发展。

　　本套教材建设过程中，教材办聘请中医学、中药学、针灸推拿学三个专业的权威专家组成编审专家组，参与主编确定，提出指导意见，审查编写质量。特别是对核心示范教材建设加强了组织管理，成立了专门评价专家组，全程指导教材建设，确保教材质量。

　　本套教材具有以下特点：

　　1.坚持立德树人，融入课程思政内容

　　将党的二十大精神进教材，把立德树人贯穿教材建设全过程、各方面，体现课程思政建设新要求，发挥中医药文化育人优势，促进中医药人文教育与专业教育有机融合，指导学生树立正确世界观、人生观、价值观，帮助学生立大志、明大德、成大才、担大任，坚定信念信心，努力成为堪当民族复兴重任的时代新人。

　　2.优化知识结构，强化中医思维培养

　　在"十三五"规划教材知识架构基础上，进一步整合优化学科知识结构体系，减少不同学科教材间相同知识内容交叉重复，增强教材知识结构的系统性、完整性。强化中医思维培养，突出中医思维在教材编写中的主导作用，注重中医经典内容编写，在《内经》《伤寒论》等经典课程中更加突出重点，同时更加强化经典与临床的融合，增强中医经典的临床运用，帮助学生筑牢中医经典基础，逐步形成中医思维。

3.突出"三基五性"，注重内容严谨准确

坚持"以本为本"，更加突出教材的"三基五性"，即基本知识、基本理论、基本技能，思想性、科学性、先进性、启发性、适用性。注重名词术语统一，概念准确，表述科学严谨，知识点结合完备，内容精炼完整。教材编写综合考虑学科的分化、交叉，既充分体现不同学科自身特点，又注意各学科之间的有机衔接；注重理论与临床实践结合，与医师规范化培训、医师资格考试接轨。

4.强化精品意识，建设行业示范教材

遴选行业权威专家，吸纳一线优秀教师，组建经验丰富、专业精湛、治学严谨、作风扎实的高水平编写团队，将精品意识和质量意识贯穿教材建设始终，严格编审把关，确保教材编写质量。特别是对32门核心示范教材建设，更加强调知识体系架构建设，紧密结合国家精品课程、一流学科、一流专业建设，提高编写标准和要求，着力推出一批高质量的核心示范教材。

5.加强数字化建设，丰富拓展教材内容

为适应新型出版业态，充分借助现代信息技术，在纸质教材基础上，强化数字化教材开发建设，对全国中医药行业教育云平台"医开讲"进行了升级改造，融入了更多更实用的数字化教学素材，如精品视频、复习思考题、AR/VR等，对纸质教材内容进行拓展和延伸，更好地服务教师线上教学和学生线下自主学习，满足中医药教育教学需要。

本套教材的建设，凝聚了全国中医药行业高等教育工作者的集体智慧，体现了中医药行业齐心协力、求真务实、精益求精的工作作风，谨此向有关单位和个人致以衷心的感谢！

尽管所有组织者与编写者竭尽心智，精益求精，本套教材仍有进一步提升空间，敬请广大师生提出宝贵意见和建议，以便不断修订完善。

国家中医药管理局教材办公室

中国中医药出版社有限公司

2023年6月

编写说明

就业是民生之本，高校毕业生就业工作既是民生之本，也是强国之需。党的二十大报告中提出了促进高质量充分就业的目标要求，并对实施就业优先战略的重点任务进行了重大部署，指出要聚焦高校毕业生等重点群体，强化高校毕业生就业服务，持续做好高校毕业生等青年就业工作。《国家中长期教育改革和发展规划纲要》提出，要"加强就业创业教育和就业指导服务"，对做好高校毕业生就业工作进行了战略部署。国务院和教育部印发的《大学生职业发展与就业指导课程教学要求》的通知及有关文件精神要求高校开设大学生职业发展与就业指导必修课，将就业教育纳入人才培养计划，以全面提高大学生的就业能力。因此，加强职业生涯规划与就业指导课程建设成为当务之急。

在大学生职业生涯教育与就业指导的工作实践中，学生们经常会提出诸如"老师您看我能做什么""我适合干什么"等问题。面对就业，他们苦闷与彷徨，甚至在应聘、面试时焦虑和恐惧。大学生如果在大学期间能够客观认识自我，科学选择职业发展目标，合理进行职业定位，有计划地培养就业能力，及时了解职业环境，就会解决上述问题。本教材内容契合教育部文件要求，遵循"精简概括、突出重点、贴近实际、特色鲜明"的方针，吸收当前职业生涯教育的新观点、新理论、新方法，特别是注重把习近平总书记围绕就业二作提出的一系列新思想新论断纳入教材，系统阐述了大学生职业发展与就业指导等方面的知识和技能。做好高校毕业生就业指导和服务工作，是高校义不容辞的责任和使命。在新的形势下，就业工作必须与人才培养工作紧密结合，让就业指导贯穿人才培养的全过程，强化就业育人。随着我国高等教育大众化教育阶段的到来，高校毕业生就业工作的结构性矛盾仍然较为突出，大学生"就业难"成为社会各界高度关注的重大民生问题。目前，国内就业指导教材种类众多，但总体来说，对中医药院校大学生就业指导工作而言，缺乏行业背景、特点和针对性。本教材旨在帮助大学生特别是中医药大学生清晰地认识自我，科学规划职业发展路径，实现职业与人生的持续健康和谐发展。本教材主要面对中医药院校大学生，对其他院校大学生也有一定的参考借鉴作用。

本教材按照大学生就业指导工作系统化、全程化、规范化的要求编写。教材共有七章，主要内容为：第一章大学生职业认知与求职择业定位；第二章大学生求职准备；第三章就业信息的搜集与使用；第四章求职材料的撰写与准备；第五章求职应聘技巧；第六章就业政策与权益保护；第七章角色转换与职场适应。在编写过程中，注重把国家的有关就业政策、就业育人理念和理论创新成果融入教材，注重课程思政，注重行业特色，注重就业指导的实用性，注重教材编写形式和内容的创新。本教材具有以下三大特点。

一是中医特色突出。由于各高校在文化、专业设置、人才培养和就业流向等方面存在差异，故不同类型高校的学生在职业发展与就业指导需求方面也存在差异。本教材既考虑职业发展与就业教育本身的规律和要求，又充分考虑中医药行业和大学生的个体需求，注重体现中医药特色。本教材的全部案例均为与中医药相关专业职业的内容，在职业发展与就业指导的理论、路径和实践等方面均体现了中医特色和规律，对中医药行业职业就业指导比较重要的内容单独成章编写，是国内少有的具有中医特色的就业指导教学用书。

二是实用性强。本教材内容实用，注重应用性与实践性。教材内容既提炼总结了与就业直接相关的职业生涯规划理论，又精选了对中医药大学生就业指导有实际效果的知识和技能，旨在通过教学指导和学习训练，有效帮助中医药大学生解决就业道路上的各种问题，包括如何理解专业与职业的关系、如何结合自身实际确定职业定位与发展方向、如何进行职业决策、如何撰写简历、如何提高就业技能、如何提升面试技巧等。

三是创新性突出。本教材在体例和形式上设计新颖，每章均有学习目标、导入案例或活动、案例故事、课堂训练、知识链接、本章小结、资源拓展、课后作业等模块，教学内容体系完善，重点突出大学生择业就业的实践属性，案例故事大部分是全国中医药高校大学生就业指导中实际发生的原创事例，对指导学生就业具有特殊意义。教材中案例与训练活动贯穿始终，案例分析的讨论思路、理论依据与具体知识点相呼应。课堂训练旨在培养学生的分析问题、解决问题和创新思维能力，先导入活动与案例，再进行分析，之后再进行活动与作业安排，符合大学生的认知发展规律，与同类教材相比，创新性明显。

本教材由长春中医药大学曹世奎、浙江中医药大学张光霁担任主编，由各中医药高校长期从事大学生就业一线教学工作的教师参加编写工作。曹世奎负责教材的总体设计、全程组织策划和统稿工作，历建萍负责文字修改和校对工作。本教材共七章，第一章由曹世奎、历建萍编写，第二章由刘同国、杨永坚、赖洪燕编写，第三章由苏文娟、孙孝涧编写，第四章由张明、曾雪璐、杜娟编写，第五章由张光霁、王建钟、孟晓媛编写，第六章由宋萌、熊艳、柯龙山编写，第七章由吉广庆、石香云编写。本教材同时附有融合出版数字化资源，配套提供教材电子版、课程介绍、教学大纲、教学 PPT、教学视频、复习思考题等教学资源，供学生网上学习使用。

在本教材编写过程中，我们借鉴和参考了国内外一些专家学者的教材、著作和相关文献资料，吸收了大量的优秀成果，在此表示衷心的感谢！由于编者水平有限，不足之处在所难免，恳请专家、学者和师生提出宝贵意见，以便再版时修订提高。

《大学生就业指导》编委会

2024 年 3 月

目　录

第一章　大学生职业认知与求职
　　　　择业定位 ……………………… 1

第一节　专业与职业 2
　一、专业的形成与发展 2
　二、专业与职业的关系 3
　三、中医药专业设置与职业选择 4
第二节　中医药毕业生就业去向 9
　一、升学 9
　二、就业 10
　三、兼职与弹性工作 13
　四、"慢就业" 13
　五、自主创业 14
　六、灵活就业 14
第三节　中医药类职业发展路径与岗位胜任力 16
　一、中医药类典型职业发展路径 16
　二、典型岗位胜任力模型 20
第四节　择业的四大"黄金法则" 25
　一、择世所需 25
　二、择己所爱 26
　三、择己所长 26
　四、择己所利 27
第五节　五步法确定择业目标 27
　一、选择就业行业 27
　二、确定就业地域 27
　三、遴选就业单位 28

　四、了解就业需求 28
　五、明确就业岗位 29

第二章　大学生求职准备 ……………… 33
第一节　行业就业形势分析 34
　一、中医药行业发展现状 34
　二、中医药行业就业趋势 35
　三、中医药行业就业需求 36
第二节　职业技能评估 39
　一、职业技能分类与表达方式 39
　二、评估职业技能优势 42
　三、中医药类职业核心技能 43
第三节　就业能力提升 45
　一、了解就业能力 45
　二、核心通用技能 47
　三、核心适应能力 50
第四节　熟悉校园招聘流程 52
　一、校园招聘主要形式 52
　二、校园招聘主要流程 53

第三章　就业信息的搜集与使用 ……… 57
第一节　就业信息的搜集 57
　一、就业信息搜集的内容 58
　二、就业信息搜集的方法 58
　三、就业信息搜集的途径 59
第二节　就业信息的使用 63

一、理性辨别就业信息 63
二、整理完善就业信息库 65
三、合理运用就业信息 66

第四章　求职材料的撰写与准备 …… 71

第一节　求职简历的制作 72
一、简历制作前的准备 72
二、简历的撰写 74
三、个性化简历 80

第二节　求职信 82
一、求职信的内容 82
二、求职信的书写要求 84
三、求职信的注意事项 85

第三节　其他求职材料与投递 85
一、其他求职材料 85
二、求职材料投递 86

第五章　求职应聘技巧 …… 89

第一节　笔试的类型及应对策略 89
一、笔试的类型 90
二、笔试的前期准备 91
三、笔试的应试策略 92

第二节　面试的类型及应对策略 92
一、面试的主要类型 93
二、面试的准备 98
三、面试考察的基本素质与能力 99
四、面试的应对策略 101

第三节　求职过程中的心理调适 106
一、心态对求职的影响 106

二、求职消极心态的表现与调适 107
三、培养积极心态的方法与途径 109

第六章　就业政策与权益保护 …… 112

第一节　高校毕业生就业政策 112
一、高校毕业生就业政策的种类 113
二、高校毕业生就业政策的内容和重点 114

第二节　就业协议书与劳动合同 118
一、就业协议书 118
二、劳动合同 120
三、劳务派遣和人事代理 123

第三节　毕业生就业权益保护 124
一、毕业生就业中的权利与义务 124
二、劳动合同的解除与法律责任 125
三、劳动争议的处理 125
四、社会保险制度 126
五、常见的求职陷阱与防范 127

第七章　角色转换与职场适应 …… 130

第一节　从校园人到职场人的转换 130
一、角色、角色转换的定义 131
二、职业社会对职场人的基本要求 131
三、校园人到职场人转换的方法 132

第二节　职业生涯早期的规划管理 135
一、明确职业生涯早期规划 135
二、学会有效的自我管理方法 136
三、注意角色的平衡发展 138

主要参考书目 …… 142

扫一扫，查阅本章数字资源，含PPT、音视频、图片等

【学习目标】

1.掌握中医药类主要就业岗位发展路径与岗位胜任力。

2.熟悉择业的四大"黄金法则"及择业目标确定五步法。

3.了解专业与职业的关系，中医药主要专业可供选择的职业方向，中医药类专业毕业生的就业去向。

【导入案例】

成功源于规划与行动

席某，女，2018年毕业于长春中医药大学管理学院公共事业管理专业（卫生事业管理方向），学习成绩优秀，以学院年级复试第一的成绩获得研究生推免资格，并被保送至中南大学湘雅公共卫生学院。在学期间，她积极参加集体活动，曾任班级学习委员、学院学生会秘书长、演讲协会会长、校团委记者部记者，并获得过"优秀毕业生""优秀共产党员""优秀学生""优秀大学生标兵""优秀团干部""优秀团员"等多种荣誉。

对此，席某也向大家分享了这些荣誉背后的故事，她不止一次地提到，成功需要正确的规划并将其付诸行动。

1.确定目标 作为一名学生，学习是要放在首位的，在对大学生活尚未熟悉时，最有效也最容易确定的目标就是学习目标。因此，在大一的第一个学期，席某先为自己制定了一个短期目标——争取每门功课达到良好以上。

进入大二后，席某接触到了更多的课程，也正是在学习这些课程的过程中，她体会到了学习的快乐并认清了自身学习能力的长短板。在结合前辈们的鼓励、建议和自身特点的基础上，她确定了一个双向职业目标：一是考取研究生继续深造学习；二是报考国家公务员。

2.行动计划 按照确定的职业目标，席某明确了行动计划中两大核心要素：一是加强和拓展专业知识学习，提升学习能力；二是不断全面发展自身综合素质。为此，她制定了符合自身实际、具有可行性的行动计划并逐步落实。

第一，认真学好每一门功课，包括考查课和选修课，不断丰富自己的学科体系，并主动拓展专业课程的学习。

第二，跟随老师积极参加学术活动等，培养自己的学术兴趣和科研兴趣，为读研做准备。

第三，按照公务员的能力要求，有意识地提高协调沟通能力、组织策划能力和事务处理能力等。作为一名学生干部，在实际工作中不断总结经验，改正不足，学会合理安排时间和充分利用时间，不断提高工作效率和效能，使学习、生活、工作互相平衡，互不耽误。

第四，为了全面提高综合素质，在学习之余积极参加各类文体活动，由此积累和丰富自己的活动参与经验。

第五，参加社会实践活动，包括社会兼职，积累除学校生活以外的工作经验和生活经历。在此过程中开阔眼界，磨炼品质意志，锻炼实践能力。

正是因为有了这样的行动计划，席某一步一个脚印地提升自我，完善自我，以双向目标制定职业规划并严格要求自己。机会总是留给有准备的人，所有的付出必将获得收获，只是时间的早晚而已。经过持续不懈的努力，席某获得了研究生推免资格，提前实现了自己的职业规划。

点评：成功源于规划与行动，我们要始终相信努力奋斗的意义，每一片奋斗的天空下，每一个人都会成就完整的自己。成功的路上可能有荆棘、有泥泞，做好规划，积极行动将使你事半功倍。即便是荆棘泥泞，你也能充满信心和勇气继续前行。

第一节　专业与职业

在职业生涯规划的课堂上，老师常常会问同学们一个问题："请同学们回忆一下，你们的职业生涯是从什么时候开始的？"七成以上的同学会回答："毕业前找工作的时候。"在老师的不停启发下，同学们会不约而同地把职业生涯的时间节点前移到在"志愿报考咨询时""高考报志愿时""毕业实习前"等。

一、专业的形成与发展

专业是教育部门根据社会分工需要和学科体系的内在逻辑而划分的学科门类。高校按照专业设置组织教学，进行专业训练，培养专门人才。专业是学科与职业之间的桥梁，它按照学科进行划分，每个专业对应一定的职业群。因此，专业是职业发展的基础，它为若干相近的职业群提供必要的基础知识和基本技能。

（一）专业的形成

专业的形成有其内在的必然规律，与社会分工的发展、自然科学与社会科学的分化综合，以及高等教育自身发展有着极其密切的联系。人类的知识最初是混沌一体、彼此不分的，不存在所谓专业的问题。随着人类社会的发展和知识的不断丰富，最终产生了知识的分化。古希腊哲学家亚里士多德极为重视对知识的系统考察和全面把握，并对人类知识首次进行了系统的学科分类，专业的概念初现端倪。专业的形成源自社会需求，是社会发展的必然结果。

根据2022年教育部公布的《普通高等学校本科专业目录》，中国大学本科专业共有12个学科门类，93个专业类，792种专业。12个学科分别是哲学、经济学、法学、教育学、文学、历史学、理学、工学、农学、医学、管理学、艺术学。

（二）国内外专业的发展

自中世纪的欧洲起，大学开始分专业教学，培养专门人才，专业开始进入高等教育领域。中国专业化的高等教育始于近代，戊戌变法中，维新派创办的各种专门学堂一直被视为近代中国高等教育的发端。中华人民共和国成立后，为了适应经济建设的需要，国家借鉴苏联的办学经验，对高等学校进行了大规模的院系调整，高等教育领域中的专业化色彩颇为浓厚。

改革开放以后，特别是随着社会主义市场经济的不断发展，我国高等教育领域中的专业分化日益细密，专业化程度显著提高。为适应形势发展的需要，国家教育主管部门在遵循教育发展规律并借鉴国际通行惯例的基础上，一方面相继颁行了《授予博士、硕士学位和培养研究生的学科、专业目录》《全国普通高等学校本科专业目录》及《普通高等学校高等职业教育（专科）专业目录》，另一方面又在部分高校进行自主设置本科及研究生专业的试点。可以说，一个原则性与灵活性并存的高校专业设置体系正在我国逐步确立。

二、专业与职业的关系

高考填报志愿往往把专业与职业直接对接，很多学生甚至因为专业不如意，觉得理想中所从事的职业就无法实现了，因而出现厌学甚至退学的想法。这些误解大多是由于没有很好地理解专业与职业的关系导致的。专业是学业门类，职业是工作门类，所学专业与未来所从事的职业有较强的关联性，但并没有直接对应关系。

（一）专业包容职业

专业包容职业是指未来所从事的职业基本在自己所学的专业领域内，个人的职业发展也始终没有离开自己所学的专业领域，职业发展所需要的可以继续在专业领域学习，能够学以致用，即通常所说的专业完全对口，这是比较理想的状态。如中医学专业毕业生从事中医医师的职业、护理学专业的毕业生从事护士职业等。麦可思研究院的《2022 年中国本科生就业报告》显示：医学和教育学培养目标对应的工作岗位准入门槛较高，工作与专业相关度持续排前两位；工学工作与专业相关度有所提升。从不同学科门类来看，医学、教育学在半年后和五年后的工作与专业相关度均稳定在第一、第二位，专业培养与岗位对接情况持续较好；工学工作与专业相关度 2021届（74%）与 2020 届（71%）相比高了 3 个百分点，这也与信息产业、高端制造业的快速发展有关，毕业生从事相关工作的机会更多。2021 届本科毕业生工作与专业相关度排前 30 位的主要专业主要集中在医学相关专业（表 1-1）。

表 1-1　2021 届本科毕业生工作与专业相关度排前 30 位的主要专业

本科专业名称	工作与专业相关度（%）	本科专业名称	工作与专业相关度（%）
口腔医学	98	工程造价	88
医学影像学	97	给排水科学与工程	87
医学影像技术	97	药学	87
临床医学	96	药物制剂	87
麻醉学	95	地理科学	86
护理学	95	工程管理	85
医学检验技术	94	学前教育	84
预防医学	93	测绘工程	84
小学教育	92	中药学	84
中医学	92	体育教育	83
针灸推拿学	91	软件工程	83
土木工程	90	建筑环境与能源应用工程	83
康复治疗学	90	数学与应用数学	82

续表

本科专业名称	工作与专业相关度（%）	本科专业名称	工作与专业相关度（%）
汉语言文学	88	电气工程及其自动化	82
建筑学	88	安全工程	81
全国本科		73	

（数据来源：麦可思研究院.2022年中国本科生就业报告［M］.北京：社会科学文献出版社，2022.）

（二）职业包含专业

职业包含专业是指以专业为核心发展职业。未来职业发展以所学专业为核心，向外拓展，所选职业与所学专业方向一致，但职业发展超出所学专业领域，需要根据职业发展要求，在原有专业基础上拓展专业以外的知识和技能，以满足不断发展的职业需要。比如，药事管理专业毕业生从事制药企业行政管理的工作，职业内容除包含企业管理、人力资源管理外，还涉及文件管理、人员接待、秘书等工作知识与技能。

（三）专业与职业交叉

专业与职业交叉是指以专业为基础发展职业。个人的职业发展重点涉及所学专业的某一领域或某一方面，并向这一方向拓展。个人职业发展需要以本专业为基础，同时主动学习职业所要求的其他专业与技能。比如，临床医学专业的毕业生从事医药代表的职业，除涉及临床医学专业内容外，还需要有管理学、销售方面的内容。

（四）专业与职业分离

专业与职业分离是指个人所从事的职业与所学专业基本无关，即所谓的专业不对口。所学专业的某些方面在个人职业发展中有一定的重要性，但方向不一致。这种情况可采取转专业、辅修专业、二学位或自学等方式解决。麦可思研究院关于本科毕业生的调研表明，2021届本科毕业生工作与专业相关度较前4届有所上升。从近5年的数据来看，应届本科毕业生从事本专业相关工作的比例从2017届到2020届持续保持在71%，2021届有所上升，达到73%。2021届本科毕业生工作与专业相关度要求最低的前20位职业，工作与专业相关度小于等于50%。随着时代的进步和高等教育大众化的普及，会有部分毕业生从事与专业关联度不高的职业。

事实上，高校所设置的专业对应的并非是一个固定的职业，而是一组职业，甚至是一组职业群。一定程度上讲，选专业是选行业、选事业方向，如果一个人能把自己的兴趣与所学的专业结合起来，就能充分释放自身潜能，积极投身从事的职业，从而取得事业的成功。因此，同学们在明确自己的职业兴趣后，还需要了解自己未来希望从事的职业，以及目标用人单位对员工的素质和职业技能要求，以对照找到与自己目前的差距，制定大学期间的行动计划，通过自身努力满足或达到这些要求。

三、中医药专业设置与职业选择

（一）专业设置情况

根据教育部《普通高等学校本科专业目录（2022年）》规定的学科门类、专业类及专业名称统计，截至2023年4月，全国独立建制的25所中医药院校共开设87个专业，涉及10个学科门类、33个专业类（表1-2）。

表1-2 独立建制的中医药院校学科门类与专业设置

序号	学科门类	序号	专业类	序号	专业
1	医学	1	中医学类	1	中医学（5年制）
				2	中医学（"5＋3"一体化）
				3	中医学（本硕博连读）
				4	针灸推拿学
				5	中医养生学
				6	中医康复学
				7	中医儿科学
				8	中医骨伤科学
				9	藏医学
				10	壮医学
				11	傣医学
		2	中西医结合类	12	中西医临床医学
		3	中药学类	13	中药学
				14	中药资源与开发
				15	藏药学
				16	中药制药
				17	中草药栽培与鉴定
		4	药学类	18	药学
				19	药物制剂
				20	临床药学
				21	药事管理
				22	药物分析
		5	临床医学类	23	临床医学
				24	儿科学
				25	医学影像学
		6	口腔医学类	26	口腔医学
		7	公共卫生与预防医学类	27	预防医学
				28	食品卫生与营养学
		8	医学技术类	29	医学检验技术
				30	医学实验技术
				31	医学影像技术
				32	眼视光学
				33	康复治疗学
				34	口腔医学技术
				35	卫生检验与检疫

续表

序号	学科门类	序号	专业类	序号	专业
1	医学	8	医学技术类	36	听力语言与康复学
				37	康复物理治疗
				38	康复作业治疗
				39	智能医学工程
		9	护理学类	40	护理学
				41	助产学
2	管理学	10	管理科学与工程类	42	信息管理与信息系统
				43	大数据管理与应用
		11	工商管理类	44	工商管理
				45	市场营销
				46	国际商务
				47	人力资源管理
				48	文化产业管理
		12	公共管理类	49	公共事业管理
				50	劳动与社会保障
				51	健康服务与管理
				52	医疗保险
				53	养老服务管理
		13	物流管理与工程类	54	物流管理
3	农学	14	动物医学类	55	实验动物学
4	艺术	15	音乐与舞蹈学类	56	音乐学
5	教育学	16	体育学类	57	运动康复
				58	社会体育指导与管理
				59	体育教育
				60	运动人体科学
6	理学	17	生物科学类	61	生物科学
				62	生物技术
				68	生物信息学
		18	化学类	64	应用化学
		19	心理学类	65	应用心理学
		20	统计学类	66	应用统计学
7	工学	21	电子信息类	67	医学信息工程
		22	生物工程类	68	生物制药
		23	化工与制药类	69	制药工程
		24	生物医学工程类	70	生物医学工程
		25	食品科学与工程类	71	食品质量与安全
				72	食品科学与工程

续表

序号	学科门类	序号	专业类	序号	专业
7	工学	26	生物工程类	73	生物工程
		27	计算机类	74	物联网工程
				75	数据科学与大数据技术
				76	软件工程
				77	计算机科学与技术
8	文学	28	汉语言文学类	78	汉语言
				79	汉语国际教育
		29	外国语言文学类	80	英语
				81	日语
				82	商务英语
				83	法语
		30	新闻传播学类	84	传播学
9	经济学	31	经济与贸易类	85	国际经济与贸易
		32	金融学类	86	保险学
10	法学	33	法学类	87	法学

（此表根据教育部《普通高等学校本科专业目录（2022年）》整理。）

（二）中医药主要专业可供选择的职业方向

大学生可根据自己的性格、兴趣、职业技能和价值观，确定适合自己的职业方向，并做好大学期间的职业生涯规划。

1. 中医学类、中西医结合类专业可选择的职业方向

（1）中医医师（含中医各科医师）。

（2）中西医结合医师（含中西医结合各科医师）。

（3）医学研究人员。

（4）高等教育教师、中等职业教育教师。

（5）医学实验技术人员。

（6）康复保健及养生咨询人员。

（7）药品销售。

（8）中医学杂志编辑。

（9）医院行政管理人员。

（10）健康管理师。

（11）考取公务员。

2. 临床医学类专业可选择的职业方向

（1）临床医师。

（2）医学研究人员。

（3）医学实验技术人员。

（4）医院行政管理人员。

（5）高等教育教师、中等职业教育教师。

（6）医学杂志编辑。

（7）考取公务员。

（8）营养师。

（9）健康管理师。

（10）医药商品购销员、医药代表。

3. 护理学类专业可选择的职业方向

（1）护理人员（含各科护士、助产士）。

（2）导诊员。

（3）医院管理工作人员。

（4）高等教育教师、中等职业教育教师。

（5）养老护理员。

（6）保健服务人员（保健调理师、保健按摩师、芳香保健师）。

（7）考取公务员。

4. 中药学类、药学类专业可选择的职业方向

（1）药学技术人员（药师、中药师）、制药工程技术人员。

（2）药学实验技术人员。

（3）药剂人员（西药剂师、中药剂师）。

（4）药品研发。

（5）药品营销。

（6）药品生产人员（药物制剂人员、中药制药人员、生物技术制药人员）。

（7）中药生产人员（中药药材种植员、中药材生产管理员）。

（8）高等教育教师、中等职业教育教师。

（9）购销人员（医药商品购销员、中药购销员、中药调剂员、医药代表）。

（10）行政业务人员及人力资源管理。

（11）考取公务员。

5. 医学技术类专业可选择的职业方向

（1）医疗卫生技术人员（影像技师、口腔医学技师、病理技师、临床检验技师、公共检验技师、临床营养技师、康复技师、心理治疗技师、中医技师）。

（2）体验中心管理。

（3）医疗器械销售。

（4）医疗器械研发。

（5）医疗器械公司管理。

（6）康复保健咨询。

（7）保健服务人员（保健调理师、保健按摩师、芳香保健师）。

（8）考取公务员。

（9）医学实验技术人员。

6. 工商管理与公共管理类专业可选择的职业方向

（1）行政业务人员。

（2）文员。

（3）购销人员（医药商品购销员、中药购销员、医药代表）。

（4）劳动关系协调员。

（5）考取公务员。

（6）管理学科研人员。

（7）高等教育教师、中等职业教育教师。

课堂训练

从所学专业出发的职业探索

对同学们而言，无论学的是什么专业，最终都要面临就业的问题，尤其对医药类专业的学生而言，职业选择更是要从专业出发。下面我们就以自己所学专业为依据，探索未来可能从事的职业吧。

你对自己所学专业了解多少？请试着填到表1-3、表1-4中。

表1-3　我的专业

项目	内容
专业名称	
培养目标	
专业价值	
核心课程	
知识和技能	

表1-4　与专业有关的职业

项目	内容
对口行业	
可能适合的职业	
职业的核心内容	
职业素质与能力要求	
入门岗位	
职业发展路线	

第二节　中医药毕业生就业去向

面对即将结束的大学生活，未来是选择就业、读研还是自主创业，许多应届毕业生走在了人生抉择的路口，不知何去何从。只有尽快确定工作定位，才能未雨绸缪，有针对性地做好知识和能力储备，让自己在激烈的竞争中脱颖而出。当前，中医药类专业毕业生就业去向主要有以下几个方面。

一、升学

近年，大学本科生考研数量呈现出逐渐上升的趋势。从全国中医药院校的报考情况来看，虽然有院校和专业的不同，但每一年应届毕业生的研究生报考率都在60%～80%。考研已经成为本科毕业生的重要选择，其主要有以下几种形式。

（一）国内读研

考研方向主要有本专业考研和跨专业考研两种。本专业考研是大多数考生的选择，跨专业考研学习难度更高，复习压力较大，需要考虑的问题也更多。在原来专业里真正感兴趣的东西沉淀了多少基础，要选择的专业每年竞争的难度到底有多大，这是考研的同学必须要考虑的问题。而且从冷门专业跨考到热门专业，或者跨考到完全不相干的专业，如从中药学跨考到人力资源管理，或者从医学跨考到金融，难度都比较大。

对大多数计划考研的同学来说，考研还只是一个模糊的概念，同学们只大致了解了各阶段的内容，但没有明确的方向和具体的方法。然而时间转瞬即逝，对考研的同学来说，应该提前做好策划与各项准备。

1.确定报考专业　对考研的同学来说，确定专业比选定院校更重要，因为这将决定复习规划和进度，同时决定将来的就业或学术范围。选择专业的原则首先应根据所学专业进行规划；然后，应根据兴趣和志向做好自我定位，自我评估，做好长远持续发展准备；最后，在规划时要具体到点，如以后择业的行业、单位性质、角色等。

如果是跨专业考研，更需慎重决定，早做准备。因为跨专业考研需要投入更多的精力进行专业课复习。另外，跨专业考研的同学在初试、复试中，专业知识背景不占优势，更需要提早准备。

2.选择报考院校

（1）未来工作的城市　打算将来在哪里就业就选择哪里的高校，这样既熟悉当地环境，又有人脉资源。

（2）个人的理想与抱负　考研不容易，读研的机会成本很高，要选一个能够实现个人抱负的大学，这样备考也有动力，读研也有激情。

（3）个人的能力　考研目标院校的选择一定要量力而行，要确保能考上，理想的目标院校应在个人能力与个人抱负的交叉点上。

（4）所选择的专业　要考虑所选择的院校是否有目标专业，以及目标专业的强弱等。

（二）出国读研

随着社会经济的发展，以及国际交流的深入，越来越多的学生选择出国留学继续深造。出国留学前，一定要做好充分的准备。准备的内容包括：语言准备、经济准备、其他准备。

二、就业

（一）事业单位就业

事业单位是指由政府利用国有资产设立的，从事教育、科技、文化、卫生等活动的社会服务组织。事业单位接受政府领导，是表现形式为组织或机构的法人实体。事业单位一般是国家设置的带有一定的公益性质的机构，但不属于政府机构，与公务员不同。一般情况下，国家会对这些事业单位予以财政补助，分为全额拨款事业单位、差额拨款事业单位，还有一种是自主事业单位，为国家不拨款的事业单位。事业单位的明显特征为中心、会、所、站等字词结尾，如会计核算中心、卫生监督所、银保监会、质监站等，二级局也为事业单位。事业单位分为参公事业单位及普通事业单位。普通事业单位分为全额拨款事业单位、差额拨款事业单位和自收自支事业单位。参公改革之后的事业单位在省公务员招考中招考，普通事业单位在事业单位招考中招考。中医药类专业毕业生可考取的事业单位以医疗机构及其相关机构为主。

（二）企业就业

企业就业是中医药类专业毕业生就业的主渠道，包括国企就业、中外合资及外资企业就业、民营企业就业等。企业的招聘要求因企业性质的不同而有所不同。

1. 国企就业　国企是国有企业的简称，是指国家对其资本拥有所有权或者控制权。国有企业分为中央企业和地方企业。其资本全部或主要由国家投入，其全部资本或主要股份归国家所有，国有企业大多关注应试者是否具有胜任目标岗位的能力，当然，品德品质也是招聘单位非常关注的。不同的单位关注点不同。虽然不同的单位有各自不同的人才招聘标准，但有几点是共同的：具有高度进取心的人、具有良好人际适应能力的人、具有高度灵活应变能力的人、能适应本单位工作的人。

2. 中外合资及外资企业就业　中外合资及外资企业是指中国合营者与外国合营者依照中国法律的规定，在中国境内共同投资、共同经营、并按投资比例分享利润、分担风险及亏损的企业。外资企业是"内资企业"的对称。中外合资企业和外资企业大多比较看重求职者这几个方面：①外语能力，要求至少能够使用外语进行日常工作交流；②行业经验，要求对所在的行业积累足够的业务经验和人脉；③项目经验，要求具有同一个行业或大型企业的项目经验，团队工作能力方面要求具有独立承担或者管理协调一个项目的能力。

3. 民营企业就业　民营企业，简称民企，是指非公有制企业。由一人或几个人组建的公司，与国有企业不同，民营企业自筹资金、自主经营、自负盈亏。民营企业还会分等级高低、规模大小，如大、中、小型企业。民营企业的特点是自我积累和筹划资金、自主经营、自负盈亏、自担风险，独立享有民事权利和承担民事责任。民营企业的用工体制采用的是劳动合同制度，员工与企业是一种雇佣劳动关系。民营企业灵活的用人机制和激励手段甚至为人创造了比其他企业更好的个人发展空间，未来的民营企业人才市场发展趋势将是大学生的最大主顾之一。民营企业的人才要求是对企业忠诚，有踏实的工作态度和吃苦耐劳的精神，有强烈的创新创业意识，有较强的综合素质和强烈的社会责任心，具有风险意识。

综合来说，选择国企就业还是选择合资企业与民营企业就业，的确是很多人初入职场面临的两难选择。毕业生要经过思考与分析，要全面、客观地分析两者的优势与劣势。通常来说，就薪酬而言，中外合资企业和大型民企的特点是工资高，但隐性福利相对少；国企的特点则是工资一般，提供的福利好，工作总时长短一些。就个人发展空间而言，无论是国企还是民企，只要肯努力，个人发展空间都不错，但相比之下民企的晋升相对较快，晋升制度比较灵活。总的来说，无论是选择国企还是民企，都需要结合自身的能力和性格特点去衡量比较，适合自己的才是最好的。更重要的是，努力提升自身的能力，不断适应企业发展才是硬道理。

（三）考取公务员

公务员是指依法履行公职、纳入国家行政编制、由国家财政负担工资福利的工作人员。公务员职位根据职位的性质、特点和管理需要，分为综合管理类、专业技术类和行政执法类等类别。国务院根据《中华人民共和国公务员法》，对于具有职位特殊性、需单独管理的可增设其他职位类别。我国从 20 世纪 90 年代开始引入公务员考试，进入 21 世纪后，公务员考试趋于成熟和稳定。每年 10 月份（国庆节后）发布招考公告，一般来说，公共科目笔试时间在 11 月底（11 月的最后一个周日），如果遇到较为重要的会议或者活动，会推至 12 月初举行。需要特别注意的是报考国家公务员的相关技巧，如注意撰写简历的要点、了解面试的特点、面试测试的主要内容等。中医药类专业毕业生考取公务员主要以卫生行政管理部门为主，兼顾其他允许本专业报考的岗位。

（四）国家基层项目就业

国家一直非常重视大学生基层就业项目，并不断采用多项措施促进大学生基层就业。国家基层就业项目主要有以下几种形式。

1. 西部计划　"大学生志愿服务西部计划"，简称"西部计划"，是国家重大人才工程"高校毕业生基层培养计划"的子项目，是引导和鼓励高校毕业生到基层工作的 5 个专项之一。2003 年，团中央、教育部、财政部、人力资源和社会保障部根据国务院常务会议和全国高校毕业生就业工作会议精神，联合实施大学生志愿服务西部计划，招募一定数量的普通高等学校应届毕业生或在读研究生，到西部基层开展为期 1 ~ 3 年的志愿服务工作，鼓励志愿者服务期满后扎根当地就业创业。"西部计划"按照服务内容分为基础教育、服务三农、医疗卫生、基层青年工作、基层社会管理、服务新疆、服务西藏 7 个专项。

西部计划实施以来，吸引了一大批有志大学生投身该专项计划，综合成效明显。作为实践育人工程，引导具有理想主义情怀的青年人，通过火热的西部基层实践进一步坚定理想信念，锤炼意志品格，升华志愿情怀；作为就业促进工程，引导和帮助高校毕业生树立正确的就业观，并为他们搭建到西部去、到基层去、到祖国和人民最需要的地方去干事创业的通道和平台；作为人才流动工程，鼓励和引导东、中部大学生到西部基层工作生活，促进优秀人才的区域流动；作为助力扶贫工程，以西部计划志愿者为载体推动校地共建，引导高校资源参与到当地的脱贫攻坚工作中。习近平总书记曾多次作出批示或给志愿者回信，肯定志愿者们在西部地区辛勤耕耘、默默奉献，为当地经济社会发展、民族团结进步作出了贡献，勉励越来越多的青年人以志愿者为榜样，到基层和人民中去建功立业，让青春之花绽放在祖国最需要的地方，在实现中国梦的伟大实践中书写别样精彩的人生。

2. 选调生　选调生是各省党委组织部门有计划地从高等院校选调品学兼优的应届大学本科及以上的毕业生到基层工作，作为党政领导干部后备人选和县级以上党政机关高素质的工作人员人选进行重点培养的群体的简称。根据中组部有关政策规定，主要是全日制普通高校大学本科及以上学历的优秀应届毕业生，要求是党员（预备党员）、学生干部、应届毕业生，校级以上奖励，根据中央有关政策，2011 年以来，参加基层服务项目、符合选调生条件的往届高校毕业生（像大学生村官、"三支一扶"人员等）也可以报考。

3. 大学生村官　2008 年 4 月，中共中央组织部、教育部、财政部、人力资源和社会保障部联合印发《关于选聘高校毕业生到村任职工作的意见（试行）》，全面启动选聘大学生到农村（含社区）任职工作。选聘到村任职的高校毕业生为"村级组织特设岗位"人员，系非公务员身份，工作管理及考核比照公务员的有关规定进行，选聘的高校毕业生在村工作期限一般为 2 ~ 3 年。工作期满后，经组织考核合格、本人自愿的，可继续聘任。不再续聘的、引导和鼓励其就业、创业。大学生村官积极为建设农村、服务农民、发展农业作出贡献，成为新农村建设的骨干力量。

4. 大学生征兵　大学生征兵是指部队联合教育系统每年从高校在校生中招收义务兵，从应届毕业生中招收义务兵、士官。国家也出台相应优惠政策，鼓励高校毕业生应征入伍，投身军营，献身国防，报效祖国。

（1）直招士官　直招士官是指部队每年从应届高校毕业生中招收士官，招生专业有严格的限制，服役期限一般为 4 ～ 7 年。

办理入伍手续前，应招士官本人要与县级人民政府征兵办签订《从普通高等学校毕业生中直接招收士官协议书》，表示本人同意入伍并任职为现役士官，愿意履行相应义务，并享受有关权利和待遇。

（2）大学生参军　为了做好大学毕业生应征入伍工作，教育系统配合征兵系统在每年 6 月高校毕业生离校前的阶段开展预征工作。国家也出台了很多优惠政策，鼓励大学生应征入伍，服义务兵役。除享有优先报名应征、优先体检政审、优先审批定兵、优先安排使用"四个优先"政策，家庭按规定享受军属待遇外，还享受优先选拔使用、学费补偿和国家助学贷款代偿、退役后考学升学优惠、就业服务等政策。

三、兼职与弹性工作

在经济发达国家，工作形式多样化，兼职、弹性工作已成常态，国内也正步入发展的快车道。

（一）弹性工作

厄普约翰就业研究机构通过对弹性工作制度研究后认为，72% 的组织使用非全职员工。弹性工作制是雇主对劳动力进行调整以适应变化的消费者需求的一种简便手段，也是员工喜欢的工作方式。

弹性工作主要分布于零售、餐饮、电话推销、客户服务和办公室辅助工作等职业，工作时间大多为每周 30 小时以下，一般为 15 小时左右，工作时段集中在白天或夜间的某个时间，有的是在周末。从事弹性工作的人员群体主要包括第一次求职者、学生、退休人员、从事第二职业者，以及少量全日制工人。

弹性工作是指在完成规定的工作任务或固定的工作时间长度的前提下，员工可以灵活地、自主地选择工作的具体时间安排，以代替统一、固定的上下班时间的一类工作弹性工作允许员工确定自己的工作计划：每周工作时间不定，在岗工作时间相对灵活目的是调动员工的工作积极性，减少交通堵塞，履行家庭责任。

（二）兼职

兼职，区别于全职，是指职工在本职工作之外兼任其他工作职务。兼职者除了可以领取本职工作的工资外，还可以按标准领取所兼任工作职务的工资。兼职工作者中女性人数居多，兼职的形式一是指承担两份兼职工作，二是指从事一份全职工作的基础上再承担一份兼职工作，三是指从事一份以上的全职工作。兼职主要以服务业、娱乐业、公共管理、保护性服务和教师等行业居多。兼职优势是可增加收入、从事新工作、照顾家庭成员，但同时也反映出经济压力、就业质量不高等问题。

四、"慢就业"

目前，一些高校毕业生告别传统的"毕业就工作"模式，成为"慢就业一族"，"慢就业"作为一种社会现象，2014 年开始在我国逐步显现，2018 年《中国青年报》社会调查中心发布的《学生就业问题调查报告》显示，72.9%的受访者表示周围有"慢就业"大学生。

"慢就业"现象为部分高校毕业生离校后，没有继续深造的意向，也没有准备就业的安排，反而选择暂时居家、游学、陪伴父母、创业考察或反复准备各种职业应考的主动不就业现象。结合毕业生的个人特点、工作特征、行为动机、家庭背景等，可以将"慢就业"归为两种现状类型，即积极"慢就业"和消极"慢就业"。积极"慢就业"是指毕业生对自己有清晰的目标，利用一段时间主动学习技能，以便找到更合适的职业；消极"慢就业"指由于职业规划迟缓、技能准备不足，就业岗位缺乏等就业困难导致的暂时不就业。

"慢就业"的成因包括社会的、高校的、家庭的，以及个人的等多个方面。从个人的角度讲，高校毕业生作为就业主体，其选择"慢就业"主要是由于毕业生价值观变化和心理状态不稳定导致的。例如，毕业生就业观或择业观发生改变、个体的职业社会化程度不足、毕业生未实现理想的就业目标、在面对激烈的就业压力时，毕业生通过选择"慢就业"方式缓解焦虑情绪等。从家庭的角度讲，当前高校毕业生选择"慢就业"在很大程度上得到了家庭的支持，社会经济发展使大部分家庭经济状况得到改善，家庭为毕业生选择"慢就业"提供了经济支持，同时，家庭教育观念也在一定程度上影响了毕业生的就业观。

高校毕业生要科学、理性地对待"慢就业"，一方面，选择"慢就业"的大学生要清晰求职目标，对"待机"的这段时间进行科学规划，学习知识、提高技能、等待就业机会，积极主动求职；另一方面，"慢就业"等待的时间不宜过长，一般以一年较为合理，不要让自己成为"啃老族"。对应届毕业生来说，"慢就业"会错过很多针对应届生的就业扶持政策。"待机"时间过长，有可能适应社会的难度更大。

五、自主创业

创业是创业者对自己拥有的资源或通过努力能够拥有的资源进行优化整合，从而创造出更大经济或社会价值的过程。在漫长的历史长河中，中医药学作为中华传统文化的组成部分，也孕育了中华民族不断创新、勇于创业的进取精神。为了更好地普救患者之苦，传统中医药学在发展过程中逐渐形成了"医、药、商"三位一体的创新创业格局，并涌现了一批历经百年而不衰、蜚声海内外的中华老字号和著名品牌，如同仁堂、九芝堂、胡庆余堂、云南白药、季德胜蛇药等。这些中华老字号历经几百年风雨，在科学技术快速发展的今天仍在人类的卫生保健事业中发挥着重大的作用。

进入21世纪，国家对大学生创业教育更加重视，对大学生创业出台了很多激励和优惠政策。大学生创业已成为广大杏林学子实现梦想的舞台，事业腾飞的翅膀。

六、灵活就业

灵活就业是指在劳动时间、收入报酬、工作场所、保险福利、劳动关系等方面，不同于建立在工商业制度和现代企业制度基础上的传统主流就业方式的各种就业形式的总称。灵活就业人员包括自由职业者，如律师、自由撰稿人、歌手、模特、技术小工等，其工作方式自由灵活。

案 例 故 事

中医人的健康梦
——山东中医药大学王升光自主创业事迹

回忆起自己的创业之路，如今已是山东脉渡医药集团董事长的王升光，还经常情不自禁地讲起 2017 年习近平总书记给第三届中国"互联网＋"大学生创新创业大赛"青年红色筑梦之旅"的同学们的回信中的这句话："祖国的青年一代有理想、有追求、有担当，实现中华民族伟大复兴就有源源不断的青春力量。希望你们扎根中国大地了解国情民情，在创新创业中增长智慧才干，在艰苦奋斗中锤炼意志品质，在亿万人民为实现中国梦而进行的伟大奋斗中实现人生价值，用青春书写无愧于时代、无愧于历史的华彩篇章。"

从 2012 年王升光成为学校第一个创业模拟公司义清堂成员，到 2016 年在学校大学生创业孵化基地注册济南长歌生物科技有限公司，再到成立山东脉渡医药集团，王升光时刻牢记习近平总书记对青年学生的殷切期盼，深耕中医药健康医、教、研、产、养、服的产业链。他这一坚持，就是 10 年。

2012 年初，山东中医药大学在学校润园旁开辟出一块空地，命名为义清园，并成立义清堂大学生模拟创业公司，一群中药学学子成为这块土地上最早的躬耕者。他们拿着农具翻挖土地、种植中草药，走出校院，融入企业产业，了解中药材从田间地头到老百姓床头的全过程。丰富的社会实践，让他们真正看到制约中药材产业发展的种种问题，也使他们近距离地接触了乡村、基层的现状。为中医药传承创新做点什么的种子悄悄地在这群学生的心里发芽。王升光就是这群学子中最早行动的一员。随后的几年，他一边潜心研究学术，参与了省部级课题 3 项，发表学术论文 20 余篇（其中第一作者发表 SCI 论文 2 篇，影响因子达到 10）；一边去全国各大基地实践，走遍了全国各大药材市场和中药企业。在专业学习和实践中，王升光逐步建立了对中药材产业发展的初步认知，并坚定了自己在中医药健康产业中创新创业的决心。

2015 年，学校筹建大学生创业孵化基地。2016 年，已是研究生的王升光成立了济南长歌生物技术有限公司，成为入驻学校大学生创业孵化基地的第一批大学生创业者。借助学校中医药学科优势和自己所在科研创新团队 1＋NS 理念，王升光在导师的带领下研发了中医药健康产品数十余种，并利用团队的科研优势，服务美年大健康旗下公司。凭借该项目，王升光于 2019 年 12 月获得了第二届全国中医药高等院校大学生创新创业大赛银奖。

随着国家对中医药的重视，山东省建设国家医养结合示范省和康养济南等区域发展战略陆续落地，中医药发展迎来了天时地利的好时机，也为王升光和他的团队带来了新机遇。2018 年，王升光成立了山东脉渡医药集团（简称脉渡集团），切入中医药健康产业医、教、研、产、养、服全产业链领域，成为集中医医疗、教育、研究、产品、康养和技术服务的中医药大健康技术服务商。在医疗领域，目前脉渡集团开设了 5 家社区门诊，定点帮扶 10 余家乡村卫生室，累计服务病患 10 万余人次。在科技成果转移转化上，脉渡集团依托山东中医药大学中医基础理论、中药药剂学等重点学科实验室，利用团队独有的仿生酶解与富微转化两大核心技术，秉承中医药组方特色，以经典名方为基础，结合目标人群的特点，将药食同源中药、小分子活性肽、有机态微量元素等小分子营养素复合配伍，多维度精准调理，打造绿色健康新理念，完成了多款中医药大健康产品转移转化，在售产品年销售总额达 1000 余万元。在中医药技术服务方面，脉渡集团帮助多家企业突破技术壁垒，完成产业升级，累计增收 5000 余万元。在中草药种植方面，脉渡集团以中药材种植赋能乡村振兴，以济南为中心辐射山东等其他地区开展中草药种植技术服务，进行金银花、瓜蒌、丹参、黄芩等"鲁十味"及道地药材种植示范园的科技助民行动，为农户每亩增收上千元，实现总增收 3000 余万元同时开展中药材道地化、良种化、标准化、品牌化种植示范园建设，目前已经联合建设了瓜蒌、丹参、蒲公英等优势品种规模种植基地 3 处，正在建设中药材种植基地 2 处，为推动中药材规范化种植，不断擦亮"品质鲁药"金字招牌作出了贡献。脉渡集团也成功当选为山东省医疗机构中药制剂创新发展联盟理事和山东中西医结合学会医疗机构制剂专业委员会委员等。

习近平总书记对青年学生提出的"学习延安精神，坚定理想信念，锤炼意志品质，把激昂的青春梦融入伟大的中国梦"的要求，深深地激励着王升光。在校期间，王升光经常跟着学校医疗服务团队下乡义诊，深切地了解到基层群众对优质医疗服务的需求，也认识到中医药在社区服务中的优势，这不仅成为他创立脉渡中医的初心，也成为他一直坚持公益医疗服务的动力。如今，王升光在自己公司旗下5家社区门诊均成立了爱心医站服务点，并联系了10多家乡村卫生室，每周定期安排专家进社区、进乡村义诊。四年多的时间，王升光和他的团队走遍了长清区11个乡镇312个村庄，开展义诊服务300余次，并定点为10个乡村卫生室医务人员开展中医适宜技术培训，累计培训200余人次。脉渡集团还广泛开展中医药文化传播公益活动，集团旗下5家社区门诊成立的脉渡公益助力健康中国行爱心医站服务点专注于中医药文化宣传，开发了中医药文化科普公益课程，累计走进13所小学、20余个社区，开展中医药文化宣传活动，捐赠各类中医药书籍上万册，为中小学生和社区老年人授课5000余人次。同时，脉渡集团还着力集聚自己的硕博士团队力量，开展名老中医的学术经典、经方整理传承工作，目前，已经陆续整理了王新陆等15位名老中医的学术经验，整理各类经方和民间验方上千个。

在脉渡集团30余名硕博团队的带动下，学校有近300名大学生参与了脉渡集团的爱心医疗服务，脉渡集团也成为学校大学生创新创业的实践基地，成为带动学校大学生创新实践的桥头堡。

"相信相信的力量"是王升光一直坚持的信念。他常说，脉渡人作为处于新时代潮流交汇点上年轻一代的中医药人，当时刻牢记习近平总书记对中医药发展提出的"传承精华、守正创新"的重要指示，用年轻一代的中医药人的思维方式让传统中医药发展搭上时代列车，激发和释放中医药的潜力和活力，遵循中医药发展规律，加快推进中医药现代化、产业化，推动中医药事业和产业高质量发展，让中医药事业焕发新的光彩，为建设健康中国、中医药乡村振兴、实现中华民族伟大复兴的中国梦贡献脉渡青春力量！

（资料来源：教育部学生服务与素质发展中心.大学生创新创业典型人物事迹［M］.北京：北京航空航天大学出版社，2022.）

第三节　中医药类职业发展路径与岗位胜任力

大学生在职业规划中必须作出抉择，以便使学习、工作及各种行动措施沿着职业发展路径或自己的预定方向前进。

一、中医药类典型职业发展路径

中医药类专业典型职业发展路径主要有以下几种。

（一）中医类专业职业方向和发展路径

中医类专业包括中医学、中西医临床医学、针灸推拿学、康复治疗学、中医儿科学等专业。此类专业的基本目标是培养具备良好的人文、科学与职业素养，具备系统的中医学基本理论、基本知识、基本技能和对常见病症能进行中医临床诊疗的能力，能在医疗卫生领域从事医疗、预防、保健、康复等方面工作的中医学应用型人才，对应的主要职业范围如下（表1-5）。

表 1-5　医学类专业对应的主要职业

专业类	专业名称	从事的主要职业
医学类	临床医学	内科医师、全科医师、医学研究人员、其他各科医师、高等教育教师、中等职业教育教师
	中西医临床医学	中西医结合医师、医学研究人员、高等教育教师、中等职业教育教师
	中医学	内科医师、全科医师、医学研究人员、高等教育教师、中等职业教育教师
	针灸推拿学	针灸科医师、推拿科医师、理疗师、全科医师、医学研究人员、健康管理师、高等教育教师、中等职业教育教师
医学技术类	康复治疗学	康复技师、理疗师、保健按摩师
	医学检验技术	临床检验技师
	医学影像技术	影像技师

医疗卫生行业是按照技术职称，由低到高，逐级晋升的。只有在工作年限、专业技术、外语水平、科研水平都达到了一定程度，并能够拿出诸如发表论文、课题、成果等证明后，才可以晋升到上一级职称。医生发展路线遵照，医师→主治（主管）医师→副主任医师→主任医师的顺序；其他卫生技术人员发展路线遵照，技士→技师→主管技师→副主任技师→主任技师的顺序。

（二）药学类专业职业方向和发展路径

药学类专业包括中药学、药学、制剂、生物工程、制药工程等专业，基本目标是培养具备中医药学基础理论、基本知识、基本技能及相关的药学、中医学等方面的知识和能力，能在中药生产、检验、流通、使用、研究与开发等领域从事标准化中药材生产与鉴定、中药炮制与制剂、中药质量与分析、中药药理与安全性评价及临床合理用药等方面工作的专业人才，对应的主要的职业范围如下（表 1-6）。

表 1-6　药学类专业对应的主要职业

专业类	专业名称	从事的主要职业
药学类	药学	医学研究人员、西药剂师、医药商品购销员
	药物制剂	西药剂师、药物制剂工、医药商品购销员
	临床药学	药剂师、医药商品购销员
	药事管理	行政业务人员、文员
	中药学	医学研究人员、中药药师、中药调剂员
	中药制药	中药制剂工、中药调剂员等中药材生产人员
	中药资源与开发	医学研究人员、中药材生产管理人员

1. 科研人员发展路线　科研人员一般要求硕士研究生以上学历，有些职位不仅要精通药学、医学、法律法规等各门知识，还要具备很强的文字功底和交际能力。在大学、研究所、药厂的研究部门，从事药物的研发工作，负责化合物药效筛选，制剂的药代动力学研究、主要药效和一般药理、毒性试验等，组织和开展临床试验（表 1-7），通常按照研究实习员→助理研究员→副研究员→研究员的序列晋升。

表 1-7　研发类岗位要求及发展路径举例

研发类	工作职责	职业发展路线	学历或知识要求
药理	负责化合物药效筛选，制剂的药代动力学研究、主要药效和一般药理、毒性试验等	研究人员→高级研究人员	硕士、博士
医学部门	组织和开展临床试验（有外包给临床试验公司的趋势）	监察员→项目经理→医学经理→医学总监	医学或药学本科、硕士
注册报批	把各种药学、临床前和临床试验资料整理并报药品监督管理局	注册人员又分为国内注册、国际注册、器械注册各种细分岗位 报批专员→临床验证项目经理	本科、硕士、博士（从业人员不仅要精通药学、医学、法律法规各门知识，还要有很强的文字功底和交际能力）

2. 药剂师发展路线　在医院药剂科、药房、药厂等从事制剂、质检、临床药学等工作，按照药士→药师→主管药师→副主任药师→主任药师的序列晋升。

3. 生产人员发展路线　在药事企业从事药物的生产管理，负责调整生产工艺，安排车间生产，进行品质管理、检测、控制，有些岗位大专以上学历即可（表1-8）。按照班组长→车间主任→生产管理经理→副总经理等序列晋升。

表 1-8　生产类岗位要求及发展路径举例

生产类	工作职责	职业发展路线	学历或知识要求
质检	品质管理、检测、控制	品质工程师→品质主管→品质经理→品质总监	大专、本科
生产管理	安排车间生产，管人管事管东西	主管→生产部长→高级生产经理→生产总监	本科
工程师	负责调整生产工艺，保证生产效率最优	技术员→工程师→高级工程师→总工程师	本科、硕士

4. 医药销售人员发展路线　在医药贸易公司或制药企业从事药品流通及销售等工作，以担任产品经理、市场专员、医药代表等，发展路线如下（表1-9）。

表 1-9　营销类岗位要求及发展路径举例

营销类	工作职责	职业发展路线	学历或知识要求
产品经理	从研发→生产→市场规划→销售实施。公司的核心岗位之一，是研发和市场衔接的桥梁人物	产品经理→高级经理→产品总监→自我创业	本科、硕士
市场专员	主攻市场活动、战略策划和学术会议	市场专员→市场经理→大区市场经理→创业或代理商	本科、硕士或MBA
医药代表	业务销售人员，负责产品的销售、供货、回款	药代→主管→地区经理→大区经理→自我创业	本科
医药招商	渠道销售人员，接触面比医药代表广得多，相对来讲，压力也小于药代	招商代表→招商经理→大区经理→全国总代理	大专、本科

（三）护理专业职业方向和发展路径

护理类专业是培养适应我国社会主义现代化建设和卫生保健事业发展需要的德、智、体、美全面发展，具有良好的职业品质与素质，比较系统掌握护理学基础理论、基本知识、基本技能及相关医学和人文社会科学知识，具有基本的临床护理工作能力，初步的教学能力、管理能力、科研能力及终身学习能力，能在各类医疗卫生保健机构从事护理工作的应用型专业人才。其就业职业为护士与助产士。护理人员发展路线按照，护士→护师→主管护师→副主任护师→主任护师的顺序，常见工作岗位与发展路线如下（表1–10）。

表 1–10　护理类岗位要求及发展路径举例

护理类岗位	工作职责	职业发展路线	学历或知识要求
临床护士、助产士	护理相关工作，减轻痛苦、增进健康	护师、主管护师、副主任护师、主任护师	专科、本科、硕士
血站、疾控中心护士	护理相关工作	护师、主管护师、副主任护师、主任护师	专科、本科、硕士

（四）医学人文管理类职业方向和发展路径

本类专业包括公共事业管理、工商管理、市场营销、医学法学、医学英语等专业。本专业培养的是具备坚定马克思主义理论素养和现代公共精神，拥有现代公共管理理论、技术与方法等方面知识及有能力应用这些知识的人才，能在文化、体育、卫生、环保、社会保障、公共行业等公共事业单位行政管理部门、非政府组织等从事业务管理和综合管理工作。其就业前景也更为广阔，可以从事医疗器械销售、卫生事业管理、医疗保险、医疗文化传播、医药立法、执法及行政、人事等工作（表1–11）。

表 1–11　人文管理类专业对应的职业举例

专业名称	从事的主要职业
工商管理	行政业务人员、文员、劳动关系协调员
市场营销	医药商品购销员、销售代表（医疗用品）
公共事业管理	行政业务人员、文员
英语	翻译、文员

人文管理类专业职业发展路线包括经济类与管理类，这两类职业包含的岗位多，各自的职责、任职要求与发展路线差异性较大（表1–12）。

表 1–12　经管类岗位要求与发展路径举例

经管类	工作职责	职业发展路线	学历或知识要求
市场营销	帮助企业打开市场、扩大销售，乃至进一步扩大再生产	销售专员→销售部地区经理→销售部经理、营销总监；销售专员→市场部经理→高级产品经理→营销总监	专科及以上，要具有积极的进取心，坚持不懈的态度、与其他人良好沟通的技巧、给人信任感
卫生事业管理	医疗卫生机构、卫生行政部门等单位从事管理工作。医疗卫生机构；各省卫生健康委；地级市、县、乡镇、区卫生机构；医疗卫生服务组织；各级、各类医院、疗养院、社区卫生服务中心、卫生院、疾病预防控制中心、卫生监督	按照公务员晋升制度或事业单位管理类或人才职称评审制度规定晋升	本科及以上，具备医学科学、管理科学、人文和社会科学的完整的三维知识结构

续表

经管类	工作职责	职业发展路线	学历或知识要求
医疗保险行业	产品开发，健康管理，核保核赔，个险销售，团险销售	保险理赔员可以晋升为理赔部经理、客服部主任等上级职务，或是平调到保险公司的其他部门或者晋升至更高级的行政管理职位。除此之外，良好的素质让他们还可向理财规划师、注册会计师等方向发展。主要是外资保险公司和本土保险公司	本科及以上，有医学背景的医疗保险专业学生从事商业保险尤其是人寿保险和健康保险方面有着较大优势
对外贸易业务人员	将产品销售给国外客户；为国内客户寻找国外货源；组织国际贸易货物物流等	外贸业务员→业务经理→高级业务经理→自主创业或独立经营	外语能力过硬可以先熟悉该行业的专业英语参加专业实习和实践，还可选择参加报关员考试
行政管理	协助领导，起到上传下达的作用。每家公司针对行政都有不同的需要	行政专员→行政主管→行政部经理→高级行政经理→行政总监或副总经理	本科、硕士、MBA
人力资源管理	管理企业招聘，员工培训，绩效考核，人事调度等相关事宜	人力资源专员→人力资源主管→人力资源经理→人力资源总监或副总经理	本科、硕士、MBA，更重视实践经验

二、典型岗位胜任力模型

（一）胜任力概述

1973 年哈佛大学教授戴维·麦克利兰（David McClelland）提出了"胜任力"的概念。"胜任力"是从个人深层次特征上区别卓有成就者和普通者的标准。胜任力理论在 20 世纪 90 年代中后期才引入我国，我国关于胜任力的研究逐渐发展，在社会学、管理学、心理学，尤其是人力资源管理等领域得到了广泛的研究和应用，对企业员工的选拔、培训、绩效考核起到了积极作用。学术界公认的是斯宾塞（Spencer）等在 1993 年对胜任特征的定义，指能将某一工作（或组织、文化）中优秀绩效和普通绩效区分开来的个人特征，包括动机、特质、自我概念、态度或价值观（社会角色）、知识、认知或者行为技能，这些特征都可以被可靠测量。具体可以从 3 个方面来分析：一是深层次特征，是指人格中深层和持久的部分，具有稳定性，能够预测多种情景或工作中人的行为和思维方式；二是能引发和预测某岗位的工作绩效和工作行为的深层次特征，是该职位的胜任特征；三是参照效标，是胜任特征中最关键的部分，是衡量某特征品质预测现实情境中工作优劣的效度标准。

（二）胜任力的基本内容

1. 知识　某一职业领域需要的信息（如人力资源管理的专业知识）。

2. 技能　掌握和运用专门技术的能力（如英语读写能力、计算机能力）。

3. 社会角色　个体对于社会规范的认知与理解（如想成为团队的领导）。

4. 自我认知　对自己身份的知觉和评价（如认为自己是某领域的权威）。

5. 特质　某人所具有的特征或其典型的行为方式（如喜欢冒险）。

6. 动机　决定外显行为的内在的稳定的想法（如想获得权力、追求名誉）。

胜任力与能力特征的主要内容如下（图 1-1）。

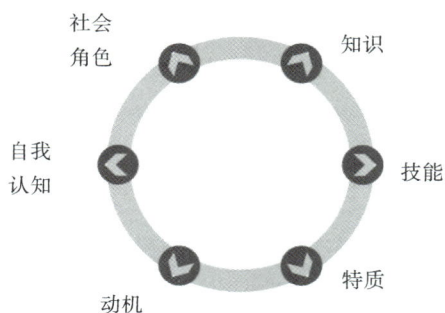

图 1-1　胜任力与能力特征的主要内容

胜任力的内容很多，但企业所需要的不一定是全部胜任力，企业会根据岗位的要求及组织的环境，明确能够保证胜任岗位工作，确保人才发挥最大潜能的胜任特征。因此，大学生了解目标企业用人的胜任力模型（图 1-2），对规划职业和获得良好发展，很有裨益。

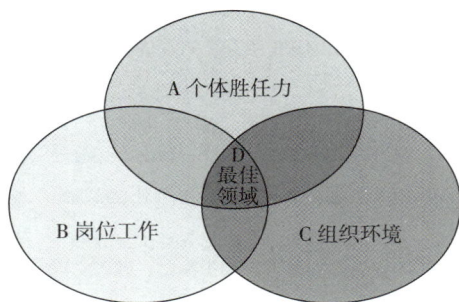

图 1-2　胜任能力模型

（三）胜任力模型

A. 个体的胜任：指个人能做什么和为什么这么做。

B. 岗位工作要求：指个人在工作中被期望做什么。

C. 组织环境：指个人在组织管理中可以做什么。

D. 交集部分是员工最有效的工作行为或潜能发挥的最佳领域。

当个人的胜任能力大于或等于这三个圆的交集时，员工才有可能胜任该岗位的工作，企业招聘面试，都是围绕三个圆的交集部分，即考察应聘者是否能够胜任工作岗位。

1. 中医师岗位胜任力模型（表 1-13）

表 1-13　中医师岗位胜任力模型结构表

任务模块	职业能力	胜任要素
中医知识与西医基本知识	经典知识	黄帝内经，伤寒论，金匮要略，温病学，各家学说
	中医知识	中医基础理论，中药，方剂，中医诊断，中医内科，中医外科（含骨伤），中医妇科，中医儿科，中医五官，针灸推拿
	西医基础知识	正常人体解剖，生理病理及组织胚胎，免疫，药理，诊断学基础，内科，外科基础，传染病，预防

续表

任务模块	职业能力	胜任要素
中医临床能力与西医基本技能	中医思维能力	中医思维，整体观念，取象比类，逻辑思维，演绎推理，归纳推理，类比推理
	中医辨证能力	八纲辨证，脏腑辨证，六经辨证，三焦辨证，经络辨证，气血津液辨证，卫气营血辨证
	中医治疗能力	方证相应，标本缓急，整体治疗，三因治宜，同病异治、异病同治
	中医操作技能	经穴定位，针刺，灸疗，拔罐，耳穴压豆，刮痧，敷贴，熏洗
	西医诊疗能力	急救，常规诊疗
养生保健与健康服务	治疗和养生指导	中药炮制与煎服方法，饮食起居调理
	公共卫生关系	积极关注社区民众健康意识和健康状况，主动开展健康教育，健康促进意识，与卫生行政管理部门沟通
沟通与团队协作	医务沟通	及时沟通医疗信息，主动向同事或其他专家请教，虚心接受同事或其他专家的批评指导，资源共享，欣赏同事，信任同事，团队归属感，工作包容，注重自我及同行评价
	医患沟通	以人为本关爱患者，基于患者的现实状况个性化的对待，为患者利益着想，准确解释病情，耐心接受患者和家属的倾诉
职业精神与职业素养	职业精神	信仰中医，热爱中医，遵循医学伦理，淡泊名利，平等仁爱，无私奉献
	人文修养	哲学，中国传统文化，古汉语，中国历史，人文地理
	心理品质	社会主义核心价值观，使命感，责任心，基本道德规范，追求卓越，思想开放，乐观，自信，耐心，恒心，同理心，环境适应能力，情绪调节能力，经常反思自我，关注细节，计划性，行动力，时间管理，洞察力
	医疗法规	卫生法规，医改政策，遵守卫生系统组织原则，灵活运用医疗法律
职业发展	终身学习	善于思索病案，善于总结，有融汇古今，博采众长的企望与行动，有良好的读书习惯，独立思考，知识面广，勤务实践，及时更新专业知识和基本技能
	创新能力	抓病机古方今用，批判性思维，多角度思考，新颖想法，想象力，敢于质疑，大卫生观，信息搜集与分析判断能力，计算机应用能力

（资料来源：张伯礼，王启明，卢国慧.新时代中医药高等教育发展战略研究［M］.北京：人民卫生出版社，2018.）

2. 药学服务岗位胜任力模型（表 1–14）

表 1–14　药学服务岗位胜任力模型结构表

任务模块	职业能力	胜任要素
药品调剂	处方审核	掌握处方的"四查十对"，药物相互作用和配伍禁忌，《药学综合知识与技能》《临床药物治疗学》等课程的专业知识
	药品调剂	熟悉各类常用药的厂家、剂型、剂量、规格的信息（切忌混淆），药品调剂和处方分析的训练
	用药指导	熟悉各类常用药的注意事项、服用时间、不良反应和禁忌证，不断学习新药信息，反复核对不出错，医患关系较敏感
	处方点评	对处方进行鉴别，指出药品在对症、用法、剂量、配合等方面的合理性
静脉配液中心	静脉营养液、其他药物配置	掌握洁净区空调系统、无菌技术、药物配置操作步骤、药学计算、消毒清洁、处方审核，《实用药品调剂技术》《药学综合知识与技能》等课程的专业知识
	排药、退药、贴标签、核对	熟悉常见药品的分类（主要是抗生素、抗肿瘤药），洁净服的穿脱；安瓿瓶的开启；无菌操作；输液配置（营养液、药物）
	药品分拣、归类与供应	掌握常见药品的储藏条件、按分类进行摆放，严格遵守操作步骤，反复核对与确认，仓内、仓外均需分组

3. 护理岗位胜任力模型（表1-15）

表1-15　护理岗位胜任力模型结构表

任务模块	职业能力	胜任要素
软技能	人际关系	换位思维，沟通交流，团队合作，主动倾听
	管理能力	病区人员管理，病区环境管理，病区安全管理，突发事件应对
	自我管理能力	工作自律，社会适应，压力应对，情绪调节能力，评判性思维，主动学习
	职业情操	爱岗敬业，以患者为中心，良好的职业道德，积极向上的职业态度，责任心，服务意识，慎独精神
	职业礼仪	仪表大方，举止端庄，德行垂范
硬技能	专业知识	医学及护理基础知识，专科护理知识，医学相关法律知识，医学伦理基础知识，计算机应用基础知识，护理心理学基础知识，专业英语基础知识，文献检索知识
	专业技能	基础护理技术，专科护理技术，急救护理技术，病情观察能力，常见应急事件处理能力，护理文书书写，仪器/设备使用，健康教育

（资料来源：王玉花，袁忠，谌永毅，等.新护士岗位胜任力模型指标体系的构建［J］.护理学杂志，2014（29）：78-81.）

知 识 链 接

职业选择词汇表（表1-16）

个人技能要求的符号解释：

● ——"必需的"或高水平技能　　○——有点必需或中等水平的技能

○——基本需要的技能　　　　　　——不需要的技能

工作性质的符号解释：

● ——有充分证据的　　○——有一定证据的

○——多少有点依据的　　——没有依据的

表1-16　职业选择词汇表

职业	个人技能要求							工作性质				
健康诊断与治疗从业人员	艺术	交流	人际交往	管理	数学	机械	科技	经济敏感性	地理知识	危险性	户外作业	体力要求
耳科医生		●	○	●	○	○	●					
按摩师		●	○	●	●	●	●					○
牙科医生	○	●	●	●	●	●	●			○		
节食与营养师		●	●	○	○	○	●					
职业病治疗专家		●	●	●	●	●	●					
眼科专家	●	●	●	●	●	●	●			○		
药师		●	○	●	●	●	●					○
内科医生助理		●	●	○	●	●	●			○		○
外科与内科医生	○	●	●	●	●	●	●			○		○
足病医生	○	●	●	●	○	●	●					

续表

| 职业 | 个人技能要求 | | | | | | | 工作性质 | | | | |
健康诊断与治疗从业人员	艺术	交流	人际交往	管理	数学	机械	科技	经济敏感性	地理知识	危险性	户外作业	体力要求
娱乐医疗师	●	●	●	○	○	○	○				●	○
注册护士		●	●	○	●	●	●			○		○
呼吸疗法医师		●	●	○	●	●	●			○		○
病理学家	○	●	●	○	●	●	●					
宠物医师	○	●	●	●	●	●	●	○		●	○	●
销售及相关岗位												
销售工程师	○	●	●		○		○	●				
批发与生产销售代理	○	●	●		○			●				
销售人员培训师	○	●	●	●	○		○	○				
营业员	○	○	●		○			○				

（资料来源：（美）鲍利斯著.世界求职圣经：你的降落伞是什么颜色［M］.王华夏译.北京：现代出版社，2009.）

课 堂 训 练

职业生涯决策平衡表

职业生涯决策平衡表（表1–17）的使用方法如下。

第一步：在第一列列出你的可选职业生涯方向的方案。

第二步：在"考虑因素/选择项目"一列中，根据个人关注的内容，填入在选择中需要考虑的因素。（以上表格所列项目仅为参考范例，个人可根据各自实际情况罗列）。

第三步：将表的各项加权打分。

1.根据各方案具有的优势（得分）、缺点（失分）来考量，给出每个项目的得分或失分，计分范围1～10分。

2.给每个"考虑因素/选择项目"赋予权重，重要性因人、因时、因地而不同。对于此刻的你，可以根据考虑因素/选择项目的重要性与迫切性，乘上权数，加权范围1～5倍。

第四步：合计每个方案的优点总分和缺点总分，正负相加，算出得失差数。最终得分最高的方案，是最优方案。

要注意的是，使用生涯决策平衡单是以几种可能的选择方案为前提，按照步骤，针对每个选择方案自问自答，以考虑、澄清其利弊得失。

表1–17　职业生涯平衡表

| 考虑因素/选择项目 | 权重 | 选择1 | | 选择2 | | 选择3 | |
		打分	加权分	打分	加权分	打分	加权分
个人物质方面的得失							
1.收入							
2.工作的难易程度							

续表

考虑因素/选择项目	权重	选择1		选择2		选择3	
		打分	加权分	打分	加权分	打分	加权分
3. 升迁的机会							
4. 工作环境的安全							
5. 休闲的时间							
6. 生活变化							
7. 对健康的影响							
8. 就业机会							
9. 其他							
他人物质方面的得失							
1. 家庭经济							
2. 家庭地位							
3. 与家人相处的时间							
4. 其他							
个人精神方面的得失							
1. 生活方式的改变							
2. 成就感							
3. 自我实现的程度							
4. 兴趣的满足							
5. 挑战性							
6. 社会声望的提高							
7. 其他							
他人精神方面的得失							
1. 父母							
2. 师长							
3. 朋友							
4. 其他							
合计							

第四节　择业的四大"黄金法则"

所谓就业选择的四大黄金法则是指择世所需、择己所爱、择己所长，并在保证前三个法则的基础上，追求发展和收益最大化，即择己所利。

一、择世所需

任何职业的兴起、发展、衰落及消亡均是由社会需要的变化引起的。因此，同学们在进行就业选择时，不仅要了解当前的社会职业需求状况，还要善于预测职业随社会需要而变化的未来走向，以便使自己的就业选择有一定的远见。否则，一味注重眼前热门的职业，可能会陷入不利于长远发展的选择失误上。

要知道"我想要什么"，更要知道社会需要什么。要弄清楚"我想要怎样发展"，更要清楚"我该怎样适应社会的发展"。在择业时，可以尝试以下方法：

1. 查阅所关心职业领域的资料和信息。

2. 尽可能多地参加相关专业的介绍会。

3. 访问和请教老师和专业人士。

二、择己所爱

就业选择要考虑自己喜欢哪种职业，或者对哪种职业比较感兴趣。研究表明，一个对所从事职业感兴趣的人，能够发挥其才能的80%～90%，且能保持长时间高效率、不疲劳；而对所从事职业不感兴趣的人，则只能发挥其才能的20%～30%，且容易精疲力竭。一般来说，只有从事自己喜爱的、感兴趣的工作，工作本身才能给你一种满足感，你的事业生涯才会变得妙趣横生。因此，择己所爱是大学生做好就业选择的重要依据。

兴趣与职业的适配，并不是"完全地"依据兴趣寻找百分百匹配的工作。现实的适配方式是灵活多样的，不能因为一定程度上工作与兴趣的不同而放弃对个人兴趣的尊重，也不能因为过分强调个人兴趣而对工作形成偏激的认识。可以让职业的90%体现兴趣，也可以是30%，而其余部分可以在生活的其他方面来实现。即使从事的工作与自己的兴趣完全不适配，也不用沮丧。因为工作本身就是由很多细节组成的，很难进行简单的划分。例如，作为一名机器修理工程师，虽然从大方向上看是实用型特征的工作类型，但是在修理过程中也有需要和客户沟通这样的社会型特征。

不同的企业文化，不同的工作定位，让每种职业都有可能因为不同的需要而适配不同的兴趣类型，例如，音乐老师本来应该是社会型特征的工作类型，但是有的音乐老师具有深厚的艺术方面的造诣，他定位自己从事音乐教育的工作重点在于用自身的艺术气息去感染学生，他就很可能成为一名艺术型特征的音乐教师。

要科学、理性地看待职业与兴趣的适配。一方面不能不顾自身兴趣盲目选择职业，另一方面当然也不能武断地"一棒子打死"与自身兴趣相左却有可能获得的职业。我们应该用科学的方法分析自己的兴趣与当前可实现职业之间的内在联系，找到最佳的适配点，并立足这点进行合理的开发和利用，找到自己具备且别人无法替代的特质，努力在岗位上体现自身价值，积极寻找属于自己的职业幸福。

三、择己所长

在人才市场的就业竞争中，必须善于认清自己的竞争优势。按照"择己所长、扬长避短"的原则进行就业选择。大学生应学以致用，发挥专业特长，把就业选择定位在与自己所学有较密切联系的行业领域。

"择己所长"，即在选择职业时要考虑自己所擅长的能力。职业的成功与否与一个人的职业能力密切相关，职业能力强的人更容易获得成功。大学生在职业选择时，应考虑自己的能力优势，选择最有利于发挥自己能力优势的职业，提高自身的职业适应性。职业适应性是指一个人从事某项工作时必须具备的生理、心理素质特征。它是在先天因素和后天环境相互作用的基础上形成和发展起来的。职业适应性可分为一般职业适应性和特殊职业适应性两大类。一般职业适应性，指从事一般职业所需的基本生理，心理素质特征。特殊职业适应性，指从事某一特定职业所需具备的特殊生理，心理品质特征。

四、择己所利

职业是个人谋生的手段，其目的之一在于追求实现个人价值。同学们在就业时，自然会考虑职业带来的收益，尽可能使个人价值最大化。明智的选择是在由收入、社会地位、成就感和工作付出等变量组成的函数中找出一个最大值。当然，这里所指的利益，不是指单纯的薪酬待遇等，而是要综合权衡多方面的因素，充分考虑国家和社会的需要，综合自己爱好、特长和个人需要，进而得出合理的结论。

课 堂 训 练

职业搜索

拿出四张纸，在三张纸的中间画一条从左到右的横线。

1. 在第一张纸的上半部分列出你喜欢的和成绩好的课程。

2. 在第二张纸的上半部分列出你的爱好和参加的活动。

3. 在第三张纸的上半部分列出所做过的工作。

在每张纸的下半部分列出与这些课程、活动和工作相关的兴趣、价值取向和实际能力，并找出它们的规律和共同点。

4. 第四张纸写下由这些共同特点所提炼的你的自我职业表，其中包括你选择的专业，你与之匹配的具有可能性的职业。

第五节　五步法确定择业目标

大学生的毕业选择，主要通过以下五个方面的分析，逐步明确自己的求职目标。

一、选择就业行业

目前，高校所设置的专业大部分都是符合区域经济发展需求，具有一定操作性的应用型专业。就业选择时，大部分同学可以选择从事与本专业对口的工作，通过自己的专业技能，获得适合自己的岗位。而对口的用人单位也喜欢招收应用型院校的毕业生，因为这些学生只需通过简单培训，即可胜任岗位工作。

虽然如此，我们也要摒除专业与岗位要"绝对匹配"的择业观念，因为能找到专业对口的工作或者岗位固然好，如果不能找到，也大可不必灰心，因为专业对口只是充分条件，而不是必要条件。大学学习的是知识和方法，只要能发挥自己的聪明才智，有发展空间，不一定非要从事专业严格对口的工作。

二、确定就业地域

部分毕业生在选择就业区域的时候，存在"唯直辖市、沿海、发达地区不可"的倾向，都希望选择大中城市，而忽略了西部或者农村地区。其实在中西部地区，发展潜力和发挥空间更大，同时这些地区对人才的需求也更加旺盛。

在《中国毕业生就业报告》就业地分布中，把中国内地 31 个省、自治区和直辖市分为八个经济体区域：①东北区域经济体：包括黑龙江、吉林、辽宁；②泛渤海湾区域经济体：包括北京、天津、山东、河北、内蒙古、山西；③陕甘宁青区域经济体：包括陕西、甘肃、宁夏、青海；④中原区域经济体：包括河南、湖北、湖南；⑤泛长江三角洲区域经济体：包括上海、江苏、浙江、江西、安徽；⑥泛珠江三角洲区域经济体：包括广东、广西、福建、海南；⑦西南区域经济体：包括重庆、四川、贵州、云南；⑧西部生态经济区：包括西藏、新疆。

按行政级别把中国内地城市分为以下三种类型：①直辖市，包括北京、上海、天津、重庆。②副省级城市，包括哈尔滨、长春、沈阳、大连、济南、青岛、南京、杭州、宁波、厦门、广州、深圳、武汉、成都、西安 15 个城市。部分省会城市不属于副省级城市。③地级城市及以下，如绵阳、保定、苏州等，也包括省会城市如福州、银川等，以及地级市下属的县、乡等。

三、遴选就业单位

基于当前的就业形势和我国的社会经济发展，毕业生在就业单位的选择上呈现多元化。这种现象产生的原因在于大学毕业生的人才特点和竞争优势，以及社会人才的多元化需求。毕业生一般不再注重就业单位的性质，只要有发展潜力，国家机关、事业单位、外资企业、民营企业、自由职业等都应去尝试和争取。

当前形势下，大学生就业单位选择更偏向事业单位和国有企业，外资企业吸引力也越来越大。总体来看，近几年大学生对就业单位性质的倾向度相对稳定。有研究表明大学生最倾向的就业单位性质依次是事业单位、国有企业、外资企业、政府部门、民营企业、合资企业和其他。愿意到事业单位和国有企业工作的大学生人数超过毕业学生总人数的一半以上，愿意到排在前五位的用人单位（事业单位、国有企业、外资企业、政府部门和民营企业）工作的大学生比例达九成以上，其中倾向到事业单位、国有企业、外资企业工作的大学生比例在不断提高，而合资企业和其他就业单位尚未成为大学生择业时的首选。事业单位和国有企业向来以其稳定的工作性质和较高的薪酬待遇备受大学生青睐。值得关注的是，随着近年来国际化市场愈加开放、全球性竞争愈加激烈，外资进驻国内市场、给国内经济带来巨大影响的同时，也分担了国家部分的就业压力。

四、了解就业需求

大学生由于缺乏人生阅历和对社会与自我的认识，其就业理想值通常高于现实。此外，受传统就业观念的影响，包办式、代替式中国家庭教养理念也滋生了大学生的完美主义心理。因此，在大学生的就业指导工作中，学校和教师应着力帮助学生正确认识自我，客观评价自我，大学生自己也要逐步调整自我需要与社会发展需要之间的关系，把自己的理想与社会的需要紧密地结合起来，提高个人的心理素质，调整就业期望值。

在择业过程中，尤其是薪酬待遇方面，大学毕业生的期望值整体上符合社会的实际情况，但也有部分同学就业期望值过高，目标放在大企业、薪酬福利好的行业，忽略了自身实力和自身适合的择业定位，从而导致择业失败。正确的选择是先走上适合自己发展的工作岗位，通过自己的拼搏和努力获得较高的薪酬和待遇。

五、明确就业岗位

毕业生就业选择何种岗位，主要取决于自身愿望、资源条件和岗位胜任素质与能力发展。这就要求毕业生对自我的素质和能力有清晰的认识，对具体岗位的职责、任职条件的要求、职业发展路径等有深入的了解。

关系网是最有效的求职策略。发展关系网指的是开发和保持人际交往的活动。如果能够精明地培养和利用这些人际关系，这些关系人有可能成为你的雇主。发展关系网有助于在空缺职位信息对外发布之前就抢占先机。

有用的关系让成功入选和失之交臂之间存在着战略上的区别。这是因为雇用新人总是太冒险而且昂贵，在两个有着同样资格的候选者之间，大多数雇主会倾向于被推荐的那个。很多情况下，许多岗位空缺需要立刻填补，没有时间做广告招聘和浏览数不尽的简历。每年新出现的工作岗位大多数是通过业务线索来填补的。也就是说，这些工作都提供给了那些与雇主有一定关系网（哪怕是间接关系网）的候选人。许多人知晓招聘信息是通过口口相传的，所以你必须让别人知道你正在找工作。例如，实习、合作训练、招聘会和社交网络会帮助你建立关系网，因为这些都是你认识潜在雇主的途径。发展关系网的最佳方式是面对面交流。见面会谈并不是参加一场简单的产品推介会，所要做的是建立信任感，提高个人能见度，倾听对方的见解、经验和智慧。会面过程中表达出来的尊重和对对方付出宝贵时间的感激之情越强烈，获得进一步联系和被推荐的机会就越多，工作申请得到考虑的希望就越大。

发展关系网有两层意思：一是一群人之间的相互联系与协作；二是以增加个人与业务机会为目的，与他人建立联系并交换信息。你遇见的每一个人都有可能成为你终身事业上的助力者。

发展关系网的目的是在相互帮助的过程中实现目标。首先，关系网能帮你更好地了解某个领域和公司的情况，这些都会增加你在这个领域成功的概率。其次，发展关系网旨在回报帮助过你的人。

每天都要拓展你的关系网。尽管各类社交网络是一个强大的工具，但是要记住，真实世界的交往对你的求职才是最有用的。朋友和有用的社会关系能帮你得到面试的机会或者提供寻找工作的门路。试想：你认识越多的人，就能获取更多的信息。你的能见度越高，越积极主动，就越可能找到合适的工作。一个亲戚、邻居、同学或朋友都有可能告诉你一个工作空缺，或者向你提供宝贵的求职策略。全世界每天都有数以百万计的人们通过关系找到工作。其实很简单，就是告诉你遇见的每一个人你在找工作或者找实习单位。

你可能有许多愿意为你介绍关系或者出主意的熟人，他们可能来自组织机构、健康或体育团体，或者是你的老师（过去的和现在的）、同事和前雇主。

案 例 故 事

于同学的成功就业

于同学，女，某中医药大学公共事业管理（药事管理方向）专业学生，2021年6月毕业。该生在校期间学习成绩优异，注重自身综合素质养成，曾担任学校校级干部。

入学初期，该生就根据辅导员老师的指导对大学四年的学习和个人成长进行了明确规划，在保证专业课学习的基础上加强自身综合素质的培养，积极参加学校、学院组织的各项活动。同时，身为班委会成员，在班级建设过程中积极建言献策，查阅大量有关资料，精心编辑并撰写各类文字材料，公文写作能力得到很大提升，组织协调和沟通表达能力等综合素质都有所提高。临近毕业前，该生主动找到辅导员老师咨询就业问题并说明了自己的就业意向。辅导员认为，该生学习努力，工作积极进取，做事认真严谨，条理清晰，尤其具备公文写作特长，适合从事办公室文职类工作。

结合辅导员老师的悉心指导，该生做了充分的就业前准备，深入剖析自我，挖掘自身特长，确立就业目标。同时，她也很好地与家长沟通了工作的地点、工作性质和工作待遇等问题，认真书写简历及面试有关答题材料，以把握住每一个适合自己的工作机会。为了找到合适的工作岗位，该生不仅参加校内举办的各类招聘会、宣讲会，还同时关注了其他高等院校、人力资源市场等大型招聘会信息，有选择地投递简历，在各类面试中积累经验并开阔视野，进一步弥补不足，不断完善并提高自我。

辅导员老师在联系就业单位过程中得知大连蓝天软伤专科医院办公室急需招聘文职人员，主要负责文件起草和办理日常性事务工作。辅导员比照医院招聘要求和学生实际情况，认为该生特别适合此岗位，因此推荐其前去参加面试。该生经与家长协商，决定到大连工作，在首轮面试中便以优异的表现顺利通过，随后被邀请至医院参加实际工作考核。通过一段时间的工作实践，该生以突出的工作能力得到了院领导的一致认可，毕业后正式被聘为大连蓝天软伤专科医院办公室职员，工作至今。

该生能够顺利就业，与其在就业前期的认真备战是密不可分的。她能够在征求辅导员老师和家长的意见后，给自己作出准确定位，明确就业方向，初步确定就业地区，并能够发挥自身特长，迎合就业单位的需求。

（资料来源：根据长春中医药大学毕业生实际就业案例编写。）

本章小结

职业是劳动分工的产物，是个人在社会中所从事的作为主要生活来源的工作类别。专业是学业门类，职业是工作门类，所学专业与未来所从事的职业有较强的关联性，但没有直接对应关系。专业与职业的关系主要包括：专业包容职业、职业包含专业、专业与职业交叉、专业与职业分离等。高校所设置的专业对应的并非一个固定的职业，而是一组职业，甚至是一组职业群。

中医药类专业毕业生就业去向主要有升学、就业、兼职与弹性工作、慢就业、自主创业等。通常就业去向主要是事业单位就业、企业就业、考取公务员、国家基层项目就业等。

择业的四大"黄金法则"是毕业生择业的基本原则，是综合考虑社会需求、个人特长、个人爱好和人生价值，作出符合自身特点，促进个人成长和发展的重要选择。其主要包括择世所需、择己所爱、择己所长、择己所利。

五步法确定择业目标指明了择业的基本步骤，通过科学地确定地域、行业、就业单位、兴趣和关系网，最终达到确定理想求职目标的目的。其主要步骤为选择就业行业、确定就业地域、遴选就业单位、了解就业需求、明确就业岗位。

【思考题】

1. 马上就要毕业了，你对自己的未来出路有什么打算？打算如何对这些毕业选择进行调研？

2. 如果毕业后你打算就业，请具体描述你的就业目标及求职择业定位确定的方法。

3. 你未来如果从事中医药相关职业，你的职业理想是什么？为什么？

4. 试述中医药类职业发展路径是什么？

5. 结合你所学的专业，试述未来拟就业的目标岗位胜任力模型是什么？自己具备的岗位胜任力优势有哪些？

6. 试述专业与职业的关系。

【课后实训】

明确就业意向

1. 我毕业后的主要选择是：_____（选择主要包括就业、升学、留学、自由职业、创业等）。

2. 选择该方向的主要理由是：

（1）

（2）

（3）

3. 选择该出路，支持资源或优势在于：

（1）

（2）

（3）

4. 选择该出路，主要困难或不利条件是：

（1）

（2）

（3）

5. 实现该毕业选择的目标，具体要求有：

（1）

（2）

（3）

6. 实现该毕业选择的目标，目前的差距在于：

（1）

（2）

（3）

7. 为缩短差距，实现目标，现制定以下策略和实施方案：

（1）

（2）

（3）

现在，请根据自己的实际情况，按照表 1–18 给出的选项进行填写，梳理出个人就业意向。

表 1-18　就业意向分析表

方向	前三位选择				求职方向
行业	1.				第一类求职方向：
	2.				行业：
	3.				企业：
企业，可用具体公司代表	国企类	公司1	公司2	公司3	职能： 地域：
	外企类	公司1	公司2	公司3	第二类求职方向：
	民企类	公司1	公司2	公司3	行业： 企业：
职能，可用具体岗位代表	1.	岗位1	岗位2	岗位3	职能： 地域：
	2.	岗位1	岗位2	岗位3	第三类求职方向：
	3.	岗位1	岗位2	岗位3	行业：
地域	1.				企业： 职能：
	2.				地域：
	3.				

扫一扫，查阅本章数字资源，含PPT、音视频、图片等

【学习目标】

1. 掌握中医药类典型职业的核心职业技能，核心通用技能和核心适应能力。

2. 熟悉职业技能分类与表达方式，职业技能优势评估，就业能力的概念和结构，校园招聘的形式和流程。

3. 了解当前中医药行业发展现状、就业趋势和就业需求。

【导入案例】

做好求职准备，助力目标实现

王同学，男，某中医药大学 2015 级中医学专业学生，2020 年 6 月本科毕业。该生来自四川省成都市，他在大三阶段就做好了就业考研两手准备，一方面合理制订复习计划，有序准备研究生入学考试；另一方面积极了解就业形势和政策，准备毕业后到医院从事医疗工作。

行动计划：为了实现自己的就业目标，王同学做出了以下努力。

1. 在大三阶段，开始搜集各类就业信息和参加相关招聘会，了解就业形势、岗位需求，了解各目标院校研究生招录等信息。

2. 在毕业实习期间，他认真实习，将所学的知识运用于实践，专业知识得到了巩固，临床能力得到了提升，受到医院老师的好评。经过临床实践，更加明确了自己研究生报考的专业方向：中医内科学（中医治疗脾胃系疾病的研究）。

3. 王同学在认真实习的同时，也做好研究生和住院医师规范化培训考试的备考工作，并于 2019 年 12 月参加了研究生入学考试。

4. 在秋招期间，王同学积极参加学校举办的双选会，寻找就业机会，提升了自己制作简历的能力，积累了面试的实战经验。2020 年 4 月，王同学的研究生初试成绩超过了某中医药大学的分数线。同时，他之前面试的一家医院因其基础知识扎实、能力突出向他伸出了橄榄枝。王同学在权衡之后，婉拒了该医院的录用，凭其优异的表现通过了硕士研究生复试，成功被该大学录取。

后续发展：王同学于 2020 年 9 月考入某中医药大学后继续努力学习，提升自己科研和临床能力。从本科到研究生期间，他参加校级以上科研课题 10 项，发表了中文期刊论文共计 23 篇（第一作者 7 篇），SCI 论文 10 篇（第一作者 4 篇），获得专利 8 项，又于 2023 年成功申请了该中医药大学"申请—审核"制博士。

点评：在这一案例中，王同学较早确定了今后职业发展目标。在实现目标的过程中，王同

学积极主动，从本科三年级开始关注各类就业信息，了解就业形势，为就业决策提供依据。在实习过程中，王同学认真实习，积极实践，较好地锻炼了各项临床技能。在实习和备考研究生过程中，王同学还积极参加各类招聘活动，参与求职面试。王同学在实现目标的过程中，没有"专职"考研，而是在认真准备硕士研究生入学考试的同时积极求职，利用实习、校园招聘等机会培养职业技能、提升就业能力，为其最终实现职业目标奠定良好的基础。

　　思考：王同学的经历给你带来的启发是什么？你对当前的就业形势和所学专业的就业前景了解吗？你是否已经具备求职择业所需的技能和能力？

　　（资料来源：根据某中医药大学毕业生实际就业案例编写。）

第一节　行业就业形势分析

　　当前，我国经济迈入高质量发展阶段，高等教育也快速走向普及化。产业结构深度调整，毕业生数量逐年攀升，就业形势面临全新挑战和变化。党的十八大以来，国家大力支持中医药事业创新发展，随着促进中医药振兴发展系列政策的发布和人民群众对中医药服务需求的不断增高，也为中医药院校学生就业带来新的契机。

一、中医药行业发展现状

　　当前，中医药发展正迎来最好的时代，中医药服务能力不断提升，中医药特色优势进一步彰显，在加快推进健康中国建设和服务群众健康方面发挥了重要作用。

（一）中医药健康服务能力明显增强

　　"十三五"期间，我国疾病预防、治疗和康复覆盖全生命周期的中医药服务体系日趋完善，服务能力明显增强。中医药政策环境持续优化，国家出台了一系列支持、鼓励中医药发展的政策。提供中医药防治的医疗服务机构、科室、床位数量明显增加，中医药人才队伍数量稳步提升，截至2020年年底，全国中医医院达到5482家，每千人口卫生机构中医类别执业（助理）医师数达到0.48人，中医总诊疗人次从2016年的9.6亿人次提升到2020年的10.6亿人次，诊疗量稳步提升。中医药防控重大慢病及重大传染性疾病的能力进一步增强，如对心脑血管疾病、糖尿病和新冠肺炎等的诊疗能力和疗效水平不断提高，参与国家公共卫生和应急救治。中医药信息化建设不断加强、水平不断提升，中医药的服务面、服务模式和服务水平进一步扩大、优化和提高。《"十四五"中医药发展规划》明确了"十四五"时期中医药发展目标任务和重点措施，到2025年，中医药健康服务能力明显增强，中医药高质量发展政策和体系进一步完善，中医药振兴发展取得积极成效，在健康中国建设中的独特优势得到充分发挥。

（二）中医药产业发展蒸蒸日上

　　中医药是我国独特的卫生资源、潜力巨大的经济资源、具有原创优势的科技资源、优秀的文化资源和重要的生态资源，在经济社会发展中发挥着重要作用。我国中医药产业守正创新、传承发展，呈现良好的发展态势，成为国民经济重要支柱之一。中成药和中药饮片产品标准化建设扎实推进，中药养殖和种植业规模不断扩大，中药质量不断提升，中药工业高速发展，中药制药市场规模持续扩大，中药科技创新不断深入，中药创新药临床试验、建议批准量连年增长，中医器械创新加速推进，中药类商品进出口贸易总额大幅增长。2022 年，我国中药进出口延续 2021 年势头，继续保持两位数增长，外贸总额 85.7 亿美元，同比增长 10.7%。覆盖中医药医疗服务、中药材、健康管理、健康保险、健康养老、健身休闲、保健品等大健康全产业链不断发展壮大，中医药大健康产业将成为最具发展潜力的产业之一。

（三）中医药消费需求日益增长

随着我国经济社会发展和人民群众生活水平的提高，人民群众更加珍视生命安全和健康质量，人民群众健康意识的增强带来多层次、多样化的健康需求也随之日益增长。中医药在治未病、重大疾病和疾病康复等方面显现出简便而有效的方法和相对较低的价格，使中医药的治疗、产品和服务正被更多群体所接受。中医药为疫情防控作出重要贡献使人民群众对中医药的信任度进一步提升，中医药的消费需求度正日益增长。

二、中医药行业就业趋势

随着中医药行业的快速发展及社会认可度的不断提升，中医药行业就业机会不断增加，人才需求旺盛，就业方向呈现多元化发展趋势。

（一）中医临床类专业就业形势稳定向好

中医临床类专业毕业生主要从事中医临床、科研、教学等相关工作，各级医疗卫生单位是首选就业单位，医学院校、科研院所和医药企业等单位也是重要的就业选择。随着研究生招生规模扩大和国家住院医师规范化培训项目深入实施，中医临床类专业毕业生继续升学和参加住院医师规范化培训的比例逐年提升。近年来，中医临床类毕业生毕业去向落实率处于较高水平。在医疗机构数量增加、规模扩大及社会对中医药服务需求增长的良好态势下，对中医临床类专业毕业生的需求持续增长，就业形势稳定向好。

（二）药学类专业就业前景广阔

医药企业是药学类专业毕业生主要的就业去向，可以从事药品销售、质量管理、采购供应、制剂生产、仓储管理等岗位，近年来一直保持着较高的毕业去向落实率。目前，我国中药产业的快速高质量发展，贯穿中药种植、加工、炮制、研发、销售等的全产业链愈加完善，药学类专业人才需求更加旺盛，就业前景广阔。随着《中药注册管理专门规定》发布，我国进一步加速中药新药研发，研发类就业岗位不断增加，但对从业人员的专业知识和科研能力也提出了更高要求，药学类专业本科毕业生毕业后继续升学的人数也在增加。

（三）"中医药＋"相关专业颇受欢迎

因兼具专业知识和中医药知识储备，具有"中医药＋"教育背景的相关专业毕业生就业面较宽、选择范围广、薪酬高，在就业市场上比较抢手，就业去向呈现多元化特征。例如，中医药院校培养的护理学、康复治疗学等专业毕业生备受综合性医院青睐；市场营销、计算机类专业毕业生在实习阶段就被单位预定或签约；食品类、心理类等专业经过多年建设已经得到社会认可，有了相对固定的就业接收单位，就业去向比较稳定；具有医学教育背景的管理类专业人才颇受医疗卫生单位欢迎。

（四）基层就业和自主创业明显增加

党的二十大报告指出，"发展壮大医疗卫生队伍，把工作重点放在农村和社区"。随着健康中国和乡村振兴战略的实施，国家鼓励大学生到基层就业创业，并制定了一系列优惠政策和激励措施，例如，制定《关于进一步深化改革促进乡村医疗卫生体系健康发展的意见》，改革完善乡村医疗卫生人才培养机制，完善收入和待遇保障机制等，多渠道引才用人。围绕乡村振兴、中西部地区、城乡社区等实际需要，实施"农村订单定向公费医学生""大学生村官""应征入伍""西部计划""三支一扶"计划等项目，推进基层社区公益性岗位开发，为毕业生提供大量基层就业岗位。此外，在国家"大众创业，万众创新"理念的驱动下，越来越多的大学生选择自主创业，在新业态、新职业中实现自己的价值。

（五）毕业生就业区域比较集中

据统计，各高等中医药院校的大部分毕业生都留在高校所在省份就业创业，尤其是选择留在本省经济发展水平较高的城市就业。这一流向与各学校服务地方发展的战略定位相契合，为当地的经济社会发展和中医药创新发展提供人才支持。也说明各地通过政行企校协同、校企合作等模式出台相关激励政策，留住人才服务本地也取得一定成效。另外，毕业生就业流向较多的还有江苏、广东、浙江、上海等中医药产业发展迅速的城市。

三、中医药行业就业需求

人才是中医药事业发展的重要资源。随着国家加大对中医药发展的支持和促进力度，推动中医药振兴发展，中医药行业就业需求出现新的机遇和变化。

（一）专业技术岗位需求仍是重点

中医药专业技术人员是促进中医药事业发展的主力军。国家《"十四五"中医药人才发展规划》中指出，要加强中医医师、中药师、中医护理、中医技师、少数民族医药人才队伍的建设，提高岗位配置数量，到2025年，二级以上公立中医医院中医类别执业（助理）医师不低于本机构医师总数的60%，中药师达到15万人，公立中医医院具有中医护理学历或参加中医护理系统培训的注册护士占比提高到70%以上。各级医疗机构按照机构设置基本要求，配齐配强中医药专业技术人员。三级综合医院按照要求设置中医门诊和中医病房，床位数不低于医院标准床位数的5%。有条件的医疗机构应建立中西医联合查房和会诊制度，鼓励临床科室配备一定数量的中医医师，允许中医医师在临床科室按照注册执业范围开展与其执业范围相符的诊疗活动。鼓励专科医院、传染病医院、妇幼保健等机构设置中医药相关科室，配备中医药专业技术人员。适应中药产业发展和中药研发的中药专业人才、中药炮制传承人才也在走俏，中药材种植栽培、质量检测、品种鉴定、资源普查、产业经营等相关岗位人才需求也在增加。随着上述政策的落地实施，中医药专业技术人员的需求数量将会持续增长，从相关招聘网站及高校反馈来看，中医药专业技术人员的需求仍然占据主导地位。

（二）高层次人才岗位需求持续升温

随着各地中医药服务体系的建立及完善，经济发达地区的医疗卫生机构对中医药专业人才的学历和能力要求逐步提高，三级医院和较好的二级医院多要求硕士研究生及以上学历，还需要完成住院医师规范化培训。为面向国家重大战略需求、国家中医药重点建设项目、重大科技立项、中医药传承创新等方面提供高层次人才的支撑，解决中医药高层次人才不足的问题，国家提出壮大中医药领军人才、培育中医药青年拔尖人才、集聚多学科交叉创新人才、培养高层次中西医结合人才和实施中国中医科学院人才强院计划，加强中医药高层次人才队伍建设。例如，评选一批国医大师和全国名中医，选拔 50 名岐黄学者，遴选 200 名青年岐黄学者，培养 1200 名左右中医临床、少数民族医药等青年优秀人才，培养一批中药、中医护理、中医康复等青年骨干人才。高层次人才作为推动中医药事业创新发展的核心力量，将成为各地重点引进的对象。

（三）基层就业岗位大有可为

随着中医的乡村化、社区化、生活化，基层医疗单位对中医药类毕业生的需求增加。按照《基层中医药服务能力提升工程"十四五"行动计划》的目标要求，到 2025 年，基层中医药服务能力增强，管理更加规范，服务设施设备更加完善，提供覆盖全民和全生命周期的中医药服务。以县级中医医院（含中医、中西医结合、民族医医院）为龙头，社区卫生服务中心、社区卫生服务站、乡镇卫生院、村卫生室为主体，县级综合医院、妇幼保健机构等非中医类医疗机构中医药科室为骨干，中医门诊部、诊所为补充的基层中医药服务网络更加健全，基层中医药人才配备基本实现全覆盖。社区卫生服务中心和乡镇卫生院中医类别医师占同类机构医师总数比例超过 25%，100% 社区卫生服务站、80% 以上的村卫生室至少配备 1 名能够提供中医药服务的医务人员。随着中医诊所备案制政策的实施，一、二线城市中医诊所、中医馆、康复保健机构的增加，人才需求更加明显。

（四）新职业、新业态拓宽就业新空间

随着社会发展，中医药在大健康产业中扮演的角色越来越重要，一些新兴行业得到发展，如养生保健服务、老年健康服务、健康旅游、健康教育管理和培训、中医药健康产品研发、体检中心、治未病中心等，都将成为吸纳毕业生就业的新空间。与大健康产业相关的健康产品研发人员、产品管理人员和健康服务人才供不应求，未来急需一批熟悉中医药、懂市场、善经营、精管理的复合型人才。"十四五"时期，我国将进入建设数字中国的新阶段，人工智能将引领技术创新和经济转型，"互联网＋中医药"将快速发展，中医医院智慧化程度进一步提高，中医药健康服务与互联网融合更加深入，中医医联体和中医馆健康信息平台更加优化。为适应数字经济时代，必将会产生许多中医药新职业和新业态，将对熟知中医药、掌握数字技能的卓越工程师和"数字工匠"需求不断增加，也会对掌握中医药信息化及综合统计人才有明显的需求。

（五）国际化就业需求呈上升趋势

随着中医药高质量融入"一带一路"建设，中医药正成为我国重要的国际名片和健康使者。中医药国际化发展在惠及海外民众健康的同时，也为我国中医药专业人才提供更多的发展和就业机会。除中医药类专业人才外，具有中医药教育背景的外语类、计算机类和管理类专业毕业生也将获得更多在国际舞台上施展身手的机会。此外，为加强中医药文化科普，也急需一批中医药文化科普传播专业人才。随着《"十四五"中医药发展规划》《推进中医药高质量融入共建"一带一路"发展规划（2021—2025 年）》等政策的出台，我国将加快中医药开放发展，"十四五"期间，与共建"一带一路"国家合作建设 30 个高质量中医药海外中心，颁布 30 项中医药国际标准，打造 10 个中医药文化海外传播品牌项目，建设 50 个中医药国际合作基地和一批国家中医药服务出

口基地。中医药产业国际化水平不断提升，中医药国际化就业将迎来明显的上升趋势。

知 识 链 接

国家促进中医药振兴发展的系列政策

近年来，党中央、国务院高度重视中医药事业发展，相继出台《中医药振兴发展重大工程实施方案》《关于加快中医药特色发展的若干政策措施》等重要文件，制定了《"十四五"中医药发展规划》《"十四五"中医药人才发展规划》等中医药发展领域的专项规划，加强中医药事业发展的顶层设计和科学规划，全面推动中医药振兴发展（表2-1）。

表 2-1　近年来国家促进中医药振兴发展的政策一览表

时间	印发单位	文件名称	重点解读
2023 年	国务院	中医药振兴发展重大工程实施方案	统筹部署了中医药健康服务高质量等8项重点工程，安排建设26个项目，进一步加大"十四五"期间对中医药发展的支撑力度
2022 年	国家中医药管理局	"十四五"中医药信息化发展规划	明确了"十四五"时期中医药信息化发展思想，部署"夯实中医药信息化发展基础"等四大任务和14个项目，提出了2025年发展目标
2022 年	国家中医药管理局	"十四五"中医药人才发展规划	围绕"十四五"中医药发展重大任务和重大需求，统筹中医药相关领域人才发展需求，分层分类编制人才重点项目，与时俱进新增设置相关人才培养专项
2022 年	国家中医药管理局 教育部 人力资源和社会保障部 国家卫生健康委	关于加强新时代中医药人才工作的意见	提出坚持党管人才、坚持服务需求、坚持遵循规律、坚持深化改革4条中医药人才工作基本原则；立足当前、着眼将来，分别提出中医药人才工作"十四五"和中长期的主要目标；坚持问题导向，统筹不同层次不同类别的人才发展需求与培养模式、体制机制改革等，共提出6个方面的重点任务
2022 年	国务院办公厅	"十四五"中医药发展规划	首个以国务院办公厅名义印发的中医药五年规划，明确了"十四五"期间中医药发展的指导思想、基本原则、发展目标、主要任务和重点措施，提出10个方面的重点任务，设置15项具体发展指标和11项工作专栏
2022 年	国家中医药管理局 国家卫生健康委 国家发展改革委 教育部 财政部 人力资源和社会保障部等	基层中医药服务能力提升工程"十四五"行动计划	提出完善基层中医药服务网络、推进基层中医药人才建设等7个方面的重点任务，以及到2025年社区卫生服务中心和乡镇卫生院中医馆实现全覆盖等5个"全覆盖"的具体目标
2022 年	国家中医药管理局 推进"一带一路"建设工作领导小组办公室	推进中医药高质量融入共建"一带一路"发展规划（2021—2025年）	围绕推进共建"一带一路"高质量发展总体要求，充分发挥中医药特色和多元价值优势，进一步深化中医药国际交流合作，从政府合作、医疗、科研、贸易、产业、区域国际合作、教育、文化八个方面提出了"十四五"时期推进中医药高质量融入共建"一带一路"的重点任务，并设置了七个专栏
2022 年	国家卫生健康委 国家中医药管理局	推进妇幼健康领域中医药工作实施方案（2021—2025年）	到2022年，妇幼健康领域中医药服务网络基本建立，形成并推广一批妇幼中医药诊疗方案、中医治未病干预方案等规范；到2025年，妇幼健康领域中医药服务能力明显增强，中医药服务覆盖妇女儿童全生命周期，中医药服务的氛围更加浓厚，广大妇女儿童健康需求得到更好满足

续表

时间	印发单位	文件名称	重点解读
2021 年	国家卫生健康委	进一步加强综合医院中医药工作推动中西医协同发展的意见	进一步完善综合医院中西医协同相关制度。将中西医结合工作纳入医院评审和公立医院绩效考核，推动综合医院中医药发展
2021 年	国务院办公厅	关于加快中医药特色发展的若干政策措施	从人才、产业、资金、发展环境等多个方面提出 28 条举措，为中医药高质量特色发展保驾护航，为老百姓方便看中医、放心用中药固本培元
2020 年	国务院办公厅	关于加快医学教育创新发展的指导意见	落实立德树人根本任务，把医学教育摆在关系教育和卫生健康事业优先发展的重要地位，全面提高人才培养质量，为推进健康中国建设、保障人民健康提供强有力的人才保障。提出四个方面 17 条改革举措
2019 年	中共中央国务院	关于促进中医药传承创新发展的意见	从健全中医药服务体系、发挥中医药在维护和促进人民健康中的独特作用、大力推动中药质量提升和产业高质量发展、加强中医药人才队伍建设、促进中医药传承与开放创新发展、改革完善中医药管理体制机制六个方面提出了 20 条意见
2016 年	中华人民共和国第十二届全国人民代表大会常务委员会	中华人民共和国中医药法	明确了中医药事业的重要地位和发展方针，建立符合中医药特点的管理制度，加大对中医药事业的扶持力度，加强对中医药的监管，加大对中医药违法行为的处罚力度
2016 年	中共中央国务院	"健康中国 2030" 规划纲要	首次在国家层面提出的健康领域中长期战略规划，提出健康中国 "三步走" 的目标，即 "2020 年，主要健康指标居于中高收入国家前列"，"2030 年，主要健康指标进入高收入国家行列" 的战略目标，并展望 2050 年，提出 "建成与社会主义现代化国家相适应的健康国家" 的长远目标
2016 年	国务院	中医药发展战略规划纲要（2016—2030 年）	首次在国家层面编制发展规划，将中医药发展列入国家发展战略。明确了未来十五年我国中医药发展方向和工作重点，是新时期推进我国中医药事业发展的纲领性文件

第二节　职业技能评估

任何一种职业对工作者的能力都有相应的要求。在基本确定个人的职业方向，尤其是了解中医药行业就业趋势和人才需求后，同学们就应当自觉地根据职业要求和行业需求来培养、提升自己的职业技能和综合素质。求职时，客观地看待个人条件和社会需求，从实际出发选择职业和工作岗位，找到理想满意的工作。

一、职业技能分类与表达方式

美国学者辛迪·梵（Sidney Fine）和理查德·鲍尔斯（Richard Bolles）研究发现，技能可以分为三类，分别是知识技能、可迁移技能和自我管理技能。

（一）知识技能

知识技能是通过教育或者培训才能获得的知识和能力，即个人所学习的专业知识、所掌握的技能操作等，一般用名词表示。大学专业学习的核心目标之一就是培养中医药或其他专业知识技能，例如，中医基础理论、中药学知识、中医临床技能操作、外语、办公软件的操作等。

知识技能并非只通过正式专业教育才能获得，还有下列获取途径：

1. 在校学习 主修课程，辅修课程，第二专业或学位学习。
2. 会议和学术活动 参加各种专业会议、讲座或研讨会。
3. 实践活动 参加社会实践或社团活动，参加专业技能或创新创业大赛等。
4. 业余生活 自学或休闲读书、影视、音乐等爱好。
5. 社会培训 专业技能培训、职业技能培训及认证、岗前培训等。
知识技能的表达方式：我学习过，我还学习过……

（二）可迁移技能

人们所获得的各种技能之间往往可以相互作用，已经掌握的技能可能对新的技能具有促进作用，也可能会妨碍学习新的技能，这种现象叫技能的迁移。例如，一名医生在临床工作中因经常与患者进行沟通，锻炼了沟通表达能力，后因工作突出，该医生被调任管理岗位，这样该医生在临床工作中习得的沟通表达能力就迁移到了医院管理工作，这就是技能的迁移。

可迁移技能也被称为通用技能，是用人单位最看重的技能，一般用动词表示。它的特征是可以从生活中的方方面面特别是工作之外得到发展，并迁移到不同的工作之中。它适用于各种职业，适应岗位的不断变换，是伴随人终生的可持续发展能力，大致包括十项能力：时间管理能力、学习和适应能力、解决问题能力、创新能力、团队协作能力、沟通表达能力、信息处理能力、人际交往能力、系统化工作能力、职业规划能力。

事实上，知识技能的运用都是在可迁移技能基础之上的。例如，你的知识技能是中医学，那么如何运用呢？是"教授"中医学课程，还是运用中医学技能为患者"治病"，或者是运用中医学知识"撰写"中医养生保健文章。你在大学期间没当过老师，但通过做家教、参加大赛、接受培训等经历，锻炼了你的"教学"技能。当你把教学技能与中医学知识结合在一起的时候，你就可以去应聘与教学相关的职位；当你把治疗技能与中医学知识结合在一起的时候，你就可以去应聘与医生相关的职位。所以可迁移技能可以从生活中的方方面面得到锻炼，特别是工作之外得到发展。可迁移技能也是个人最能持续运用和最能够依靠的技能。

作为一名大学生，可迁移技能可以通过以下途径获得：
1. 在与求职目标相同或相近的岗位进行实习或兼职。
2. 积极参加校内外实习培训。
3. 对成功的生涯人物进行访谈并观察学习，模仿体会。
4. 发展自身的业余爱好，从兴趣中发展可迁移技能。
5. 参加校内外活动，锻炼沟通、合作、创新等可迁移技能。
6. 参加专业训练，专门训练某方面的技能。
可迁移技能的表达方式是：我善于……

（三）自我管理技能

自我管理技能是指个人依靠自己的主观能动性，按照一定的目标，有意识、有目的地对自己的思想、行为、价值观进行控制的能力。自我管理又称自我控制，是个体通过内控力量控制自己的行为，减少对个人发展目标不利的行为，增加好的行为出现。

好的自我管理技能能够帮助个体更好地适应周围环境，应对工作中出现的问题，因此它也被称为"适应性技能"。自我管理技能常常被看作个性品质，被用来描述或说明人具有的某些特征，常以形容词或副词的形式出现。

用人单位对刚毕业大学生的普遍看法是缺少爱岗敬业和主动进取精神，缺乏担当和责任意识，眼高手低等，而这些都与自我管理技能相关。很多大学生因为从小受到父母、老师的呵护，缺乏相应的锻炼和磨炼，在处理工作问题和人际关系上往往显得不成熟，常以自我为中心，而没有认识到用人单位的要求是成熟、负责任、能独立解决问题。大学生在从校园走上社会之前，培养良好的自我管理技能、学会如何为人处事至关重要。

自我管理技能并非先天所具有的，是需要后天习得的。它不是通过专门课程能够学习到的，而是需要在日常生活中不断地养成。

自我管理技能的表达方式是：我是一个……的人。

课堂训练

盘点知识技能

分别对照知识技能的获得途径、可迁移技能的获得途径、可迁移技能词汇表和自我管理技能词汇表回顾自己的大学生活（表2-2，表2-3），填写表2-4至表2-6三个表格，形成你的知识技能库、可迁移技能库和自我管理技能库。

表 2-2 可迁移技能词汇表

词 汇											
种植	诊断	提取	制取	观察	销售	合成	归纳	鉴定	测验	收集	分析
组织	研究	记录	测量	操作	判断	创新	探索	计算	学习	发现	想象
唱歌	驾驶	翻译	写作	设计	演讲	阅读	绘画	编程	摄影	烹调	绘制
执行	服从	洞察	预见	预测	适应	解释	咨询	倾听	调查	讲解	讲述
控制	搜集	发明	维修	联络	编辑	协助	调和	调解	支持	帮助	交流
领导	管理	激励	计划	激发	指导	监督	评价	鼓励	追随	塑造	表达
评估	权衡	分享	推理	提问	审视	引导	修改	建议	交际	记忆	促进
总结	创造	宣传	服务	照顾	示范	安装	安排	遵守	解决	描述	协调

表 2-3 自我管理技能词汇表

词 汇											
诚实	真诚	正直	踏实	忠诚	勤奋	坦率	慷慨	慎重	可靠	镇定	稳重
自信	开朗	耐心	细致	认真	负责	热情	豪爽	直爽	大度	独立	独特
独创	幽默	友好	宽容	亲切	谦虚	理性	同情	礼貌	勇敢	善良	坚强
随和	高效	冷静	严谨	现实	朴实	清晰	明智	成熟	周详	客观	平和
积极	主动	执着	活泼	乐观	渊博	坚定	自发	文雅	有效	公正	准时
合作	灵活	投入	机灵	感性	聪明	机智	敏捷	敏锐	好奇		有创意
有激情	有远见	有抱负	有策略	有条不紊		善于观察		坚忍不拔		足智多谋	
精力旺盛		头脑开放		多才多艺		善解人意		吃苦耐劳		深思熟虑	

表 2-4　知识技能库

知识技能获得途径	获得的知识技能
学校课程学习	
参加培训讲座	
资格认证考试	
实习实践活动	
个人娱乐休闲	

表 2-5　可迁移技能库

可迁移技能	获得可迁移技能的生涯事件

表 2-6　自我管理技能库

自我管理技能	获得自我管理技能的生涯事件

二、评估职业技能优势

"知己知彼，百战不殆"。识别职业技能优势是胜任职业的前提。只有全面、充分、准确地评估出自我职业技能优势，才能找准自我定位与社会定位的结合点，找到适合自己的职业定位。

成就经历法是根据辛迪·梵（Sidney Fine）和理查德·鲍尔斯（Richard Bolles）的技能分类产生的技能开发工具。技能的规范描述与提取是有效运用成就经历法的关键，通常需要遵循三个要点。

（一）使用描述技能的规范句式

标准格式为"主语＋状语（副词）＋谓语（动词）＋宾语（名词）"，如"我成功地策划过一次全校性的春节晚会"就是把三种技能结合起来的表达方法。

（二）准确提炼规范句式中的技能描述用语

自我管理技能与可迁移技能通常可以参考相关技能词汇表中所列的用语，知识技能需要准备提炼出所涉及的某项具体知识技能，这是技能提炼描述中的难点。如"全校性的晚会"，其本质是一次人数众多、过程复杂、有特定意义的大型活动，用"大型活动"代替"全校晚会"，更能反映出知识技能描述的准确，因而宜用"成功地策划大型活动"这样的技能描述。

（三）提取技能描述句中的"技能"

一般来说，状语（副词）概括的是"自我管理技能"，谓语（动词）概括的是"可迁移技能"，宾语（名词）概括的是"知识技能"，可参见表2-7中的具体示例。

表2-7　成就经历法中技能识别方式举例

管理技能（副词）	可迁移技能（动词）	知识技能（名词）	故事来源例子
成功地	策划	大型活动	成功地策划了1次全校晚会
系统地	掌握	药物分离技术	毕业前在药物分析室实习半年
独立地	操作	针刀	师从针刀名师临床实习两年
大量地	记忆	处方	参加方剂背诵比赛获二等奖
有韧性地	执行	枯燥任务	每天坚持跑2000米

利用成就经历法来识别技能，通常可以按照三个步骤进行。

第一步：成就经历表的准备。把一张A4白纸竖放在自己面前，在上面写上题目，如"小张的技能识别表（表2-8）"。将纸纵向折为左右两部分，左侧占2/3，右侧占1/3，在左侧的上方写上"成就经历描述"，在右侧上方写上"可识别出的技能"。

表2-8　小张的技能识别表

成就经历描述	可识别出的技能
在附属医院做导诊志愿者	无私地服务他人
大二的时候，我报名参加了附属医院组织的导诊志愿者活动。我放弃周末休息时间，坚持每个月参加两次活动，每次3小时	积极地安排生活，有规律地执行计划
服务地点是医院一楼大厅，周末人也很多，有很多病人需要帮助，比如不知道挂哪个科的号，不知道科室的具体位置，不知道哪里取报告单等。我热情地为他们做向导，多数人很感谢我，我很开心	主动地帮助弱者
但是一些人并不信任我们学生志愿者，问完我后又问穿工装的导诊，刚开始我有点儿生气，真想去责问他们，但我忍住了。我想，毕竟是初次相识，看病着急，换位思考，这样要求别人也不对，时间长了，也就习惯了	宽容地理解不信任，有效地处理负面情绪
很多患者对周边的餐厅、药店、宾馆有需求，我就组织志愿者做了图标示意图，打印出来，这样既节省时间，患者用起来更方便，受到领导和患者的认可	及时地发现问题，创造性地探索解决方案，成功地达成满意的结果

第二步：撰写成长经历故事。回忆生活、学习、成长的经历，把认为自己做得好的经历逐一记录下来，越具体越好，而且最好给每个经历起一个名字。之后你会发现，记录得越详细，可识别的技能越多。

第三步：提炼描述技能的规范句式。将经历故事中的具体事件改写为技能描述的规范句式，分别识别出该具体事件中使用的自我管理技能、可迁移技能和知识技能。

三、中医药类职业核心技能

不同职业具有不同的职业特点，对从事这一职业的人员具有特定的要求。因此，我们仅仅了解到自身具备的技能是不够的，还需要了解将来所从事职业的技能需求。对个人来说，没有哪个人是全能的，也没有任何一种职业技能是与生俱来的，都需要经过后天的锻炼和学习而获得。药王孙思邈提出"大医精诚"，即要成为良医必须具备两个条件，一要精，就是医者医术必须精湛；二要诚，就是医者必须具备高尚的医德。"大医精诚"阐述了职业道德与临床技能同等重要，是医学毕业生应具备的核心能力和基本素质。

学习和实践被认为是中医药类职业成功的"硬件"，属专业技能；道德、思维、沟通被认为是中医药类职业成功的"软件"，属通识技能。按照布鲁姆（Bloom）的教育目标进行分类，道德、沟通属于情感领域，学习、思维属于认知领域，实践属于运动技能领域。

道德和沟通是中医药类职业最基本的素质，是基本条件。一名中医药从业者如果没有坚定的信念、崇高的使命感和良好的道德修养，只能算是一个操作者，而称不上优秀。因此，道德的重要性不言而喻。同时，良好的沟通和充分的交流，能够促进医患双方共同努力，实现医疗水平的整体提高。

学习和思维是从事中医药类职业的关键素质，是道德的延伸和拓展，是处于核心层面的优秀能力。对于未知的领域，要求医生能适应时代发展需求，不断更新自己的知识水平，拓宽视野。同时优秀的中医药从业者应该掌握中医的哲学思想，能够熟练运用中医思维，有明确的医学发展方向和路径。

实践是从事中医药类职业的核心能力，是处于实施层面的能力，是相关素质中最外显的能力。在实现目标的过程中，会随时出现意想不到的危机和挑战，这就要求具备超强的实践能力。

2001 年，国际医学教育组织（IIME）公布了《全球医学教育最基本要求》（GMER），对医学生提出了 7 种核心能力、60 个标准，包括职业价值、态度、行为和伦理，医学生必须具备坚实的医学科学知识、沟通技能、临床技能、群体健康、信息管理、批判性思维和研究等能力。中医药类大学生要根据职业发展需要，重点培养核心技能（表 2–9）。

表 2–9　中医药类职业核心技能

职业	核心技能
临床医生	临床技能、创新能力、沟通表达能力、学习能力、批判思维能力、团队协作能力
护士	临床护理技能、实践能力、应急能力、沟通表达能力、学习能力、团队协作能力
医药营销人员	沟通表达能力、学习能力、说服能力、抗压能力、时间管理能力、团队协作能力
医药研究人员	科研创新能力、求异思维能力、执行力、学习能力、时间管理能力、抗压能力
医药行业行政管理人员	组织协调能力、沟通表达能力、执行力、学习能力、团队协作能力、抗压能力
其他职业	

如果你未来从事的不是以上 5 种职业，可在最后一行"其他职业"中填写，并尝试列出核心技能。

课堂训练

撰写个人成就故事

回忆自认为感觉良好、给自己带来成就感的事情，并把它们逐条列出，每一个成就故事都要包含下面四个要素，即当时的情境、面临的任务、自己采取的行动和最终取得的成果。注意：成就事件不一定必须是大事件，也可以是一些微不足道的小事，既可以是工作中的，也可以是学习上的，还可以是生活中的事情。其评判标准并非世俗所公认的"成功"，而是个人内心的真实感受，如喜欢做这件事时体验到的感受，或完成后自己觉得有成就感，或获得了他人的认可和表扬等。

例文：

1.情境　大一入学时，竞选班干部，没有竞选成功，非常沮丧，下决心在下学期改选时竞选成功。

2.目标　竞选成功。

3.行动　认真学习，提升学习成绩；积极参与学校和班级的各项活动，锻炼自己的沟通表达能力；积极配合辅导员老师做好班级管理工作；尊敬老师，团结同学，乐于助人。

4.结果　成功竞选。

请根据以上例文写出 3～4 项成就故事，并进行分析，看看使用了哪些技能？

第三节　就业能力提升

当前，世界百年未有之大变局加速演进，经济格局和产业结构不断调整，旧的行业和职业不断消失，新的行业和职业也在不断出现。每个组织和个体都面临着改革、变化和不确定性，因此，大学生应当从重视就业的稳定性转向重视自身就业能力的提升，有目的地进行学习和锻炼，有效地开发和提升就业能力，才能避免在求职和职业发展道路上碰壁、走弯路。

一、了解就业能力

随着经济的发展和社会的进步，就业能力的重要性越来越被认可。具备良好的就业能力不仅可以提高个人的竞争力，还能为个人未来的职业发展打下坚实基础。

（一）就业能力的概念

就业能力的概念由英国经济学家贝弗里奇（Beveridge）于 1909 年首先提出，他认为就业能力即"可雇用性"，是指个体获得和保持工作的能力。国际劳工组织（ILO）指出，就业能力是个体获得和保持工作，在工作中进步及应对工作生活中出现变化的能力。

加拿大会议委员会（CBC）将就业能力定义为"个体为满足雇主和客户不断变化的要求、实现自己在劳动市场的抱负和潜能而应具备的品质和胜任力"。

心理学家希拉吉（Hillage）与波拉德（Pollard）则认为，就业能力是指获取初次就业、维持就业和关键时获得新就业机会所需要的能力。

郑晓明等国内学者认为，大学生的就业能力不单纯指某一项技能、能力，而是多种能力的集合，这一概念是对学生各种能力的全面包含。它包括学习能力、思想能力、实践能力、应聘能力和适应能力等。

综上所述，大学生的就业能力是指大学生在校期间通过学习知识、培养综合素质而具备的获得工作机会、并在工作中持续发展的能力。因此，就业能力不单指在就业过程中体现出的成功应聘的能力，还包括了在以后的实际工作中发挥自己的才智，较好地适应工作并在工作中有所贡献的能力。

当前，有的大学生因就业能力不足，职业定位不清晰，出现"慢就业""缓就业"现象；也有的大学生对就业能力认识不到位，仅将其作为求职应聘能力，不注重综合素质和能力培养，而是寄希望于校外培训机构提升求职应聘能力，入职以后发现自己不适应岗位需求；还有的同学认为自己学习成绩好，就业能力就高，不注重参加课外活动和社会实践，造成实践动手能力、创新能力、沟通表达能力较差，在求职过程中处处碰壁。

（二）就业能力的结构

不同时代、不同领域的研究者对就业能力结构也有不同的观点和看法。下面，主要介绍两种影响比较广泛的就业能力结构模型。

1. 福吉特（Mel Fugate）就业能力结构模型　2004 年，美国学者福吉特（Mel Fugate）等人提出了一个由职业认同、个人—社会资本、个人适应性三种因素在协同作用下构成的就业能力结构模型。职业认同为个体的生涯发展与就业活动指出了方向，是就业能力建构中的动机成分。职业认同度越高，对自我和职业环境认识也就越清楚，更容易获得就业机会。对于大学生来说，职业认同可以帮助自己合理确定就业目标，树立正确的就业观念。个人—社会资本指个体在面对就业挑战时，自身所具备的技能、素质与拥有的求职网络。个人—社会资本越多，就业能力就越高。个人适应性是指个体随环境的变化而能做适当的反应，使自身与环境间仍保持和谐状态，包括主动性、乐观、开放、内控和自我效能感等方面，是衡量大学生就业能力的重要标准。

职业认同、个人—社会资本、个体适应性三个因素相互联系且相互影响。职业认同有助于增加大学生对个人—社会资本的投资。个体适应性有助于职业认同的发展，职业认同以个体适应性为基础。适应能力强的人容易掌握社会资本，能够抓住各种机会提高人力资本，通过社会资本获得的资源有助于提高个人的适应能力。

2. "Career-EDGE" 就业能力多维模型　为了便于理解和应用，洛林·普尔（Lorraine Dacre Pool）等人提出了简明实用的就业能力 "Career-EDGE" 多维模型，侧重于研究大学生在读期间的就业能力培养。如图 2-1 所示，这个模型共分为四个层级，第四层级是 "职业发展学习，工作和生活经验，专业知识、理解和技能，通用技能，情感智力" 这五种基本能力。职业发展学习引导大学生了解自己的职业喜好，作出合理的职业生涯规划；丰富的工作和生活经验有利于提高大学生的就业能力；专业知识、理解和技能是该层级的核心概念；通用技能可以在不同情境（如在学习中或工作中）进行转移；情商高的人容易建立更好的人际关系，保持良好的心态，从而更能获得职业成功。第三层级是 "反思和评估" 学习经历，既是将所受教育转化为工作能力的一种过程，也是促进第二层级 "自我效能感、自尊、自信" 发展的必要环节。激发就业的自我效能感，塑造自尊、自信，才能帮助学生在就业过程中获得满足和成功，是构成就业能力的重要因素。

从该模型中我们得到如下启示：就业能力的培养是一个通过学习达到内化再发展为外化的过程，包括认识自我、确定目标、学习专业知识技能等各个阶段在内的全面完整的系统。因此要提升毕业生就业能力，要转变只抓毕业年度 "临门一脚" 的错误观念，将就业指导关口前移，把就业能力培养融入人才培养过程。在教学内容方面，专业知识和技能是大学生就业能力的重要组成部分，高校教师应该根据行业发展不断更新教学内容，主动对接行业产业需求。同时，引导鼓励学生主动进入行业企业进行实践，尽早确定职业发展方向。

从以上分析可以看出，大学生就业能力是一个内涵丰富、动态发展的概念，其结构和构成要素也在不断完善和发展。一般来说，大学生就业能力的构成要素主要包括专业技能（如专业学习、职业能力学习等）、通用技能（如创新能力、学习能力等）及个人适应能力（如实践能力、主动性人格等）等方面。

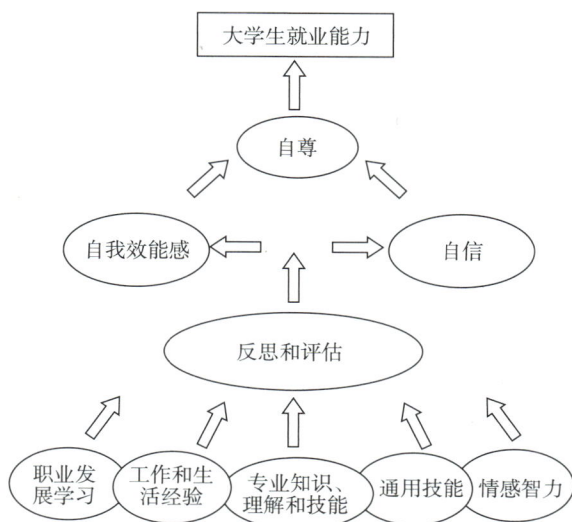

图 2-1 "Career-EDGE" 就业能力多维模型

二、核心通用技能

能让个体在不同职业或职位上都很好地适应、发展的技能，被称为通用技能，也被称为关键能力或核心能力。通用技能不单在一家单位适用，在其他用人单位也一样可以发挥作用。随着社会的发展、数字化经济转型，职业流动性越来越强，只有主动提高自己的通用技能，才能让自己职业发展顺利。针对当前大学生就业能力普遍存在的问题，结合中医药类专业人才培养目标要求，着重讲述以下五个核心通用技能。

（一）创新能力

党的二十大报告提出，"必须坚持科技是第一生产力、人才是第一资源、创新是第一动力"。创新能力对于国家发展、民族复兴和社会进步具有非常重要的作用，也是用人单位在招聘高校毕业生过程中重点考察的能力之一。人力资源和社会保障部发布的《核心能力测评大纲——创新能力（试行）》中，将创新能力定义为"在前人发现或发明的基础上，通过自身的努力，创造性地提出新的发现、发明和新的改进革新方案的能力"。创新能力是多种能力集合，可以把个体本身多种能力集中起来加以运用；具有批判性和敏锐性，对于司空见惯的现象和权威结论持有怀疑、批判的态度，敏锐地发现常人发现不了的情况，从而有所发明或发现；具有独创性和开拓性，可以打破以往的框架和模式，创造出前所未有的成果。

培养创新型人才是国家、民族长远发展的大计。中医药院校大学生承担着促进中医药传承创新发展的重任，需要具备较强的创新能力。在学习过程中，可以通过专业学习、参与科研项目、参加竞赛或创新创业活动等途径培养和提升创新能力，并且要注重培养自己的创新精神和勇气，养成善于发现、独立思考、迎接挑战、善于总结的良好习惯。

（二）沟通表达能力

沟通表达实际是人与人之间传递信息、沟通思想和交流情感的过程。沟通表达能力包含表达能力、倾听能力和设计能力（形象设计、动作设计、环境设计）。沟通表达能力看起来是外在的东西，而实际上是个人综合素质的重要体现，体现了一个人的知识、能力和品德。

在医疗活动中，医生必须与患者、患者家属及相关人员进行交流，了解病情和病史，获得同事的支持和帮助。因此，医生具备良好的口头和书面表达能力，能仔细倾听，精确、简练地进行描述，擅长与他人进行交流，这对于医疗活动的成功是极为重要的。因此，对医学生沟通表达能力的培养已成为医学教育中的一项重要任务。除了专门训练，大学生还应多参加一些学校组织的演讲比赛或社会实践等活动来锻炼沟通技巧，提升自己沟通表达能力。

知 识 链 接

沟通的技巧

语言是沟通的桥梁。语言表达的逻辑性、准确性和可理解性在很大程度上决定着沟通的有效性。因此，平时有意识地锻炼自己谈话的技巧，假以时日，沟通能力肯定会有所提高。

1. 谈话时看着对方　与人谈话时，尤其是想让对方了解自己的谈话内容时，看着对方的眼睛，会让对方感受到你的魅力与自信，也能增强说服力。

2. 适当运用敬语　在人际关系中，最能表现人们心理的语言是敬语，它是心灵交流的润滑剂。要保持良好的谈话氛围，维系良好的人际关系，敬语扮演着极为重要的角色。

3. 掌握说话的节奏　语速是语气的特征之一，谈话气氛紧张时，过快的语速会令气氛更加紧张，也有咄咄逼人之感。语速过慢则显得犹豫、不自信。

4. 语调宜平稳　与他人交谈时，切忌操之过急，为了表达自己的意见而打断对方的谈话，或者急于表达意见，不知不觉中提高音调，其效果只会适得其反。

5. 掌握"三个适当"　即谈话一定要选择适当的场合、适当的时机及适当的人，这样才能达到事半功倍的效果。

6. 不使用质问语气　质问的语气，极易导致双方的不快，引起争论，使谈话升级为争吵，不仅达不到沟通的效果反而伤害人际关系。

7. 机智、委婉地表达观点　如果你与对方的意见相左，特别是需要说服对方接受自己的观点时，最好不要直接攻击别人的错误，而应在分析的基础上，机智、委婉地表达自己的观点。

（资料来源：李芳．大学生就业能力现状及其提升路径研究［M］．北京：中国华侨出版社，2021.）

（三）团队协作能力

团队协作能力是指建立在团队的基础之上，发挥团队精神、互帮互助以达到团队最大工作效率的能力。团队协作已经成为很多单位的基本工作模式。对团队成员来说，不仅要有个人能力，更要具有在不同位置上各尽所能、与其他成员协调合作的能力。一个好的团队并不是说每一个人各方面能力都很棒，而是能够很好地协调配合，互相学习交流，取长补短，共同进步。

在校期间，大学生锻炼提升个人团队协作能力的机会很多，比如加入学生社团、举办集体活动、参加学科竞赛等。但需要强调以下几点注意事项：一是认真履行团队赋予的职责，全力以赴完成共同任务；二是善于接纳不同意见，坦诚处理冲突并愿意妥协，营造良好的团队氛围；三是主动参与团队建设，对团队有高度的认同感和责任感，关心其他成员的发展。

（四）时间管理能力

时间管理是一项重要的技能，它可以帮助你更好地管理时间和提高效率。如果做不好时间管理，人就容易散漫、缺少目标，找不到方向。做一个能够有效管理时间的人，才能在学习、工作中加力提效，更容易实现既定目标。作为即将步入社会、进入职场的大学生，能否做好时间管理，直接影响着求职择业和升学深造，也会影响其个人人生目标与价值的实现。

如何在有限的时间内作出更多更有价值的事情，是每个员工和管理者都关心的问题。好的时间管理能力是自制力的一个重要体现，在具体工作或学习过程中，我们可以通过做好规划、设置优先级、使用工具、合理分配时间等方式，更好地掌握时间，使生活和工作更加条理和高效。

（五）终身学习能力

一个人只有终身学习才会有所成就，只有具备了终身学习的能力，才能决定人生高度，才能跟上时代的发展。国际 21 世纪教育委员会在《学习：内在的财富》报告中就提出了"终身学习"的概念，强调把着眼点从教育转向学习，强调教育的使命就是使人学会学习，教育应该培养终身学习者。教育的真正目的之一，是教会年轻人在今后一生中自己教育自己。在西医学快速发展、医学知识爆炸的 21 世纪，无论学生在校成绩如何出色，其所能掌握的知识和技能总是有限的，需要提高学习能力，来获取职业发展所需的知识和能力。

要想提升终身学习能力，首先，要树立终身学习观，即着眼于终身充分发展的需要，培养自身不断学习、不断接受新信息的能力；其次，要有明确的学习目标，要结合自身的职业发展目标确定学习的范畴、领域和内容；最后，要学会创造性学习，不断地将知识分类、加工、整理和归纳，转化自己所有，更加注重学以致用和创新使用。

知 识 链 接

国家公务员通用能力标准框架

1. 政治鉴别能力　有相应的政治理论功底，坚持党的基本理论、基本路线、基本纲领和基本经验，认真实践"三个代表"重要思想；善于从政治上观察、思考和处理问题，能透过现象看本质，是非分明；具有一定的政治敏锐性和洞察力，正确把握时代发展要求，科学判断形势；贯彻执行党的路线、方针、政策。

2. 依法行政能力　有较强的法律意识、规则意识、法制观念；忠实遵守宪法、法律和法规，按照法定的职责权限和程序履行职责、执行公务；准确运用与工作相关的法律、法规和有关政策；依法办事，准确执法，公正执法，文明执法，不以权代法；敢于同违法行为作斗争，维护宪法、法律尊严。

3. 公共服务能力　牢固树立宗旨观念和服务意识，诚实为民，守信立政；责任心强，对工作认真负责，密切联系群众，关心群众疾苦，维护群众合法权益；有较强的行政成本意识，善于运用现代公共行政方法和技能，注重提高工作效益；乐于接受群众监督，积极采纳群众正确建议，勇于接受群众批评。

4. 调查研究能力　坚持实践第一的观点，实事求是，讲真话、写实情；坚持群众路线，掌握科学的调查研究方法；善于发现问题、分析问题，准确把握事物发展的历史、现状和产生的影响；积极探索事物发展的规律，预测发展的趋势，提出解决问题的建议；善于总结经验，发现典型，指导、推动工作。

5. 学习能力　树立终身学习观念，有良好的学风，理论联系实际，学以致用；学习目标明确，根据自己的知识结构和工作需要，从理论和实践两方面积累知识与经验；掌握科学学习方法，及时更新和掌握与工作需要相适应的知识、技能；拓宽学习途径，向书本学、向实践学、向他人学。

6. 沟通协调能力　有全局观念、民主作风和协作意识；语言文字表达条理清晰，用语流畅，重点突出；尊重他人，善于团结和自己意见不同的人一道工作；坚持原则性与灵活性相结合，营造宽松、和谐的工作氛围；能够建立和运用工作联系网络，有效运用各种沟通方式。

7. 创新能力　思想解放，视野开阔，与时俱进，具有创新精神和创新勇气；掌握创新方法、技能，培养创新思维方式；对新事物敏感，善于发现、扶植新生事物，总结新鲜经验；善于分析新情况，提出新思路，解决新问题，结合实际创造性地开展工作。

8. 应对突发事件能力　有效掌握工作相关信息，及时捕捉带有倾向性、潜在性问题，制定可行预案，并争取把问题解决于萌芽之中；正确认识和处理各种社会矛盾，善于协调不同利益关系；面对突发事件，头脑清醒，科学分析，敏锐把握事件潜在影响，密切掌握事态发展情况；准确判断，果断行动，整合资源，调动各种力量，有序应对突发事件。

9. 心理调适能力　事业心强，有积极、乐观、向上的精神状态和爱岗敬业的热情；根据形势和环境变化适时调整自己的思维和行为，保持良好的心态、情绪；自信心强，意志坚定，能正确对待和处理顺境与逆境、成功与失败；良好的心理适应性，心胸开阔，容人让人，不嫉贤妒能。

（资料来源：国家公务员管理局网站，http://www.scs.gov.cn.）

三、核心适应能力

研究表明，具备较强社会适应能力的大学生在职业选择、就业求职、职业发展中将获得更充分的发展条件和机会。福吉特（Mel Fugate）等学者认为，一个人在面对快速变化的就业环境时，保持乐观、内控、高自我效能感、乐于学习和开放性，将有助于达成积极的结果。积极心理学创始人塞利格曼（Seligman）提出心理资本的概念，包括自我效能感、乐观、希望和韧性四个要素。心理资本对大学生就业能力提升的作用已被众多研究者证实，心理资本高的毕业生在就业过程更为积极主动，就业成功率和就业质量会更高。因此，面对复杂严峻的就业环境，能够积极主动求职，保持较高的自我效能感和乐观态度，培养顽强持久的韧性，有较强的实践能力，是大学生适应就业环境的重要表现。

（一）主动性人格

主动性人格是指个体采取主动行为影响或者改变外部环境的一种稳定的倾向。研究者曾对高校毕业生主动性人格与就业能力进行了研究，研究结果显示主动性人格与就业能力有显著的正相关，主动性人格可以很好地预测高校毕业生的就业能力。因此，具有主动性人格的大学生，他们的主动性会更强，会采取积极主动的态度去解决学习工作中遇到的困难。面对就业困境，他们会积极做好职业规划，合理确定职业目标，主动改变自己去适应环境。面对竞争激烈的工作环境，他们也会发挥自己的主动性行为，主动去适应工作环境或融入企业文化。具有主动性人格的大学生无论是在就业或者是在以后的工作中，他们都会处处体现主动性人格特质，而这种主动性人格倾向，又会使他们在充满机遇与挑战的环境中获得成功。

当前，毕业生中"慢就业""缓就业"群体逐渐增多，其主要原因在于就业的主动性不强。可以通过以下途径提升学生的主动性人格：一是提高主动性意识，增强内生动力，通过开展形式多样的就业育人活动，指导学生做好职业发展规划，让其认识到只有自己主动采取行动才能创造条件、争取机会；二是加强主动性体验，提升就业能力，可以举办职业规划大赛、模拟求职大赛、专业技能大赛等，提高学生的专业素养与就业能力，提升求职的积极性与主动性；三是增加主动性行为，鼓励学生积极求职择业，带领学生走进用人单位进行岗位体验或者是实习实践，或引导学生积极参加校园招聘活动，增加求职经验，增强职业认同感。

（二）自我效能感

自我效能感是指人们对自身能否利用所拥有的技能去完成某项工作行为的自信程度，由美国著名心理学家班杜拉（Bandura）在 20 世纪 70 年代首次提出。自我效能感高的人在活动中积极性高，能够主动解决面临的困难。相反，自我效能感低的人，积极性就低，不愿付出过多的努力和尝试，导致活动结果不尽如人意。研究表明，自我效能感高的大学生会将面临的就业困难和风险作为一种挑战和机遇，采取积极的策略应对。反之，自我效能感低的大学生则表现出悲观甚至消极的心理状态。在求职过程中，自我效能感较强的大学生通常会在面试过程中表现得更加自信，更能充分展示自己的优势，获得用人单位的认可。

大学生可以通过成功体验、替代体验、情绪唤醒、社会说服等途径提高自我效能感。比如，通过撰写个人成就故事或回忆以往的成功经历，总结成功经验，对自己的能力充满自信；也可以开展生涯人物访谈，学习他们的典型经验，来增强自我效能感；主动、乐观等正面情绪容易增强自我效能感，悲观、焦虑等负面情绪容易降低自我效能感；也可以通过收获别人对你的赞同或对你进步的积极反馈来提升自我效能感。这也给学校就业指导教师提供了一种良好的就业指导思路，通过积极的反馈和高度的认可来鼓励大学生去积极求职择业，多给同学们传达"你能够做到"和"你做得非常棒"来增强他们的自我效能感。

（三）韧性

韧性是个体具有从逆境、不确定、失败及某些无法避免的挫折中复原的能力。韧性反映了个体的良好适应性与抗挫折性，韧性强的人能够在挫折和困难中茁壮成长，不仅会恢复至原来的水平甚至超越原来的水平。越来越多研究开始重视韧性的积极作用，强调韧性作为一种积极力量，能使个体和组织受益，伟大建党精神也阐述了我们党"不怕牺牲、英勇斗争"的韧性。对大学生而言，韧性更高的个体会面临着更少的主观就业阻碍，其求职之路会更加顺利。近年来，就业形势复杂严峻，就业压力增大，部分大学生产生了自卑、焦虑、抑郁等不良情绪，在就业中缺乏相应的韧性。因此，需要通过教育和训练来提升大学生的群体韧性，帮助他们应对求职过程遇到的困难和挫折。

韧性是一种动态性的、可开发的、有助于战胜困难的抗挫折能力。可以通过价值观引领、增强成功体验进行提升，也可以通过团体心理辅导、开展素质拓展等体验式培训来培养。更为关键的是，当学生遇到就业挫折和困难时，学校应提供必要的倾诉和咨询渠道，一生一策，积极为学生分析失败的原因，帮助他们总结经验教训，增强他们的就业韧性。

（四）实践能力

实践能力是指个体在实际行动中获取知识、技能和经验，并能够灵活运用解决实际问题的能力。简单来说，就是将理论知识转化为实际操作的能力，是我们适应各种环境、应对各种挑战的基础。实践能力是医学教育的核心目标之一，通过实践，可以将理论知识转化为实际临床操作能力，更好地理解和应用所学知识；也可以锻炼思维的敏捷性和灵活性，提高在复杂环境中解决问题的能力。因此，具备较强实践能力的人更容易适应工作环境，更具竞争力和发展潜力，医疗卫生单位在招聘过程中越来越看重毕业生的实践经验和操作能力。

实践能力既是衡量各高校教学质量的关键指标，也是衡量毕业生能否成为一名优秀医生的必备条件。各高校也为大学生提供了丰富的渠道去锻炼和提升实践能力，比如专业见习、临床实习等教学环节，全国中西医临床技能大赛、全国高等院校针灸推拿临床技能大赛等各类技能比赛，"三下乡"等社会实践活动。通过实习实践，同学们可以将所学知识应用于实际，提高解决实际问题的能力，为将来适应社会和职业发展奠定良好的基础。

课 堂 训 练

学职平台由教育部学生服务与素质发展中心（原全国高等学校学生信息咨询与就业指导中心）建设，隶属于学信网，依托教育大数据，搭建学生、高校和企业三位一体平台。平台长期与高校、企业合作，在行业专家及高校教师指导下，提供专业的职业测评和真实的专业、职业信息。测评包括兴趣/性格、态度/评价、能力/素养、生涯/决策、趣味/娱乐五个维度，同学们可以登录网址随时进行测评。

（网址：https://xz.chsi.com.cn/home.action.）

第四节　熟悉校园招聘流程

校园招聘是指招聘组织（用人单位或人力资源服务机构）直接从学校招聘各层次应届毕业生，一般分为秋招（9—11月）和春招（3—5月）。目前，校园招聘已经成为用人单位招聘和学生求职的重要渠道，不仅为用人单位提供大量的优质人才资源，也为高校毕业生提供了就业机会和职业发展平台。

一、校园招聘主要形式

随着移动互联网技术的发展，各高校都已建成招聘服务和就业管理系统，校园招聘正朝着信息化、数字化和智能化方向发展，形式越来越丰富，流程更加快捷高效，针对性不断增强。从举办规模、使用平台等来看，校园招聘主要有以下几种形式。

（一）发布招聘信息

学校从各种渠道收集用人单位招聘信息，通过审核后，利用学校就业信息网、公众号、QQ群、微信群等渠道进行发布。招聘信息一般含用人单位简介、岗位职责、任职条件、需求人数和求职应聘方式等内容。学生接到招聘信息后根据用人单位提供的应聘方式进行求职。

（二）现场招聘

现场（线下）招聘是用人单位招聘人员与毕业生面对面进行沟通交流，现场进行双向选择的招聘方式。现场招聘仍是当前校园招聘的主要形式。

1. 校园宣讲会　宣讲会是由单个用人单位进校举办的小型招聘活动。由用人单位人员向有意愿的学生介绍单位经营现状、企业文化、发展前景及招聘需求等。学生可以向用人单位提问，深入了解用人单位。宣讲会组织起来比较灵活，针对性强，一般全年均可举办。

2. 专场招聘会　专场招聘会是学校针对某一专业（群）毕业生或某一行业、某一地区组织召开的小而精、专而优的校园招聘活动，可以同时为学生组织多家精准度高、匹配性强的用人单位，提高求职择业的精准性。专场招聘会一般由学校和相关政府部门或行业协会协商后举办。

3. 综合双选会　综合双选会是学校综合各方面因素集中众多用人单位一起举办的大型校园招聘活动，用人单位及岗位数量多，岗位涉及面广。有的学校还将实习和就业结合起来举办实习就业双选会。由于准备时间长、涉及面大，一般每年举办 2～3 次，常在 9—11 月或 3—5 月举办。

4. 其他形式　除了以上现场招聘活动，还有些企业通过在高校内设立企业俱乐部或选拔校园招聘大使等形式常年开展企业宣传和招聘活动。也有一些企业会安排第三方人力资源服务机构进校园开展招聘活动，或邀请学生到企业进行岗位体验。

（三）线上招聘

线上招聘是借助移动互联网技术，使用各类网络平台举办的招聘活动。这种形式的招聘活动可以打破时间和空间的限制，覆盖面广、时效性强、针对性强、成本低。出现新冠疫情以后，线上招聘发展迅速，例如国家大学生就业服务平台（24365 校园招聘服务）已经成为大学生求职择业的首选方式。但线上招聘也存在信息真实性差、成功率低等不足。

1. 线上宣讲会　线上宣讲会是用人单位通过学校网络平台或第三方平台进行宣讲和招聘，分录播和直播两种形式。直播形式的宣讲会用人单位可以直接与学生连线沟通，回答学生提出的问题。用人单位常用的网络平台除了学校平台，还经常使用腾讯会议、前程无忧或智联招聘等社会人力资源服务机构的平台。

2. 线上招聘会（双选会）　线上招聘会（双选会）是由学校、政府部门、行业协会或社会人力资源服务机构组织用人单位在一定时间内利用网络开展的招聘活动。用人单位需要在网上注册、报名，审核通过后发布招聘岗位和信息，接收和查看同学在线投递简历，并邀约学生进行面试。毕业生可以根据自己的求职意向和地域偏好，搜索出符合自身求职意愿的单位和职位，线上完成简历投递、在线咨询、视频面试等过程，极大提升了求职效率。

3. 直播带岗　直播带岗是近年来兴起的一种新型的招聘形式，由带岗主播邀请用人单位进入直播间，针对求职者关心的岗位需求、薪资待遇、发展前景等问题，现场解答，全方位、立体式展示用人单位。从类型上看主要分为两类，一类是使用快手、抖音等短视频平台的大流量直播间，另一类就是由学校或政府搭建的直播平台，联合用人单位直播带岗。直播带岗既有线上招聘的优势，又有网络短视频的精准推送功能，能够实现快速匹配，提高招聘效率。

二、校园招聘主要流程

综合学校、用人单位和毕业生在校园招聘过程中担任的不同角色和作用，校园招聘一般分为以下七个流程。

（一）用人单位申请

用人单位根据学校的要求提出校园招聘申请，申请内容主要包括招聘方式、举办的时间、地点等。

（二）学校审核

学校就业部门主要审核将要开展校园招聘的用人单位资质是否合法、经营状态是否正常、发布的信息是否合理及申请举办的时间地点是否合适等。

（三）宣传发布

学校通过网站、微信平台、微信群、QQ群等渠道发布审核通过的招聘信息，开展招聘活动宣传，或通过学校就业管理系统进行精准推送，并由相关院系组织学生参加招聘活动。

（四）投递简历

学生收集整理用人单位的招聘信息后，通过多种方式深入了解招聘单位，选择符合自己求职意愿的用人单位和岗位投递简历。

（五）初步筛选

用人单位对学生投递的简历进行筛选，选择确定进入面试的人选，一般一个岗位进入面试的人选为1～3人。

（六）面试笔试

面试分为现场面试和线上面试两种。如果用人单位参加的是现场招聘活动，一般会在校内完成初筛和面试。大部分医疗卫生单位在组织校园招聘时，一般先面试后笔试。

（七）签订就业协议

用人单位和学生双方达成就业意向后，一般需要以签订就业协议的形式将意向落实下来，保障双方权益。就业协议一旦签订，不能随意变更。

知 识 链 接

以下为一些毕业生获得第一份工作的渠道汇总（表2-10）。

表2-10　毕业生获得第一份工作的渠道分析

渠　道	占　比
本校招聘活动或发布的招聘信息	44%
通过专业求职网站（包括APP、论坛、微信公众号等）	17%
直接向用人单位申请	16%
通过朋友和亲戚得到的招聘信息	8%
参加政府或其他大学组织的招聘活动	5%
订单式培养	5%
实习／顶岗实习	4%
学校直接介绍工作	1%

（数据来源：某中医药大学毕业生培养质量评价报告。）

课 堂 训 练

了解学校举办校园招聘活动的信息

请同学们到本校就业网站等信息发布平台，收集学校近两年举办的与本专业相关的校园招聘活动，并按举办的时间顺序填写以下表格，分析校园招聘活动的特点和规律。

序号	举办时间	举办地点	招聘会名称

本章小结

　　求职准备是每一名即将走向职场的大学生都非常关注的问题，了解中医药行业就业形势、评估职业技能、提升就业能力和了解校园招聘是做好求职准备的重要环节。

　　中医药健康服务能力增强、中医药产业发展蒸蒸日上和中医药消费日益增长为学生就业带来新的契机。中医药行业就业趋势良好，就业机会增多，中医临床类专业就业形势稳定向好，药学类专业需求持续旺盛，"中医药＋"相关专业颇受欢迎，基层就业和自主创业明显增加，毕业生就业区域比较集中。人才是中医药事业发展的重要资源，中医药行业就业需求保持稳定的上升趋势，专业技术岗位需求仍是重点，高层次人才岗位需求持续升温，基层就业岗位大有可为，新职业、新业态拓宽就业新空间，国际化就业需求呈上升趋势。

　　职业技能可以分为知识技能、可迁移技能和自我管理技能三类，描述技能的规范句式为："主语＋状语（副词）＋谓语（动词）＋宾语（名词）"。利用成就经历法来识别个人所具备的职业技能的三个步骤是：准备成就经历表、撰写成长经历故事和提炼描述技能的规范句式。学习、实践、道德、思维、沟通被认为是中医药类职业的核心技能。

　　就业能力是指大学生在校期间通过学习知识、培养综合素质而具备的获得工作机会并在工作中持续发展的能力。结合中医药类职业和岗位要求，学生要掌握创新能力、沟通表达能力、团队协作能力、时间管理能力、终身学习能力等核心通用技能和主动性人格、自我效能感、韧性、实践能力等核心适应能力在职业发展过程中的作用和提升途径，为成功求职和职业发展奠定基础。

　　校园招聘一般分为秋招（9—11月）和春招（3—5月），主要形式有发布招聘信息、现场招聘和线上招聘。现场招聘包含校园宣讲会、专场招聘会、综合双选会和其他等形式，线上招聘包括线上宣讲会、线上招聘会（双选会）、直播带岗等形式。校园招聘主要流程包括用人单位申请、学校审核、宣传发布、投递简历、初步筛选、面试笔试、签订就业协议七个环节。

【推荐资源】

1. 麦可思研究院发布的《中国本科生就业报告》（可按年度查找）。
2.《中医药行业发展蓝皮书》（可按年度查找）。

【思考题】

1. 立足所学专业，谈谈你对大学生就业形势的认识？阐述一下如何利用中医药发展的利好政策，找到适合自己的就业创业方向，为实现中医药振兴发展贡献力量。
2. 开展一次生涯人物访谈活动或者是阅读当代成功人士的自传，总结一下他们在就业创业过程展现出了哪些职业技能和就业能力。

3. 作为一名普通的大学生，如果你所学的专业一般，成绩也不算出色，也没有什么突出的特长或技能，求职时，你是否会担心自己没有竞争力？又该怎么办呢？

【课后实训】

评估你具备的求职条件

梳理个人求职条件，分析优势与劣势，挖掘求职成功的制胜因素。按要求填写表 2-11，分析目前你所具备的相关求职条件。

表 2-11　成功求职的条件分析

序号	必备条件	要素	评估规则	个人状况及条件分析
1	目标策略	目标定位	1. 要有明确的初、中、高目标层次 2. 至少有岗位或专业要求，薪酬、工作环境、个人发展等方面有定性和定量要求	
		策略	1. 要有实现目标的基本原则 2. 要有实现目标的时间要求 3. 要有实现目标的基本手段	
2	途径和方法	求职途径	至少有 3 种明确的求职途径	
		实施方法	至少针对 3 种求职途径提出具体的实施方法	
3	个人条件	人格	具有能够满足用人单位需要的职业人格和品质	
		能力	具有能够满足用人单位需要的就业能力	
		经验	具有能够满足用人单位需要的职业经验	
		学历	具有能够满足用人单位需要的学历	
		求职网络	具有能够帮助自己就业的求职网络	
		其他	具有相应的实习或项目经历、资格证书等有助于求职成功的条件	
4	就业环境的掌握	本地区就业信息的掌握	对本地区总体就业情况和求职意向所涉及的岗位信息有所了解	
		其他地区就业信息的掌握	对其他地区总体就业情况和求职意向所涉及的岗位信息有所了解	

扫一扫，查阅本章数字资源，含PPT、音视频、图片等

【学习目标】

1. 掌握就业信息分析和加工使用的方法，为制订求职计划和行动奠定信息基础。

2. 熟悉就业信息搜集的方法和途径，能够及时、有效地获取就业信息。

3. 了解就业信息的内容和类型，充分认识就业信息对于成功求职的重要意义。

【导入案例】

主动搜集就业信息，为顺利就业奠定基础

近年来，"考研热"持续升温，部分同学未认清自身实际就盲目加入"考研大军"；还有一部分同学成绩优异、对于考研信心满满。这些同学都容易忽视毕业前夕的就业准备和求职应聘，一旦考研失利，要么继续盲目考研"二战"，要么被动等待就业。

某中医药院校中医学专业高同学学习认真刻苦，本科期间多次获得校三好学生、优秀团干部和单项奖学金。同时，科技创新能力较为突出，多次带队参加省级科创类比赛并获奖。毕业前选择考研，但发挥失常，考研失利。转战就业市场后，高同学由于大五期间专注考研备考，从未关注就业信息、从未参加过校园招聘活动，忽视了就业信息收集等相关求职应聘的准备工作，导致求职无从下手，错过了最佳就业时机，只能被动地等待。

启示：成功求职择业不仅取决于个人综合素质，也取决于个人对就业信息的掌握程度。在就业过程中，只有掌握更多就业信息才能更好地寻找工作。大学生在求职阶段，应学会通过多种渠道主动搜集就业信息，为顺利就业奠定基础。

（资料来源：根据某中医药大学毕业生实际就业案例编写。）

就业决策同其他决策一样，一般来说不是瞬间的行为，而是一个动态过程。就业信息在毕业生求职过程中具有重要作用，它贯穿就业理性决策的始终。决策的科学性取决于信息的可靠性、准确性和充分性。信息越全面准确，决策过程中思维的深度和广度也就越大，决策质量就会越高。毕业生要想在激烈的人才竞争中取胜，就必须注意搜集、处理和运用好就业信息。

第一节　就业信息的搜集

当今信息社会，随着互联网技术的发展，人们每天都会接触到大量的信息。就业信息是指择业的准备阶段，通过各种媒介传递的与就业有关的、影响求职者选择从事的职业或工作岗位的有价值的消息、资料、情报等的总和。

就业信息的获取是一个非常关键的环节，获取的就业信息越多，择业视野就会更广阔，成功的概率就更大。反之，如果视听闭塞，信息失灵，就容易盲从，糊里糊涂地就业。

学会就业信息的搜集、整理、筛选和利用，可以帮助毕业生在就业择业的过程中充分了解职业世界，了解工作岗位，积累求职经验，提高就业竞争力，从而缩短求职择业的时间，找到最适合自己的工作。

一、就业信息搜集的内容

就业信息的内容十分丰富，可以分为广义与狭义，或称为宏观信息和微观信息。求职者在搜集就业信息时也主要从这两方面进行把握。

（一）宏观信息

包括国家或地区社会经济发展的方针、目标；国家和地区的就业方针、原则、政策，如国家和地区鼓励、支持、引导毕业生到艰苦边远地区、国家急需人才的地方就业的政策，各地的落户、人才引进等政策，国家关于建立医师规范化培训制度等信息，《中华人民共和国劳动法》《中华人民共和国劳动合同法》《中华人民共和国公务员法》等就业相关法律法规；以及各行业未来发展趋势、社会对各类职业的需求情况等。简言之，宏观信息包括国家政策、行业信息、职业信息等。

（二）微观信息

是指某些具体的招聘信息，如用人单位的基本情况、社会地位、企业文化、职位空缺情况、任职条件、岗位职责、职业发展前景、福利待遇、工作环境等，这些信息是大学生就业前必须搜集的具体材料。

二、就业信息搜集的方法

就业信息可以帮助求职者及时了解就业市场上的需求和变化，从而有更多机会获得理想的工作。因此，搜集就业信息是成功求职过程中的关键一环。就业信息搜集的方法，一般有以下 5 种（表 3-1）。

（一）全方位搜集法

根据自己的专业，把与专业有关的就业信息搜集起来，再按一定的标准进行分类和筛选，以备使用。

（二）定向搜集法

根据自己选定的职业方向或求职行业范围来搜集信息。

（三）定区域搜集法

根据个人对某个或某几个地区的偏好来搜集信息。

（四）地毯式访问法

在不太熟悉或完全不熟悉用人单位的情况下，采用直接访问某一特定地区或某一特定行业中的所有单位进行信息搜集的方法。

（五）连锁介绍法

通过亲戚、朋友、熟人寻找目标单位，或委托其亲戚、朋友、熟人帮忙寻找目标单位的方法。

表 3-1　就业信息搜集方法的优缺点比较

方法	优点	缺点
全方位搜集法	范围广，针对性强，选择余地大	投入时间和精力较多，筛选信息相对较难
定向搜集法	以自身专业方向、职业能力、兴趣、性格、价值观为依据，能找到更适合自己特点、更能发挥作用的职业和岗位	求职范围比较窄，选择余地小
定区域搜集法	求职目标比较明确，与定向搜集法结合，能找到理想工作	求职范围较小
地毯式访问法	比较实用	访问前需做大量准备工作，访问时要保持足够的信心
连锁介绍法	范围广	时效性差

三、就业信息搜集的途径

对应届毕业生来说，就业信息的来源有多种途径，主要可通过以下 8 种渠道获得。

（一）学校就业主管部门

学校就业主管部门负责学校整体就业工作，是毕业生搜集就业信息的主要渠道。学校就业主管部门同上级就业主管部门和各用人单位保持长期、广泛、密切的联系，掌握着大量准确、可靠、有针对性的就业信息，是毕业生获取就业信息最直接、最有效、最主要的途径。学校收到的就业信息会及时转发至二级学院，或通过学校就业信息网、就业微信公众号等媒体或平台进行发布。毕业生可以就有关求职、就业问题积极向学校就业主管部门进行咨询。

（二）校园招聘会

在招聘季，学校一般会组织召开大型、中型和小型的校园招聘会，也会邀请用人单位召开专门的校园宣讲会或就业洽谈会。一方面到学校参加招聘、宣讲的单位，都是经过学校就业主管部门资质审核或与学校长期合作的企业，比较可靠；另一方面用人单位也会按照学校的专业设置、毕业生情况有针对性地提出岗位需求。通过校园招聘会搜集的就业信息，也就更准确，更有效。

课 堂 讨 论

要不要参加校园招聘会？

面对校园招聘会，小 A 和小 B 两个人持有不同的观点。小 A 同学会经常参加校园招聘会，投递简历，主动与用人单位交流，了解公司的招聘流程、工作内容、岗位职责、工作待遇等情况，并将这些信息记录在专门的"求职记录本"上。小 A 同学的求职目标很明确，要在江浙地区找一个国内知名药企从事药品销售工作，工作地点可以在东北三省，公司管理规范，工作环境好，对刚入公司的员工有系统的培训。当问及小 A 同学为什么会有这样明确的求职目标时，她说，从开学到现在她已经参加了十余场校园招聘会，这些目标是经常与招聘人员交流后自己总结的。

小 B 同学则不然，她参加的招聘会不多，理由是目前来到学校招聘的单位都不是自己理想的求职目标，参加招聘会浪费时间。当问到小 B 同学想要找什么样的工作时，她又说不清楚。

讨论：你支持谁的观点呢？

总结：小 A 同学的做法是正确的，能够充分利用学校为学生搭建的招聘平台搜集招聘信息，总结求职经验，为今后的成功就业奠定基础。小 B 同学的做法较为普遍，这类同学一般成功就业会比较晚，有时还会出现从众、草率等情况，不利于自身就业。

（三）各级就业主管部门和就业指导机构

各级毕业生就业主管部门和就业指导机构，是用人单位与毕业生的桥梁和纽带，一般是教育部和各省教育厅、人社厅及各市的教育局、人社局；对医学院校毕业生而言，还包括各级卫生健康委员会。其主要职责是制定辖区的毕业生就业政策，提供高校毕业生和用人单位的信息，为毕业生提供就业咨询与服务，是毕业生就业服务的专业机构，如国家 24365 大学生就业服务平台、北京高校大学生就业创业信息网、吉林省高等学校毕业生就业信息网、安徽大学生就业服务平台等，来自这些部门和机构的信息也是真实可靠的。

（四）社会实践或毕业实习

社会实践是大学生主动搜集、运用就业信息的重要途径。大学生在参加各种社会实践活动时，除了要了解社会、提高思想觉悟、培养社会能力，还要做一个搜集职业信息的有心人，为日后就业做好信息储备。在社会实践过程中，通过自己的努力赢得用人单位信任、取得职业信息甚至直接谋得工作岗位的大学生不乏其人。毕业实习也是一个很重要的搜集就业信息的途径，实习单位一般比较对口，且通过实习，毕业生在专业和业务能力上都有了很大提高，如果在实习过程中能与单位达成就业协议，不失为一个很好的就业途径。

（五）网络媒介

知识信息时代，网络为大学生搜集就业信息提供了便利，由此也受到用人单位、招聘机构的青睐。目前，线上招聘进一步发展，网络求职也成为时下毕业生较多选择的方式。通过网络媒介搜集就业信息主要分为两类：一是面上的广泛浏览，包括各类招聘网站（表 3-2）、APP、订阅号、小程序等，这些途径能够为求职者整合更多信息，求职者还可以分类浏览，效率更高。二是点上的精准查阅，毕业生在搜集就业信息时，除了面上的浏览，还可以根据就业意向，通过目标企业的官网，逐一、定向查找相关招聘信息，这样搜集到的就业信息更符合就业预期。网络就业信息内容丰富、覆盖面广、搜索利用便捷，但也要认识到网络就业信息鱼龙混杂，需要加以甄别再综合利用。

知 识 链 接

表 3-2　医学院校毕业生求职需要重点关注的网站

网站名称及网址	网站简介
国家大学生就业服务平台 www.ncss.cn	由教育部、全国高等学校学生信息咨询与就业指导中心运营的服务于高校毕业生及用人单位的公共就业服务平台
国家卫生健康委人才交流服务中心 www.21wecan.com	由国家卫生健康委员会人才交流服务中心主办，主要承担全国卫生健康人力资源开发与服务职能

网站名称及网址	网站简介
丁香人才网 www.Jobmd.cn	丁香园旗下专业的医疗行业招聘平台，与医疗行业公立民营医院和医药生物行业各大知名企业建立合作关系，提供全国真实的医院、药企、科研单位、生物公司的招聘信息
卫人就业网 www.weirenjob.com	由国家卫生健康委人才交流服务中心和人民卫生出版社有限公司所属机构共同组建，权威专业的全国性卫生健康人才求职招聘平台，致力于医疗卫生行业人才更充分更高质量就业
各省市人事考试网	提供各类公务员和事业单位考试信息

（六）社会各级人才服务交流中心

随着市场经济的发展，我国人才市场中介机构应运而生，全国不同地区，都有不同级别的人才服务交流机构或者人才市场。通过这一渠道可以了解到许多不同的机构和职位。这些人才服务中心会联系企业与高校，梳理人才供需情况，及时发布各类、各地区招聘信息，定期举办供需洽谈会、择业对接会，毕业生可根据求职意向和求职需要查阅相关企业、招聘信息，并及时按照要求投递简历、报名参加招聘考试。同时这些人才服务中心一般有官方网站，如教育部人才服务网、江苏卫生人才网、成都人才网、天津人才服务中心、合肥市就业信息共享平台等，方便毕业生查阅信息。

（七）人脉关系

人脉关系搜集就业信息主要以"三缘"为基础，即"血缘""地缘""学缘"。

1. 血缘　通过父母、亲友及其人脉关系获得就业信息。

2. 地缘　通过家乡的朋友、同学及他们的朋友、同学等获得就业信息。

3. 学缘　一是指通过老师或研究生导师获得就业信息。因为本专业的教师比其他人更了解本专业毕业生适合就业的方向和范围，在与校外的研究所、企业、公司合作开发科研项目和教学活动中，对一些对口单位的人才需求信息了解得比较详细。这类信息非常有价值，而且信息内容非常丰富、具体，通常具有毕业生所希望的行业或地区的定向性，对用人单位可以进行更具体的了解，易于双向沟通，因而就业成功率较高。

二是指从校友、学长处获得就业信息。校友提供的职业信息的最大特点是与本校专业相关，特别是相关专业的毕业生在人才市场上的供求状况及其在具体行业中的实际工作发展状况，近几年毕业的校友更有对职业信息的获取、比较、选择、处理的经验和竞争择业的亲身体会，这比一般纯粹的职业信息更有参考、利用价值。有时候还可以通过校友争取到企业实地考察的机会或企业内部员工推荐就业的机会。

知　识　链　接

"生涯人物"访谈

大学生可根据自己的就业意向或选择与自己专业密切相关的职业，选取相应的职业人（称为"生涯人物"）进行访谈（表3-3），通过"生涯人物"访谈，进一步认识自己想要从事的职业。

"生涯人物"的选择可采用"三三制"原则，即选择3位在本岗位工作3～5年或更长时间的职业人为访谈对象。对大学毕业生而言，这类"生涯人物"以本专业毕业的校友最具代表性。

表 3–3　生涯人物访谈的问题

工作方面	生涯决策经验方面
工作环境和性质	获得此职位的途径和方法
工作时间、地点和内容	个人教育背景、能力水平
工作岗位所需的资历和技能	对该职业的决策过程
岗位薪酬和福利	个人生涯发展历程
进修或升迁机会	近年的工作心得
行业未来发展前景	个人未来发展愿景
……	对职业新人的建议

需要注意的是，访谈的目的是获取就业决策信息，而不是利用"生涯人物"求职。访谈后要根据获取的就业信息，结合自身情况，撰写"生涯人物"访谈报告，以对就业信息进行进一步筛选。

（八）主动联系、登门拜访

毕业生可在前期信息搜集的基础上，通过电话咨询、登门拜访等方式前往心仪的目标企业，咨询相关就业信息。由此获取的就业信息精准、有效，获取信息的过程也是锻炼自己、向用人单位很好地展示自己的过程，有时可以直接取得面试机会。

上述 8 种途径，虽然都能获得就业信息，但难度和精确度各不相同（图 3–1）。因此，毕业生在搜集就业信息时还要进行综合考量。

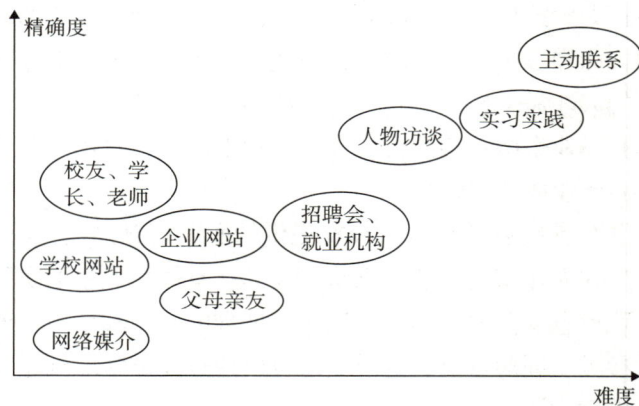

图 3–1　搜集就业信息方法的"精确度"与"难度"关系图

课堂训练

登录本校就业信息网，查看近期学校举办招聘会、宣讲会的情况，浏览学校发布的各用人单位的招聘公告，找到与自己就业意向相符的用人单位 4 ～ 5 家，查看用人单位的招聘要求，搜集对自己有用的就业信息。

第二节　就业信息的使用

由于信息的来源和获取渠道不同，毕业生手中掌握的大量就业信息中，内容虚实兼有，可能蕴藏着机会，也可能潜伏着陷阱。因此，对于搜集到的信息有必要进行去粗取精、去伪存真的整理和筛选。只有就业信息准确、可靠、全面、有效，才能对求职者个人有所帮助。辨别、整理、完善就业信息理应成为合理使用信息的必要前提。

一、理性辨别就业信息

在求职过程中，或由于求职心切，或由于时间紧迫，或由于不够重视，毕业生如果对于获得的就业信息没有进行理性的辨别和认真细致的处理，就容易出现一些本可以避免的错误，甚至会遇见一些求职招聘的陷阱。如有些单位打着招聘的幌子骗取个人信息、利用试用期获取廉价的劳动力、变相收取各项费用等。

（一）常见的就业信息陷阱

常见的就业信息陷阱主要有以下 4 种情况。

1. 工作内容不清晰　信息中对"工作内容"和"岗位需求"表达不明确。例如，招聘岗位是"客服"，但工作内容描述是"对新媒体运营熟悉，有一定的文字功底"等，这类招聘成功后，很可能是既要做客服，又要承担新媒体运营的工作。

2. 入职条件过于简单　没有门槛，对学历、专业等没有要求。例如，有些犯罪分子会专门利用大学生就业压力大、急于求职的心态，发布入职条件极低甚至是"无门槛"的招聘信息，吸引大学生从事传销等违法犯罪的工作。

3. 薪资待遇不合理　一般来说，每个职位依据应聘者学历层次、工作经验等都会有相对固定的薪资范围。如果招聘门槛低但薪酬较高，则需要判断公司的可靠性，保持警惕心。还有的用人单位为了招到条件较好的毕业生或把招聘广告当成形象宣传，会故意夸大单位规模、岗位数量和福利待遇，事实上这是一种虚假宣传，这都需要毕业生进行理性分析辨别。

4. 收取各类培训费、押金等　一些用人单位或中介故意发布虚假招聘信息，以招聘之名非法敛财，用人单位骗取职位保证金或产品押金等，中介机构骗取信息费、服务费、培训费等。我国法律规定，用人单位在招聘时不能向应聘者收取集资、风险基金、培训费、抵押金、保证金等。

除此之外，还应该注意甄别以招聘为名盗用信息的行为，保护好个人信息，不随意抵押证件原件。因此，面对我们获取的就业信息，理性辨别真实性和有效性是关键。

案 例 故 事

400 余名大学生被骗上百万

2023 年 2 月 6 日，四川省公安厅公布一起案例。2022 年 2 月，犯罪嫌疑人胡某某成立四川某教育科技有限公司，同伙 17 人专门针对在校大学生、应届毕业生和有培训需求的应聘人员，在求职平台上发布虚假高薪招聘信息，通过一系列套路陷阱，诈骗 400 余名求职大学生，涉案金额达 131 万元。

启示：大学生在就业求职中要特别注意提高防范意识，注意甄别培训和求职信息真伪，时刻保持警惕，防止涉足招聘诈骗，培训贷、传销类、黑中介等陷阱。还要增强法律意识，学会用法律手段保护自己合法权益。

（资料来源：中国青年报、红星新闻、四川公安。）

（二）理性辨别就业信息的方法

在求职过程中，遭遇不实广告、虚假招聘等信息可能导致我们浪费时间和金钱，甚至严重影响个人事业的发展。因此，就业信息的理性辨别是任何一位求职者在求职过程都必须高度重视的问题。常用的方法主要有以下 3 种。

1. 根据就业信息的来源渠道进行分析判断　一般来讲，学校就业部门提供的就业信息因经过对招聘单位资质的严格审核，可信度较高；同样，经劳动部门、工商部门等批准的正规职介机构发布的就业信息也是真实可靠的；各级人才市场及正规招聘会的正式展位的就业信息也相对可靠。通过其他渠道收集到的信息，因为受时间性或广泛性影响，还需要进一步核实，才能判断其可信程度。

2. 利用互联网搜索用人单位信息进行分析判断　知道企业名称，可登录"国家企业信用信息公示系统"或"国家市场监督管理总局政务服务平台"查询。若查不到可以考虑两种情况，一是非法企业，二是可能为新成立的公司，需要进一步甄别。

知道企业网站，可登录要查询的网站，在网页最下方找到 ICP 备案号（每个正规网站都有唯一 ICP 备案号），进入工信部 ICP 信息备案管理系统查询公司是否已经过正规备案。

知道企业名称的一些关键词，也可登录"天眼查"或"企查查"APP 等，输入关键词进行企业信息查询。

3. 根据就业信息内容的内在逻辑进行分析判断　如果发现就业信息内容的表述前后矛盾，或违背事物发展的逻辑，或有违反实际情况的内容，或公司的基本资料不完整，或招聘程序过于简单，此类就业信息的可靠性就值得怀疑，需进一步斟酌。

课 堂 讨 论

小黄的"糟心事"

小黄是某中医药院校中药学专业硕士研究生。由于在校表现优秀，在求职过程中很是自信，希望进入待遇好、有前途的事业单位，找一个"铁饭碗"。在一次招聘会上，他对外省的一家医药高职院校很感兴趣。该校向小黄简单介绍了学校的待遇和教学、科研工作环境，着重介绍了学校的发展前景和发展规划。小黄对学校的发展前景非常看好，感觉专业也比较对口，于是，也没有通过网络查询了解该单位情况，更没有实地去看一下单位环境，就在招聘会上将《就业协议书》签字后交给了该学校。毕业后小黄即到该校报到上岗。然而，他发现该校招聘人员的宣传和学校实际情况并不完全一致，招聘会上承诺的研究生学历直接给事业编制也未能兑现，工资待遇和原先所说差别较大。小黄觉得难以接受。几经交涉，该校同意小黄离职，但不做任何补偿，还要求小黄缴纳违约金。小黄投诉无门，没有办法，只好交钱办理了离职手续，等待重新择业。

讨论：你认为小黄求职遇到的"糟心事"是否应完全归咎于不诚信的招聘单位？他自己有没有应该反思之处？

（资料来源：根据某中医药大学毕业生实际就业案例编写。）

二、整理完善就业信息库

无论来自何种渠道的就业信息，都是一种原始状态的信息资料。毕业生应该将搜集到的就业信息进行分类、分析，及时整理完善为个人资料库，按照自定义的主题，分类存储在自己方便访问的地方（表3-4，表3-5）。可以将搜索到有价值的文档、图片存储在电脑里，也可以将有用的网址、网站进行收藏，同时还可以通过一些软件进行招聘信息的集成。但是，信息单纯存储而不加整理，时间长了就会杂乱不堪，尤其是就业信息时效性强，需要及时对其进行整理，提升信息掌握质量和利用效率。只有就业信息准确、可靠、全面、有效，才能对求职者个人有所帮助。整理完善就业信息库通常需把握以下要点。

（一）去伪存真，有效筛选

面对众多的求职信息，首先要进行筛选和处理。这个过程主要基于大学生对自我的客观评估，以及对信息的剖析。无论信息的准确性、及时性、有效性多么高，只要不适合自己，那么对自己来说就失去了价值。因此，要结合自己的实际情况，对信息进行去粗取精、去伪存真，有方向、有条理地进行整理和分析，这样得到的信息才更具准确性和有效性。筛选信息可以依照真实性、时效性、价值性三个标准进行，同时通过分析已经获取的信息的具体情况，如用人单位的要求、具体岗位、发展空间、薪酬待遇、工作地点等，依次对信息进行筛选。

（二）善于对比，把握重点

这一点是处理信息的关键所在。筛选过程中特别要注意的是要将自己的情况与就业信息反复进行认真的对比衡量，应当量力而行，量能择业，量才定位，切忌好高骛远、人云亦云、迷失自我。筛选信息的时候，要将与自己有关的信息按重要程度排序标明，一般的信息则仅作参考。主次不分，可能会使在我们在求职过程中多走很多弯路，耗费过多精力。有时求职者由于把时间花在众多的一般信息上，结果错过了良好的机遇。因为信息并不是为个人所独有，而且信息具有明显的时效性，谁赢得时间，谁就可能抢占先机。因此要注意信息的时效性，如简历提交的截止日期、面试或笔试时间等。

（三）归纳整理，了解透彻

对于已经筛选过的就业信息，还要做信息的求证工作。可以通过电话、网络、实地访问等方式来了解用人单位各方面的情况，修正和补充有关信息，以此来验证我们筛选出来的信息的真实度和时效性。而求职信息经过筛选和求证后，有时仍然是零碎纷乱的，这就需要我们对所有信息加以归纳整理和分类，这样既防止了信息的遗漏，又方便我们随时对所搜集的信息进行检索和查阅，使自己再利用这些信息时更加方便也更加快捷，不至于出现有些求职者在前期随意投递简历，当用人单位致电通知其参加面试时，自己对该公司完全没有任何印象，并且自己也没有记录可以查询的情况。在此为大家列出一些就业信息整理的表格模板以供参考。

表3-4 招聘会、宣讲会汇总表

时间	地点	名称	主办单位	联系人	联系电话	备注

表 3-5　用人单位信息汇总表

单位名称	单位地址	单位性质	招聘岗位	招聘人数	福利待遇	发展前景	单位网址	联系方式	联系人	接收简历时间

在此基础上，还可以按照一定标准对就业信息进行更加细致的分类、分组整理，进一步增强信息的针对性。比如，可以按照单位所在地进行分类，还可以按照单位的性质、规模、招聘岗位等不同的关键词来对就业信息设计不同的表格进行分组整理（表 3-6、表 3-7）。

表 3-6　按照所在地区对用人单位进行分组整理

用人单位所在地	单位名称	招聘条件	符合自己期待之处	……
南京				
无锡				
合肥				
……				

表 3-7　按照岗位需求对就业信息进行分类整理

招聘职位	岗位职责	单位名称	单位性质	所属行业	招聘要求				薪酬福利		信息来源
					工作经验	学历要求	能力要求	其他要求	薪酬	福利	

（四）深入挖掘，及时反馈

许多就业信息的价值往往不是浮于表面的，必须经过深入挖掘才能发现。例如，有些单位处于初创或起步阶段，目前办公硬件条件等方面可能相对差一些，但从长远来看是有前途的，能够给人才较大的发展空间。或有的单位所在地处于经济社会快速发展阶段，对人才需求迫切，地方政府引才政策非常优厚，能够为人才提供广阔的施展才华的舞台，并解决生活等各方面的后顾之忧。这就要求毕业生既要站在高处，从长远的、大局的方向分析研判职业、单位的发展趋势，又要细心留意信息的细枝末节，由表及里地挖掘就业信息的内涵价值，结合自身实际作出判断和选择。有时，还需要一些专业知识和经验来辅助分析。例如，从单位的组织结构发现其管理模式和运作机制，从单位的人事、财务报表来分析其人力资源状况和经济状况，从单位历年招聘岗位和人数的变化了解其经营方向变化等。

此外，毕业生还需意识到就业信息由于其传播速度快、共享程度高，我们得到的信息仅仅代表着一种可能的机会，而这个机会稍纵即逝，且充满竞争。因此，毕业生获取信息后，一定要尽快分析处理，并向信息发布者反馈，及早表明个人意向。早行动未必一定能够得到这个岗位，但是反应迟钝者很可能会错失这个机会。

三、合理运用就业信息

对就业信息的合理运用，主要表现在求职者可以根据信息调整自己的求职策略。对于重要的信息，要注重寻根究底，争取对目标单位的历史、现状、未来等各个方面有一个准确客观的整体认识，如果能详细掌握这些材料，就能在随后进行的面试中处于主动，从众多应聘者中，同时可脱颖而出，拉近自己与用人单位之间的距离，使面试官感受到你对此次应聘的重视，以及想要进入企业发展的诚意和渴望。

（一）分析就业信息的构成要素

一般来说，一则完整的就业信息主要由招聘单位基本信息、招聘岗位基本信息及应聘程序（流程）相关信息三个方面构成。

1. 招聘单位的基本信息　主要是对招聘单位自身相关概况的介绍，具体包括：

（1）单位的准确名称、单位性质及隶属关系。

（2）单位的地点、总部及分支机构的业务范围与地理分布。

（3）单位的组织结构、规模（员工数量）与行政结构。

（4）单位的经营业务范围、类别及服务内容。

（5）单位需要的专业背景及对所需人才的宏观要求。

（6）单位的工作环境、财务状况、绩效考核体系、培训体系及薪酬体系。

（7）用人单位的实力、远景规划、在行业中排名或在整个社会经济结构中的地位。

2. 招聘岗位基本信息　主要是对招聘岗位的描述，对应聘者条件的要求及工资待遇等，具体包括：

（1）岗位信息　如工作岗位的性质，工作时间要求，工作地点，工作环境，工作发展前景及岗位相关的其他信息。

（2）应聘条件　如对应聘者性别、年龄、身高、相貌、健康等生理方面的要求，对应聘者学历及学业成绩的要求，对应聘者政治思想、道德品质、工作态度等方面的要求，对应聘者职业技能、执业资格和其他才能的特殊要求，对应聘者的职业兴趣、职业能力、职业气质等职业心理特点方面的要求等。

（3）工资待遇　包括工资收入、薪酬体系、福利待遇等。

3. 应聘程序（流程）相关信息　主要是关于如何参加应聘、接受考核的信息，具体包括：报名或投递简历的方式方法，联络方式，考核内容与环节，面试与录用程序及相应的时间安排等。

当然，并不是每一则就业信息都包含所有的构成要素。一般情况下，关于单位的基本情况和岗位的基本信息都会包括，但详尽程度会根据不同单位类型和岗位要求而不同。关于工资待遇部分，有的单位在招聘简章中不会详细说明，而会标注"见面详谈""面议"等。应聘流程相关信息也往往视不同单位、不同岗位、不同情况而不同，如事业单位招考和企业招聘流程就差别较大，需具体情况具体分析，并有针对性地做好应聘准备。

课 堂 训 练

就业信息是招聘单位向求职者传递的相关信息，写在就业信息里面的每条信息都是招聘单位对求职者所要展示的和说明的。求职者对于就业信息的良好把握和解读，不仅能够帮助求职者精确地判断招聘要求与自己的适配度，也能有助于求职者为应聘做好充分准备。

下列信息是某高校就业网站发布的一则就业信息，请同学们结合就业信息的构成要素，一起"解码"这则信息的关键点。

某企业的招聘信息

【医院学术经理储备】
职位要求
职位性质：全职　　　　　　　工作城市：湖北省武汉市
招聘人数：15　　　　　　　　学历要求：本科
语言能力：不限
需求专业：基础医学类 / 临床医学类 / 药学类 / 中药学类 / 中医学类
职位描述
岗位职责：
1. 负责目标区域医疗机构客户开发和销售推广；
2. 开展临床学术活动，熟悉公司产品、市场调研和商品分析方法；
3. 掌握区域目标渠道的维护与开拓，建立并维护与医院、客户的良好沟通，与客户保持良好的关系。
任职资格：统招本科学历，医学、中医学、药学、中药学等相关专业。
薪酬待遇：6.5 ～ 12K，五险一金，免费工作餐，各项补助。
工作地点：工作关系在武汉，全国重点省区外派。

（信息来源：某中医药大学就业信息网。）

（二）对照就业信息弥补不足

合理运用搜集到的就业信息，很重要的一点就是要学会对比个人实际情况，寻找差距，弥补不足。通过客观详细地分析就业信息的各项要求，对于自己的短板，若时间允许，就应该在就业前通过学习和实践不断充实完善自己的知识水平和实践能力，调整自己的能力水平和求职心态。如某门专业课程不扎实、某些操作技能不够熟练等，都应尽可能地通过学习和相应培训来提升。尽管这样的做法在求职过程中显得有些"临阵磨枪"，但明知自己的短板却无动于衷，依然我行我素，那必然会影响到求职结果。

（三）把握时机适时运用

毕业生搜集、整理、完善就业信息的目的是为自己的求职服务。因此，一旦确定了目标单位，就要依据就业信息中显示的投递简历的邮箱或网申链接，机关或事业单位招考简章中的指定报名网址等关键信息，在规定的时间内做出行动。也可以积极与用人单位或经办人取得联系，确认笔试、面试等考核环节的时间、地点及具体要求，并根据用人单位的需求及时调整、充实和完善个人的相关材料，按照要求参加招聘考核，尽最大努力为自己赢得理想的工作岗位。就业信息都有较强的时效性，因此，在这个过程中，主动沟通、认真准备、积极行动是成功的关键点，切忌犹豫不决，导致错失良机。

案 例 故 事

做求职路上的"有心人"

小陈是中西医临床医学专业的本科毕业生，苏州吴江人，毕业后准备到苏州的昆山市或吴江区工作。他从大四就开始关注学校发布的就业信息，向上一级的学长学姐了解用人单位的要求，上网查询苏州市吴江区卫健系统的需求信息，了解该区的就业和人事政策。大五面临毕业实习时，他主动向学院老师提出希望能分配到生源地附近的中医院。最终，根据学院统筹安排，他进入昆山中医医院实习。实习期间，他逐步了解到中医院的工作流程和对人才的专业要求。他有针对性地参加了江苏省及苏州市的医药卫生行业招聘会，了解到吴江区卫生健康系统对中西医临床医学和中医学专业的本科毕业生有一定需求，而且本地生源更有优势。于是，他把搜集到的就业信息汇总起来，加以研究和取舍。根据吴江区事业单位招聘考试通知要求，积极报名并认真备考，在吴江区医疗卫生事业单位招考笔试环节中发挥出色，再加上对相关人事政策也比较熟悉，又有一定的实习工作经验，专业技能过硬，因而在面试中也顺利过关，最终获得自己理想的工作岗位，进入苏州市吴江区中医院工作。

启示：在激烈的求职竞争中，能否有效地获取和充分运用就业信息，决定了毕业生能否叩开就业的成功之门。这需要毕业生们在求职过程中做一个有心人，结合就业信息掌握情况，积极制定应聘策略。

（资料来源：根据某中医药大学毕业生实际就业案例编写。）

（四）主动共享信息资源

毕业生搜集到的就业信息，有些自己觉得不合适或用不上，但对别人却可能十分有价值。因此，在求职阶段，可以与自己的同学、其他院校同专业的学生、招聘意向相似的同学成立起就业信息分享"联盟"，对各自获取的就业信息进行分享，形成共享就业信息网络，这样既可以避免就业信息的失效与浪费，又可以节省信息搜集、整理和鉴别的时间，同时还有利于增强人际交往，建立或扩大自己的人脉网络，形成互相帮扶的良好求职环境和心态，从而在求职的道路上早日获得成功。

本章小结

就业信息在毕业生的求职就业过程中发挥着十分重要的作用。它是求职择业的基础，是通向用人单位的桥梁，是就业决策的重要依据，更是顺利就业的可靠保证。因此，对于广大毕业生而言，应该高度重视就业信息的搜集、整理和运用，掌握就业信息搜集的途径和方法，学会对搜集到的信息进行加工完善。

就业信息搜集的内容包括宏观信息和微观信息，搜集方法包括全方位搜集法、定向搜集法、定区域搜集法、地毯式访问法和连锁介绍法。就业信息主要通过学校就业主管部门、校园招聘会、各级就业主管部门和就业指导机构、社会实践或毕业实习、网络媒介、社会各级人才服务交流中心、各种人脉关系，以及主动联系、登门拜访等渠道和方式来获取。

在求职过程中，应注意理性辨别就业信息，防范各种就业信息陷阱。可以根据就业信息的来源渠道和内容的内在逻辑来分析判断就业信息的可靠性，也可利用互联网搜索用人单位信息进行分析判断。毕业生可以通过筛选、对比、归纳整理等方式将搜集到的就业信息及时整理完善为个人资料库，并加以合理运用，从而让就业信息在求职过程中发挥最大作用，帮助我们成功就业。

【推荐资源】

公众号：中青创想创就业教育——成功就业微学堂

【思考题】

1. 就业信息搜集的方法有：全方位搜集法、＿＿＿＿＿、＿＿＿＿＿、地毯式访问法、连锁介绍法。

2. 说一说在求职过程中应怎样合理运用就业信息。

【课后实训】

制作就业信息搜集渠道排行榜。以小组为单位，根据小组成员求职目标相对集中的产业或行业特点，讨论并制作就业信息搜集渠道排行榜（表3-8）。排行榜内的单位可以是发布就业信息的网站、手机应用 APP 或微信公众号等。并且，要从就业信息的数量、质量、真实度、及时性等角度归纳其入选排名榜的优势与不足。没有字数的要求，但表格中提及的信息要尽可能完整、详细。比一比，哪个小组列出的渠道最多？

表 3-8　就业信息搜集渠道排行榜

排　名	详　情
1	渠道名称：（如智联招聘） 渠道简介：（一句话简介） 渠道网址：（如 www.51job.com，公众号的二维码等） 渠道优势： 渠道不足：
2	渠道名称： 渠道简介： 渠道网址： 渠道优势： 渠道不足：
3	……
小组名称： 小组成员：	

扫一扫，查阅本章数字资源，含PPT、音视频、图片等

【学习目标】

1. 掌握制作求职简历的原则、方法和撰写求职信的方法。
2. 熟悉求职材料的投递渠道、方法和技巧。
3. 了解制作求职简历前需要做哪些准备。

【导入案例】

为什么投出的简历总是石沉大海

某医学高校的应届毕业生小王，在校期间积极向上，不仅学习成绩突出，还担任学生干部，参与、组织多项校园文化活动，荣获多项校级荣誉。在毕业季到来之时，她充满信心的像其他同学一样积极寻找工作，并把自己的特长和优势都写进了简历，每次投递时还附加了所有荣誉证书作为支撑材料。她对自己的求职材料比较自信，也投递了 N 个招聘单位，但回音却寥寥无几。她非常困惑，认为自己能力也不错，学历也够格，为什么却连个面试机会都没有呢？因此，她联系了学校就业指导中心的老师，并将自己的简历发给老师，请求老师给予帮助。下面，我们来看看她的求职简历。

求职简历				
姓名	王某	性别	女	
籍贯	辽宁	民族	汉	
学历	本科	所在城市	天津	
政治面貌	中共党员	年龄	23	
毕业院校	某中医药大学	所学专业	护理学	
联系方式	157xxxxxxxx	邮箱	2873xxxxx@qq.com	

主修课程：
正常人体解剖学、组织与胚胎学、病理学、药理学、医学免疫学、医学微生物学、护理学基础、护理心理学、内科护理学、外科护理学、护理教育学、精神护理学、预防医学、儿科护理学、妇产科护理学、康复护理学、危急重症护理学、护理管理学

所获荣誉：
天津市人民政府奖学金、校级一等奖学金 2 次，校级优秀学生干部、暑期"三下乡"活动先进个人称号、院级朗诵比赛一等奖、英语口语大赛二等奖、校体育节女子 200 米接力第三名

续表

求职简历
实习经历： 　　2022 年 7 月—2023 年 5 月，在天津市某三甲医院护理岗位实习，在工作中能够吃苦耐劳，负有责任心，能够完成带教老师交待的各项工作，表现较好，得到护理部和患者家属的好评
校园经历： 　1.在校期间担任学院学生会副主席，负责学院社团建设与管理 　2.作为学院青年志愿者，多次到社区养老院进行志愿服务活动，并得到养老院的表扬 　3.组织学院迎新晚会、体育节、宿舍文化月活动，学生参与热情，效果很好 　4.积极参加暑期"三下乡"社会实践活动，所在团队荣获"市级优秀团队"称号
技能证书：通过大学英语四六级考试，计算机二级
兴趣爱好：舞蹈、跑步、朗诵、主持
自我评价：本人性格活泼开朗，热爱读书，责任心强，具有一定的人际交往能力，热爱护理职业，能够吃苦耐劳，有较强的团队组织与协调能力

请大家仔细分析小王的简历，从以下几个方面进行思考。

1. 你认为这份简历有什么优点和不足？

2. 你认为这份简历应该怎样修改？

3. 怎样才能做出一份让招聘单位满意的简历？

4. 想一想，如果你制作自己的简历，会与其他求职者有哪些相同点和不同点？你的简历优势会在哪些方面体现？

（资料来源：根据某中医药大学毕业生实际就业案例编写。）

第一节　求职简历的制作

简历既是大学生在求职过程中的第一关，又是成功进入用人单位的敲门砖。简而言之，简历可以被视为将求职者推向就业市场的一则"广告"，既要全面展示个人信息，又要突出展示个人优势和特色。因此，对求职者来说，一份好的简历可能意味着成功一半。那么，怎样才能制作出一份既精美又有质量的简历呢？

一、简历制作前的准备

（一）自我认知和职业认知

很多求职者在撰写简历前，往往存在一种误区，觉得只要套用一个精美的、有创意的简历模板，再加上一些制作技巧，就可以拥有一份完美的简历。但是当实际制作简历时，就会发现即使有了模板，也不知道该如何去撰写具体内容，如何去展示自己的特点，如何去吸引用人单位的注意，甚至投出了百余份简历而石沉大海。所以在制作简历之前，我们需要先进行全面的自我认知，明确职业目标，这样才能有的放矢。

1. 对自身实力进行评估　首先，我们要清楚地分析自身的基本情况，比如教育背景、校园实践、实习经历、拥有哪些技能和证书，以及自己的性格特点、兴趣爱好等；其次，自己的求职目标是什么，期待什么样的工作环境、工作待遇及是否有短期或者长远的职业发展目标。

2. 了解用人单位的工作岗位　了解用人单位和求职岗位既是求职过程中的一个重要环节，又是针对性撰写简历的必要因素。我们可以通过网络查询、与行业人员交流等方式了解具体的工作内容。

3. 评估自己是否适合求职岗位 现在不同的用人单位有不同的用工需求和岗位需求，你的求职简历是否与岗位需求匹配，能不能被用人单位认可，取决于你在制作简历前对自己的现状进行一个分析，我们可以采用 SWOT 分析法进行评估（表 4-1）。

表 4-1 SWOT 分析法评估要素

优势 Strengths 目标岗位要求的专业、学历、技能、经验等条件中哪些是自己的优点	劣势 Weaknesses 1. 目标岗位要求的专业、学历、技能、经验等条件中哪些是自己不具备的 2. 这些不具备的条件是否可以通过短期学习改善提高 3. 哪些是不可改变的，这些不可改变的部分是否是用人单位招聘的核心要素
机遇 Opportunities 1. 目标岗位和企业的发展前景如何 2. 该领域的人才需求量如何 3. 通过哪些渠道可以了解该领域第一手的职业机会和资讯	挑战 Threats 1. 这一领域的主要竞争者有哪些 2. 未来的就业环境变化趋势如何 3. 职业发展是否有天花板

通过 SWOT 分析进行明确的自我定位后，能够帮助求职者梳理自身基本信息和过往经历，清晰地了解自身优势与劣势，为制作简历建立了个人信息库。同时，通过对照用人单位的岗位要求能够准确衡量自身是否具备相应的能力，然后帮助自身有的放矢地补齐短板，进而达到胜任岗位的能力。

课堂训练

自我认知探索

盘点一下自己的基本情况，分别写出自己拥有的技能、特长和劣势。

（二）了解用人单位如何筛选简历

简历对于整个求职来说是最为重要的。用人单位招聘中筛选候选人的第一步，基本上都是从简历开始的。简历等于是求职者的名片，是求职者跟企业的第一次对话，后续的面试环节中，面试官或多或少都是带着这种预设印象去看待候选人的。

既然简历是给用人单位看的，自然要先了解用人单位是如何筛选简历的（图 4-1）。了解人事（HR）筛选简历的逻辑，洞察其中的标准和规则，是做出好简历的前提。HR 在筛选简历时最看重的就是把握"人职匹配"这个原则，会更关注简历中所体现的与用人单位岗位招聘的条件和要求是否匹配，求职意向、综合职业素养及简历本身的完整性、合理性和真实性。

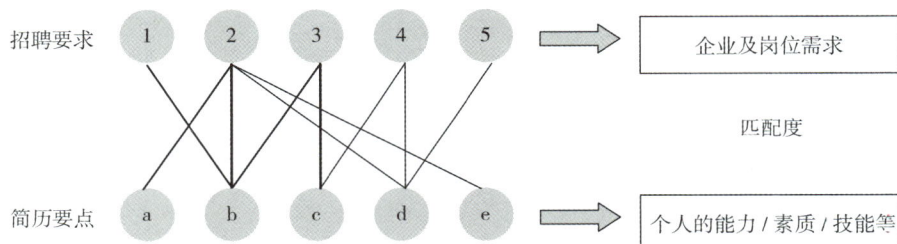

图 4-1 用人单位筛选简历的标准

HR 在筛选简历时更关注这些方面。根据公司对该岗位的任职资格，把"硬件"条件和"软件"关键词列出来，明确哪些条件是必须的，然后根据硬件要求和软件的关键词对简历初步筛选。通过硬件和软件关键词要求，迅速地将一些明显不符合的简历排除在外，然后再通过进一步的细化逐一分出合格、合适、匹配的简历。下面我们举几个例子。

1. 求职者的身份情况　有的用人单位招聘要求是"高校应届毕业生或者至少有基层工作经验2 年"。若你对自己的应届生身份不确定，建议直接致电或发邮件给这家公司的 HR 询问，这样得到的答复才是最准确的。因为每家公司都对它所认定的应届毕业生身份拥有"最终解释权"。

2. 教育背景情况　有些用人单位设置的招聘岗位对学历、专业等方面会有明确的要求，比如，要求取得本科以上学历学位、非在职硕士研究生学历、必须是对口专业等。

3. 实习／实践经验、工作技能与岗位要求是否匹配　有的用人单位招聘的岗位属于行政、管理岗，可能会要求应聘者在校期间有担任过学生干部的经历，更看重组织、协调、沟通等方面能力；如果用人单位招聘的是医药销售岗，会更看重应聘者是否在相关行业领域有过工作、实习的经历；如果医院招聘的是临床专业技术人员，就会关注应聘者临床实习的经历、是否具备相关执业资格等，比如是否具有护士职业资格证、执业医师／药师资格等。因此，作为求职者拥有的实习经历、工作经验、技能与岗位要求相关度越高越能得到用人单位的关注。

课 堂 训 练

读懂一份招聘公告的关键信息

某生物科技有限公司 2023 年校园招聘

岗位介绍：项目管理员

岗位职责：1. 企业委托研发项目跟踪管理

　　　　　2. 企业委托生产项目跟踪管理

　　　　　3. 协调沟通项目相关各方会议

　　　　　4. 组织生产、销售、发货

　　　　　5. 制订项目计划

　　　　　6. 组织处理项目相关异常情况

岗位要求：1. 2023 年应届毕业生，本科以上学历

　　　　　2. 药学或药物制剂相关专业

　　　　　3. 有较强的沟通能力和组织能力

　　　　　4. 熟练操作 Office 办公软件

　　　　　5. 能够适应短期出差

请根据该公司的招聘信息，思考一下，谈谈你认为 HR 在筛选简历时，会重点关注求职者的哪些与岗位匹配的信息？

二、简历的撰写

求职者紧紧围绕招聘启事所要求的学历背景、能力、经验等要素条件进行简历创作。同时，与自身的实际经历进行匹配，在简历的各个模块中呈现匹配要素，从而撰写出达到用人单位要求、为自己赢得面试机会的有效简历。

（一）制作简历的基本原则

1. 目标明确原则　制作简历时，求职意向一定要明确到具体岗位，这是简历制作中最重要的原则。要清楚地认识到你所写的简历内容，都应围绕你的求职目标展开，不相关的内容不要叙述。比如，你的专业是药学，你想做技术研发还是做医药代表，一定要有一个清晰且明确的方向。因为用人单位是带着明确的目标来招聘的，你的求职目标不明确，就不是他们要招聘的对象。有些毕业生对自己的求职目标可能比较困惑，所以导致在简历上展现出的信息，让招聘者无法把握，这是不可取的，在投递简历前一定要明确自己的职业方向，一份简历上最好只陈述一个重点。

2. 精简性原则　简历要突出"简"的特点，要使用平实、客观、精练的语言。许多大学生在制作简历时，常常抱着追求完美的心态，希望在简历上充分展示自己的才能。于是，不放过每一个细节，把简历制作得面面俱到。但是我们要清楚地了解招聘者的工作性质，长篇累牍的简历，只会让他们看得头昏眼花，不堪重负，一时看不见亮点，反而弄巧成拙，得不到关注。所以，撰写一页纸篇幅的简历，把与求职目标最相关的内容展示出来，向招聘者传达最有效的信息是最好的。

3. 真实性原则　简历是应聘者对自己过往经历的陈述，在用词上可以进行适当的修饰，但前提是这些经历是真实发生的，如果无中生有或者过度夸大，就会涉嫌造假。诚信是用人单位招聘的底线，即使一些应聘者靠虚假的简历得到了面试机会，也会在面试细节中或者后期的材料审核中露出马脚，从而失去就业机会。

4. 相关性原则　每名求职者都想在简历中尽可能全面地展示个人特点、经历及技能。但是在用人单位眼中，只有最符合招聘岗位条件的求职者才是最适合的。因此，在简历中要围绕招聘岗位的要求充分展示个人信息的相关性，你的专长、技能、过往实践经历与岗位相关性越高，越能体现你的岗位胜任力，也越能提升自身对用人单位的吸引力。

（二）简历的基本要素

一份完整简历的结构，包括三个基本要素。即"我是谁"，个人的基本信息；"我希望做什么"，就是个人的求职意向；还有"我能做什么"，主要是个人的过往校园实践、实习经历和具备的相关技能。为了更好地表述这三个基本要素，可以根据具体内容划分为不同的信息模块，具体包括个人信息、求职意向、教育背景、校园实践、实习经历、项目（研究）、所获荣誉、技能（证书）、自我评价及兴趣爱好等。

1. 个人基本信息　基本信息中，必须填写的包括姓名、性别、联系方式（手机号、电子邮箱）、联系地址和个人照片。除必填内容之外，如年龄、籍贯、政治面貌、民族、身高、体重、婚姻状况等信息，还可根据招聘岗位的特定要求进行选择性填写。在具体撰写时需要注意以下几方面。

（1）书写位置　一般个人信息位于简历中的上端，要醒目、简洁、清晰。

（2）联系方式　建议手机号和电子邮箱均要提供。目前，大部分用人单位会通过发送邮件的方式与求职者进行联系。QQ 号、微信号及个人其他媒体账号根据招聘要求选择性填写。手机号建议用短横线按"3-4-4"的方式将数字进行一下分割，比如"139-××××-××××"，这样便于HR 联系时进行查询。电子邮箱建议选择比较适合企事业单位经常使用的大品牌邮箱，比如网易的 126、163 邮箱、Foxmail 邮箱等。这些邮箱用户基数比较大，被大多数企业邮件服务器兼容，可以顺利收发邮件。在新申请邮箱时，注意域名的设置，要正向、正常能量，尽量避免使用偏娱乐性的 QQ 邮箱，这类邮箱也有可能被用人单位的服务器拦截，导致求职者错失就业机会。

（3）照片　照片要选择近期个人免冠证件照，以蓝色、白色系底为主，注意不要使用生活照，也不要过分修饰照片，比如为了提升颜值而用作图软件修整过多，而面试时给用人单位留下反差很大的不良印象。

在本章节【案例导入】的简历中，我们会发现求职者的基本信息内罗列了不必填写的冗余信息。经过删除不必要的信息，进行了如下修改。

求职岗位：护理岗位		
姓名：王某		
性别：女	民族：汉族	
政治面貌：中共党员	邮箱：wxf006@126.com	
手机：157-xxxx-xxxx	住址：天津市南开区	

2. 求职目标　简历中的"求职目标"也叫"求职意向"或"求职岗位"，它既是统领整个简历内容的核心关键词，又是 HR 阅览简历时首先关注的重要信息。

"求职目标"能立刻告诉潜在的用人单位很多关键信息，人力资源部门的工作人员可能是最先看到你简历的人，你的"求职目标"会告诉他们哪个部门应该阅读你的简历。很多求职者认为，自己的简历内容就能够告诉用人单位我可以适合哪个岗位，比如自己的专业背景、实习经历、特长等，认为"这些是我曾经所学的、这些是我曾经做的，我能做什么？你们看着办吧！"这类简历往往被丢进了垃圾桶。

那么如何填写简历中的求职目标呢？可以注意以下几个方面。

（1）"求职目标"要醒目、清晰　要在简历第一项内容中就展示你的"求职目标"，可位于简历标题的正下方或者正文部分的首行。字体可以做得鲜明、醒目一些，比如字号加大，或者加粗、使用黑体字体等，但不建议使用下划线或者斜体字。

（2）"求职目标"的措词应该规范　要符合实际的工作岗位，明确、具体，不要使用行业名词，如：医疗业、教育业、医药类、管理类等类属名词，也不能使用表义模糊的词语，如：行政类岗位、与医学专业有关的职位、市场营销相关的职位。一定要正确填写求职单位发布的招聘岗位的具体名称，比如：儿科护士、药剂师、医药代表、QA\QC 等岗位。

（3）填写的"求职目标"要精准　要准确对应意向用人单位发布的招聘岗位具体名称，填写不宜过多，不要随意填写与招聘信息岗位无关的求职目标。如果用人单位招聘岗位中有多个与你意向相符的岗位，也要注意尽量不要选择两个以上的求职目标，且选择的求职目标尽量与你的专业背景相符或者与简历中所表述的重要信息具有一定的关联度。比如，你所学专业为药学，用人单位发布的招聘岗位中有药物研发职位和医药代表职位，招聘条件中均写明了可以为药学类相关专业，如果你对两个职位均有意向，可以都选择填写。

3. 教育背景　对于应届毕业生来说，教育背景是简历中一个很重要的信息。主要包括：学历、毕业院校、专业、所获学位、主修/辅修课程、成绩排名、荣誉等。如果是硕博士毕业生，可以加上研究方向、发表的论文。教育背景一般按照时间倒序的方法书写，在撰写方面需要注意以下事项。

（1）学历　一般采用倒序写法，即学历应按照时间由晚到早、由高到低的顺序排列。主要是个人大学阶段到毕业前所获得的学历，时间上要注意衔接。

（2）毕业院校、专业　学校名称和专业信息要规范、准确填写。专业名称一定要与毕业证上一致，不能为了匹配岗位要求而随意填写。比如，药学专业与药学（临床），这两个专业是有区别的。如果在校期间辅修了第二专业，可以将字体加粗，也能突出自身学业经历特点。如有跨校交流学习经历，可以单独起一行填写，并标注准确的起始时间。

（3）成绩排名　目前国内大多数高校都已经引入 GPA（平均成绩绩点）制度作为在学期间学习成绩的评定。一般 GPA 的满绩点是 4.0，所以填写成绩的格式一般为绩点/满绩点，如"GPA：3.55/4.0"。如果 GPA 绝对值不高，但是专业排名靠前，也可以再标注上排名，以更加吸引用人单位的青睐。比如，年级/专业排名第 4 名，年级/专业共有 150 人，可以写为"年级/专业排名：4/150"，或者转换为比例格式，写为年级/专业前 3%（Top3%）。

（4）相关课程　若求职者的毕业院校知名度高、学历和专业对口，成绩排名较为靠前，其他实践经验丰富的情况下，此部分可以不用填写。但如果求职者简历中其他部分没有突出的特点和优势，相关经历也不丰富，则可以选择与岗位要求匹配的、相关技能要求关联度最高的课程进行填写，如填写的课程成绩也比较高，可以进行标注。但一定要统一标注，不要填写了 5 门课程，但只标注其中较好的 3 门课程。

教育背景

·毕业院校：XX 中医药大学（国家"双一流"建设高校）
　　　　　护理学专业（国家级一流专业建设点）本科　2018.09—2022.06

·GPA：3.83/4.0，专业排名：2/110
·获省级人民政府奖学金（2021），校级一等奖学金 3 次（2018—2020）

·主修课程：护理学基础、护理心理学、外科护理、内科护理、儿科护理、精神科护理、社区护理

4. 校园实践经历　应届毕业生往往职场经验不足，需要更认真地撰写该模块内容，通过展示在学期间的一些丰富经历，表达自身具备良好的综合素质。校园实践一般包括：担任学生骨干、社团活动、创新创业项目、校园文化活动、志愿服务活动等。

5. 实习经历　大多应届毕业生往往没有正式的工作经验，因此，在校期间的实习经历显得尤为重要。毕业生要把握简历的重点信息，尽量对照招聘岗位的相关性提供过往实习的相关经历，毕竟丰富的实习经历也能反映出求职者具备一定的综合素质及职场发展潜力。

一些学生在校期间不仅参与了很多实践活动，也有较为不错的实习经历，但是在撰写个人实践/实习经历时，往往轻描淡写，未能展示出自己的核心竞争力。比如下面的两则案例。

案例 1：某学生的项目经历

项目经历：中国扶贫基金会善行 100 精英挑战营 小组组长
　　　　负责招募志愿者、对接项目和撰写工作总结

案例 2：某学生的实习经历

实习经历：

　　2021 年 7 月—2022 年 4 月，在某三甲医院护理岗位实习，期间掌握了 10 余项临床专业技能，工作中任劳任怨，表现突出，被评为优秀实习生。

那么，如何写好一段实践/实习经历呢？我们推荐大家可以使用 STAR 法则。STAR 法则是情境（situation）、任务（task）、行动（action）、结果（result）四个英文单词首字母的合称，为了方便记忆，也被称为明星法则。针对上面的案例，我们利用 STAR 法则进行了如下修改。

案例 1：项目实践经历

项目经历：中国扶贫基金会善行 100 精英挑战营 小组组长
2021 年参加中国扶贫基金会善行 100 精英挑战营活动，这是一个针对贫困山区儿童结对帮扶计划。我在这个活动中担任小组组长，主要的职责包括志愿者招募、激励与组织协调，以便保证活动目标的高效完成。在活动中，我采取了"双会管理法"，每天以小组为单位进行工作布置和工作总结。在我的带领下，团队经过 30 天的努力，成功完成 67 个项目对接，取得了小组第一的优异成绩。

案例 2：专业实习经历

实习经历：市第一中心医院 护理岗位
2021 年 7 月—2022 年 4 月，在实习期间，轮转过内科、外科、急诊、ICU、手术室等 9 个科室，熟练掌握各项注射、静脉输液、口腔护理、吸氧、吸痰等 10 余项护理临床操作，在实习期间对病人及家属进行健康教育和康复指导累积 60 次，多次得到病人及家属的好评，在实习考核中被评为优秀实习生。

从上面的案例中，我们可以看到，使用 STAR 法则将你的实践经历用事实和数据说话，而不是主观感受，不仅显得更具体化，而且可以让 HR 通过你的实践经历更好地来判断你的个人能力和工作潜质。需要注意的是，有些毕业生在校期间有丰富的经历，虽然在该模块进行了丰富的描述，但所表达的内容与求职岗位关联度并不高，反而占据了简历大部分空间，并不会引来企业的关注和青睐。建议，可以选择与求职岗位能力要求关联度高的、具有能体现你个人突出能力和竞争力的事例进行陈述，不要过多赘述，一般选择 2～3 个事例即可，每个事例的撰写以两到三行文字为宜。

6. 项目/研究经历　研究经历既可以作为单独模块在简历中列出，又可以将部分研究性质的经历放在项目经历中。求职者在校期间参加的科研项目、毕业设计、硕博士期间的研究课题都可以归于这个范畴。STAR 法则同样适用于研究经历的撰写，陈述上应该更突出研究的成果，比如，标注发表的论文名称、著作、专利、获奖情况等。需要注意的是，要遵守学术诚信，如实陈述个人在研究项目中的参与程度和作用。比如，是否主持课题还是参与，个人在研究课题、发表论文、获奖中的排位。

7. 所获荣誉　主要介绍自己在大学期间获得的荣誉。建议分类填写，比如奖学金类、荣誉称号类等。同一奖项连续多次获得，可以合并同类项。同一奖项如有不同级别，如校级、市级、国家级，按照由高到低顺序填写。如果获得多类别多个级别奖项，建议选择最具有代表性、含金量较高或者能与求职岗位关联度较高的荣誉进行填写。

8. 技能、证书等　这部分可以根据自身优势情况进行填写。包括专业技能、资格/等级证书类。如大学英语四六级、计算机等级证书、从业资格证书（医/护/药/教师/心理咨询等）、营养师证书、会计证书等。很多招聘条件里直接注明，需要通过英语四级或者六级。即使岗位中并无过多使用英语，但它依然可以作为衡量一名求职者的学业能力或者综合能力的重要参考指标。如果四六级成绩较高，可以注明具体分数，还可以加粗字体以示突出。

9. 自我评价　很多应届毕业生在校期间没有过多的校园实践活动经历、丰富的实习、工作经历，且自身具备的条件与招聘岗位存在一些差距，但又想向用人单位表达渴望得到求职岗位和具备胜任岗位的能力。这时，可以通过撰写自我评价，对自己的职业优势进行一个总结。

在撰写内容上，很多毕业生往往喜欢使用非常主观性的词语来描述自己的优点，比如下面的案例。

> ·自我评价：本人一直以来，对工作认真负责，积极性高，谦虚谨慎，吃苦耐劳，综合组织较好，具有一定的交际和沟通能力，拥有较强的创新思维和团队精神，能够高效完成上级交付的各项工作任务。

在 HR 眼中，类似这样的描述过于浮夸、空洞的自我评价是毫无实际意义的，不会得到用人单位的青睐。因此，建议大家在撰写时应该用可量化的经历、成绩来描述。比如，匹配求职岗位的要求和条件，用一定的成绩或者实际效果去表达，这样可以使得自我评价更有说服力。比如可以参考下面这个案例。

> ·自我评价：本人爱好写作，具有一定的文字功底，在校期间，荣获市级主题征文比赛二等奖。负责社团的新媒体运营，不到一年时期，公众号粉丝关注度位居全校 60 个社团第三名。曾经在 XX 生物医药科技有限公司做管理培训生，具有良好的活动策划能力，曾策划 1000 多人的线上项目交流活动。善于与人沟通，曾协助主管领导帮助公司开拓 XX 区域产品代理经营权。非常热爱所学专业，也非常认可贵公司企业文化与高效的管理模式。因此，本人真诚地希望加入贵公司。

10. 兴趣爱好　兴趣爱好需与求职目标相契合，2 ~ 3 项为宜。可以用数字展现你具有某方面的优良品质，例如"坚持跑步 3 年，每周 3 次以上"，这一爱好可以很好地展现求职者自律、坚持不懈的品质。如果简历篇幅已满，特别是自己的专业能力突出，实习、工作经历较为丰富且与岗位相关性较高，则可以不用再选填这个模块。

课堂训练

1. 你认为一份完整简历，应该包括哪些基本要素？结合实际情况，列出你是如何安排这些基本要素的先后顺序的。

2. 思考一下，请运用 STAR 法则列出你在大学期间参加过的社会实践活动、兼职工作和实习经历等。

（三）制作简历的几点注意事项

1. 简历的篇幅　一般来说，应届本科生的简历遵循一页纸原则就可以了。研究生、博士生可以根据是否曾经有过工作经历、参加的研究项目、研究课题等进行相应的扩充，原则上不超过两页纸。

2. 简历的排版　在设计简历时，版式的设计依然遵从"简约"的原则。

（1）色调　不要太花哨，颜色种类不要太多，建议使用 3 种以下颜色。

（2）布局　整个页面应保持适当的留白，不要排布得太满，也不要过多留白，在页边距设置上要进行相应调整。内容上建议用段落符分段排布，可以选择靠左对齐格式。文字也要调整行间距设置，不要密密麻麻，影响 HR 对简历的感官印象。

（3）风格　既可以通过改变字体大小、颜色、粗细等方式来突出简历的重点与特色，又可以按照专业特色为背景来诠释自己的专业性，这样使得 HR 能够更加清晰地了解与掌握简历的内容。同时，也可以结合企业的特点，如企业文化、行业特色、岗位特点等，这样既能够展示出求职者的用心，又能够在千篇一律的简历中脱颖而出，更容易吸引用人单位的关注。

3. 简历的字体　一般一份简历的字体不超过 3 种，过多的字体会让简历显得杂乱。在字体选择上，要考虑电脑办公软件自带字体的兼容性，如果 HR 浏览简历的软件上没有你使用的字体，可能会导致排版错乱。中文字体推荐选择宋体、黑体（微软雅黑）、楷体（华文楷体）等。比如，将一些模块标题、重点信息等选用黑体或者加粗，以示强调，但不宜过多使用。英文字体和数字输入时一般选择 Times New Roman 字体，较为规范。关于字体的大小，大家可以根据整体页面布局及内容的饱和度来进行相应调整，但建议一般不超过 2 种字号，且整体上应尽量统一。在模块标题上可以略微加大字号，但要注意整体效果，不该为了最大量丰富简历内容，而采用过小的字体。

4. 简历的格式　简历的制作大多选用 Word 格式进行，但有时不同的软件版本可能会在用人单位电脑或者打印店电脑上导致简历中的某些字体缺失，而不能正常显示，甚至文本格式也会出现错行、打不开等问题，因此，建议简历定稿的输出格式为 PDF 格式。

5. 简历的检查　做完一份简历，在投递前，我们一定要仔细进行检查，否则因为疏忽而出现问题，会大大降低求职成功率。例如，有的简历是从某招聘网站直接下载而来，网站的水印还留在上面。还有的简历上用的照片是大头照、生活照，甚至简历中出现错别字等。这些问题都会降低后续收到面试邀约的可能性，因为用人单位可以从一份简历中，看出求职者最基本的职业态度。

6. 简历检查要点　一是格式方面。整个页面是否留白处适当，有无断行、空行或者字体过于密集或者疏散，整体版面设计感官上是否得体。二是内容方面。个人信息有无遗漏的地方，求职目标是否醒目，联系方式要再三核对，设置的模块是否填写。三是语句方面。建议求职者将简历多读几遍，也可以交给其他人进行浏览，查看语句是否表达清晰，有无语病或者不通顺的地方。四是字体方面。字体大小是否适当，需要重点突出的内容是否进行了加粗，字体有无打印出来缺失或者空白、报错等情况。五是细节方面。反复检查，重点检查有无错别字，标点使用是否准确。

三、个性化简历

（一）个性化简历的创新方法

1. 为目标企业量身定做　认真分析所应聘企业的情况，研究 HR 的心理愿望，之后再结合自己的情况写简历。简历中要突出 HR 最想看到的要素，这是最容易打动人心的个性化简历。例如，小李想应聘某医药公司，他把简历按照公司宣传海报的样式进行制作，简历封面印有企业 LOGO、企业名称、企业主导色等具有企业文化特征的元素。HR 看到简历后，立刻产生了情感共鸣，对求职者产生了一定的认同感，愿意给予求职者面试的机会，进而增加了应聘者求职成功的概率。

2. 结合应聘岗位来创意　从求职者应聘岗位需要的职业技能和职业修养的角度进行简历创新。例如，小王想应聘某公司的网站设计工作，他仔细了解该公司和招聘岗位的要求后，发现公司正在对原网站进行改版。他利用自己所掌握的专业知识，提出了网站改版的思路，并精心设计了网页。当招聘人员看到这样的简历时，很快判断出小王具备所应聘岗位要求的能力、水平和职业意识，立即通知他到公司进行面试。

3. 从所学专业上创新　从专业角度出发进行求职简历创新，可以通过简历体现专业素养。例如，小张是会计专业毕业的，在应聘某公司财务人员时，他把简历做成了一份会计报表。会计报表是会计人员体现专业技能的主要形式，能表现出极好的专业意识和专业素养。对于 HR 而言，看到这样的简历，首先不会怀疑小张的专业能力和修养，其次面对每天千篇一律的求职简历，突然看到这样一份耳目一新的简历，马上给予面试机会就不足为奇了。

简历是一个传递信息的工具，目标就是获得面试的机会。创新并不是一件困难的事情，但要注意简历创新要把握好方向，切不可偏离目标，更不要离谱得使人难以接受，能有效帮助求职者获得面试机会的简历才是成功的简历。

（二）几种个性化电子简历的制作方式

传统的个人简历主要是通过应用 Word、Excel、Photoshop 等常用软件，以文字、图片、表格等静态形式，介绍自己的基本资料与求职愿望等信息。如今，随着信息科技的不断发展，企业也越来越青睐电子简历的接收和筛选，这样能够更加省时、省力、环保、高效率地开展求职招聘工作，提升企业人才选拔与聘用的效率。

电子简历通常是通过计算机进行的一种多媒体、多功能、全方位的个人简历，电子简历的制作元素一般包括文字、图像、视频、声音、动画和超链接等。它有着传统纸质简历不能比拟的能力，不仅可以更全面细致地展示求职者的个人情况，还能让人力资源看到、听到并体会到求职者的实际表现与内心感受，从而拉近求职者和人力资源的距离。

1. 视频简历　在日益激烈的求职中，视频简历的出现丰富了求职者的求职体验。在录制视频简历时我们要提前做好准备，控制信息，语速不要过快。首先，建议用专业的拍摄设备，保证视频的清晰度和稳定性。其次，选择好拍摄环境，能够突出主体并展示个人职业匹配度的环境，同时要注意服装道具的使用，要端庄得体，避免浮夸、怪异的造型出现。再次，把控好时间，单个视频镜头的时间不宜过长，尽量控制在五秒以内。视频镜头的切换要与文案保持一致，通常一个镜头只有两到三秒的时间。对于视频整体的时间建议控制在 60 秒到 90 秒。最后，字幕要美观大方，建议尽量在所有的语言声音部分都加上字幕，可以保证信息传递更加准确清晰。

2. H5 技术简历　H5 作为 HTML 页面的新形式，具有其他网页技术不具备的新优势，在表现力上更胜一筹。智能手机端的广泛应用使 H5 技术如鱼得水，因此，H5 技术将会使学生在求职上更有优势。现在，H5 设计平台多种多样，例如易企秀，人人秀等，这些平台进行 H5 页面设计入手简单，操作起来非常便利。对用人单位来说，通过扫描简历上的二维码，就可以很便捷地获取求职者的个人信息，读取性更强。

3.PocoMaker 软件电子简历　PocoMaker 是一款完全免费制作电子杂志的软件，用它可以制作电子相册、电子读物等多种个性电子读物。当然，利用它制作电子简历也不在话下，而且风格独特，形式新颖，能添加文字、图片，以及视频和音频文件多种元素。软件自带多种特效，让普通的图片也能变得动感绚丽，看了就能给人留下深刻的印象。在网站上就可以轻松下载该软件的最新版本。按照安装向导操作，即可把这款软件安装到你的计算机上。制作中既可以将个人状况、受教育经历等基本信息以文本的方式展示，又可以把获得的各种证书扫描或拍照，以实物方式展示，还可以将自己各种活动的照片放进来，以更形象地展示自己的才华，以便让他人更全面地了解自己，获得更多的录用机会。

4.ZineMaker 软件电子简历　ZineMaker 也是一种基于 FLASH 动画技术的电子杂志制作软件，同样可以用来制作电子简历。该软件类似视窗系统的操作界面风格更切合用户习惯，让用户操作简单易学。它采用了 128 位高强度加密技术，能严格保护用户的 Flash 文件不被恶意破解，其生成的电子杂志文件是独立的 EXE 文件，内置 FLASH8 播放器，直接打开就能观看，并且无需其他平台或插件支持。

课 堂 训 练

完善你的《简历信息库记录表》（表4-2）

表4-2　简历信息库记录表

姓名：　　　　　　　求职意向：

项目模块	具体内容 （时间、地点、事件等信息）	获得能力
教育背景		
荣誉奖励		
专业技能		
校园活动		
社会实践活动		
实习经历		
项目经历		
爱好特长		
自我评价		
……		

第二节　求职信

求职信是求职者向用人单位介绍自己的基本情况，提出供职请求的书信。求职信是用来表述求职者的愿望和专长，引起对方的兴趣和重视，是对求职简历的补充说明。从求职者的角度看，一方面要传达求职的意向，另一方面是希望自己的求职材料能给用人单位留下深刻的印象，引起用人单位对求职材料和求职者本人的关注，从而为顺利就业发挥积极作用。从用人单位的角度看，一方面是要了解求职者个人的专业、特长、求职意向等情况；另一方面是要做出判断，决定是否允许其参加面试。一封清楚、准确又有条理的求职信会给用人单位留下深刻的印象，使你从众多的求职者中脱颖而出，增加获得面试的机会，达到成功推销自己的目的。

一份好的求职信体现了求职者清晰的思路和良好的表达能力，能够让招聘者看到个人的闪光点和与岗位匹配的原因。因此，在写求职信之前一定要仔细考虑如下问题。

第一，你的目标岗位是什么？

第二，用人单位需要的人才应具有什么知识和技能？

第三，你能列举出哪些自身优势与目标岗位相匹配？

第四，你的工作经历和实践经验与目标岗位关联度如何？

一、求职信的内容

求职信是一种书信文体，所以同其他书信格式基本一致。求职信的内容主要包括标题、称谓、正文、结尾、署名和日期及附件。

（一）标题

求职信的标题通常只有文种名称，即在第一行中间写上"求职信"三个字。

（二）称谓

称谓是对收信人的称呼，求职信的称呼要正式规范，应根据收信人的身份选择恰当的敬语或尊称，可以写成负责人的职位或职称，如"尊敬的郑院长""尊敬的张处长"等。称呼写在第一行，顶格书写，之后用冒号；问候语另起一行，写上"您好！"等。

（三）正文

正文是求职信的核心内容，书写格式可以多样，但主要应包括以下三个方面的内容。

1. 开门见山，自报家门　即我是谁？我要干什么？告诉对方自己的姓名、学校、专业，以及所要应聘的岗位和通过什么渠道获取招聘信息。

2. 我的经验和技能能够解决什么问题　即我能做什么？详细阐述自己与应聘职位相匹配的能力、经验及个人优势。这是求职信的核心部分。你需要根据应聘职位的要求，围绕你简历中的两三个要点进行发挥，突出你的知识技能和工作能力，以引起招聘单位的兴趣。有的放矢地说明你的个人技能和个性特征如何能满足用人单位的要求，要让招聘方明白为什么你是最好的人选。这部分的内容一定要有针对性，突出与所申请职位有联系的内容，你所列举的每个方面知识技能和实践经历都要能够表明你可以胜任该职位，从而让招聘人员觉得你是他们最好的人选之一，让你通过筛选并进入面试程序。

3. 加入公司的强烈愿望　即我为什么想得到这个职位？表达个人的职业规划，对招聘单位的了解程度和想要加入的强烈愿望，恳请对方给予面试的机会。强调你能为招聘单位做出什么贡献。上面所描述的能力是从你自身情况而言，而招聘单位更为看重的是你能为用人单位做出什么样的贡献。

（四）结尾

结尾以简洁为主，另起一行，结尾部分要表达出以下两层意思。

1. 表达求职的诚意和期盼的心情，力求获得一次面试的机会。

2. 必不可少的礼貌。求职者可以写上简短的祝词表示敬意，如"真诚地期待有机会能和您面谈""感谢您的阅读，衷心期待您的回复"等。然后换行顶格写"祝工作顺利""事业发达"等词语。这两行均不标标点，以免画蛇添足。

（五）署名和日期

写信人的姓名和日期写在求职信的右下方。姓名写在上方，前面不必加谦称的限定语，以免让对方轻视你的能力。日期写在姓名下方，日期要年月日俱全。

（六）附件

附件是求职信的重要组成部分，是证明你才华和能力的凭证，如获奖证书、技能证书、论文等复印件。附件可在信的结尾处注明，如附件1、附件2、附件3等。这些材料是个人专业优势和能力特长的体现，对用人单位来说是区别于其他应聘者，能够让你脱颖而出的有利证明。所以，求职信的附件是不可忽视的组成部分。附件不需太多，但必须有分量。

案例链接

求职信范例

尊敬的××领导：

您好！

衷心感谢您在百忙之中审阅我的自荐信，为一位满腔热情的大学生开启了一扇希望之门。

我是黑龙江中医药大学中西医临床专业的一名学生，即将面临毕业，面对人生新的选择，我满怀憧憬和期待。久闻贵院医术精湛、管理有方，深受业界好评。特毛遂自荐，希望能够施展所学。

在校学习期间，我系统地学习了中医学、中药学的基本理论和实验技能，具备较好的英语听说读写能力和计算机办公软件操作能力。我担任了班级学习委员的职务。通过刻苦学习，打下了扎实的理论功底。我积极参加学校组织的活动，参与了学校组织的"大学生创新创业大赛""职业生涯规划大赛"等活动。这些经历锻炼了我的创新思维及对于职业的合理规划。毕业实习期间，我在黑龙江中医药大学附属第一医院实习一年，在老师指导下系统地对内、外、妇、儿等各科常见病和多发病进行诊断与治疗，积累了一定的临床经验，掌握基本操作技术，牢固树立无菌观念，并能初步独立开展外科换药、拆线、清创、缝合等基本操作，受到老师、病人及家属的好评。

我希望贵院给我一个机会，我会尽心尽职，尽我所能贡献自己的一份力量，与贵院同进步、共发展！

感谢您的阅读，衷心期待您的回复！

祝贵院事业蒸蒸日上！

此致

敬礼

自荐人：（亲笔签名）

2023 年 3 月 1 日

（资料来源：根据黑龙江中医药大学毕业生实际就业案例编写。）

二、求职信的书写要求

求职信的基本功能是帮助求职者获得面试机会，进而获得就业机会。因此，求职信的书写内容要真实准确，表述要客观实在。求职信的特点可以概括为五个字：真、诚、准、简、美。

1.真　从写作内容看，求职信的书写要如实反映求职者所具备的知识、能力、特长等情况，绝不可夸大其词，弄虚作假，更不能自我吹捧。这既是用人单位衡量求职者的重要标准，又是求职者的底线。一旦弄虚作假被用人单位识破，反而错失良机。

2.诚　从写作态度看，求职信要以诚取信，态度真诚、言出肺腑、掌握分寸。要真诚恳切热情地表达对用人单位发展的祝福，不卑不亢地表明自己的求职愿望及对获得面试机会的向往，给人踏实稳重的印象，忌浮夸自大，忌言语狂妄或过于自卑。

3.准　从写作对象、求职意向看，写求职信时，首先应该考虑用人单位需要什么样的人，做到有的放矢，不要面面俱到。同时要根据用人单位的性质、招聘岗位的要求等分别对待，针对机关事业单位、企业单位、科研院所、教育行业等不同性质区别对待，为不同的单位"订制"不同的求职信。同时内容要详实，突出自身个性和优势，引起对方注意。

4. 简　从语言表达看，求职信的最佳篇幅为一页 A4 纸，针对应聘职位进行简要概述，概括重要信息，切记套话连篇。在写求职信时要反复推敲，确保用词得当，内容简练完美。

5. 美　从整洁美观看，求职信的整洁美观很容易引起对方的好感，如果你的字写得很漂亮，不妨手工书写，这样不仅能给人以亲切感，还向用人单位展示了你的特长。切记为了堆砌文字而过分缩小字体，从而影响招聘人员的阅读体验。

三、求职信的注意事项

1. 撰写求职信前要对应聘职位进行充分的研究，大量收集应聘单位及其所在行业方面的信息，把应聘职位所需技能与自身能力进行匹配，形成一份"才能匹配信"。

2. 求职信内容以简洁为原则，言简意赅，切忌繁琐，尽量在一页纸内完成。用人单位不会花过多时间来阅读你的求职信，篇幅太长会使对方厌烦，甚至认为你的概括能力不强，适得其反。

3. 推销自己时适当，不卑不亢。适度的谦虚不仅是一种美德，还会使对方产生好感，但过分谦虚是不自信的表现。在求职信中忌说"虽然我资历不够""虽然我不是名校的毕业生"等。对用人单位而言更关心的是你是否符合招聘岗位的要求。

4. 仔细盘点自己的优势和特长，寻找比别人更有利的条件，以增加录用机会。如有当地户口，会驾驶，懂一两门外语或当地方言等，这些强项都可以为你的求职加分。

5. 求职信的字数一般在 500 ～ 600 字，字体工整，如有书法功底，签名可手书。

课 堂 训 练

说说哪里不对

1. 贵单位的院长要我直接写信给您。
2. 现已有多家医院拟聘用我，所以请贵院从速答复。
3. 某主任很关心我的求职问题，特让我写信给您，请多关照。
4. 本人应聘贵院中医师一职，盼望得到贵院的尊重和录用。

第三节　其他求职材料与投递

个人简历是最基本的求职材料，为满足不同类型用人单位的需求，求职者还应准备好其他材料。简历的投递也有是技巧的，通过各种投递技巧可为求职者最大限度地争取面试机会。

一、其他求职材料

求职材料除个人简历、求职信外，有时还要根据用人单位信息附加毕业生推荐表和其他支撑材料。

（一）毕业生就业推荐表

毕业生就业推荐表是由省市教育主管部门统一颁发的正式就业推荐资料，在自荐材料中有着举足轻重的地位。可以说，推荐表是一个官方的认证，具有权威性，用人单位对此有较高的信任度，把它放在自荐材料中可以加大自荐材料的可信度及自荐力度。

1. 毕业生就业推荐表的主要内容　毕业生就业推荐表主要包括毕业生基本信息、所学专业及适用方向介绍、个人择业意愿、毕业生及所在院系联系方式、学习（工作）简历、奖惩情况、曾任学生干部和社会职务情况、社会实践或教学实习情况、班集体鉴定、系（院）鉴定及推荐意见、学业成绩表、毕业生综合能力评价、学校毕业生就业主管部门意见等内容。

2. 毕业生就业推荐表的使用要求　毕业生就业推荐表是由省市教育主管部门统一制定和颁发的，其使用有以下几方面的要求。

（1）实事求是，严禁弄虚作假　学生必须如实填写就业推荐表，严禁伪造证件证书、篡改成绩和履历等危害学校声誉和用人单位利益的行为。毕业生材料填写完毕后，一般由学生所在院系进行审核。

（2）灵活使用，避免刻板重复　因为学校推荐表统一规范，易产生千篇一律的感觉，往往缺乏个性，内容上也不够全面。这就要求毕业生在组织编写其他自荐材料时不仅要避免重复，还要进行必要的补充，必要时也可在学校推荐表中选取最有价值和有利于就业的重点部分进行复印加入自荐材料中。

（3）妥善保管，防止丢失　一名毕业生只能有一份推荐表原件，联系多家单位时，要使用复印件进行自我推荐。只有在报考公务员、与用人单位签订协议时，才使用推荐表原件。所以，推荐表原件一般不要随身携带，而应妥善保管，以防遗失。

（二）支撑材料

支撑材料既是高校毕业生学生生涯的证明，又是区别于其他人的个性化资料，主要包括以下几部分。

1. 成绩单　由学校教务部门出具并加盖公章，如果成绩优异，可以附上成绩单。

2. 相关证书的复印件　包括毕业证、专业资格证书、外语、计算机等级证书及各类获奖证书等。

3. 证明材料　在校期间发表的论文及参与的课题等证明材料。

4. 鉴定材料　参加社会实践和实习的鉴定材料。

二、求职材料投递

有些毕业生虽然在求职中投出了无数的简历，但是得到的面试机会却很少，所以在投简历时也要掌握一定的技巧。

（一）投递方式

目前，用人单位发布招聘信息的平台主要有招聘网站、用人单位官方网站及微信公众号平台；对应的投递方式包括求职网站投递、用人单位官方网站投递、邮件投递、招聘会及宣讲会投递等。

一般来说，不同简历投递方式的通过率从高到低排列为：内部人士推荐、招聘会现场投递、邮件投递、用人单位官方网站申请、第三方招聘网站投递。曝光率越大，竞争也越激烈。

1. 内部人士推荐　内部推荐一方面可以大大节省招聘成本，还能缩短招聘周期，快速招聘到合适人选；另一方面推荐人更清楚相关岗位的工作内容和录用要求，在推荐时也会着重推荐他认为合适的人。

2. 招聘会现场投递　招聘会现场投递简历实际是投递与面试相结合的过程，一般求职者在投递简历的时候也会参加一个简短的面试，这时能通过与 HR 面对面的沟通，展示自己的真实水平。现场投递简历时要注意言谈举止，此时留给招聘者的第一印象非常重要。

3. 邮件投递　招聘单位会将招聘信息公布在企业官网、官方微信公众号平台、目标院校的招生就业处网站等，在有招聘方邮箱的前提下，建议大家直接将简历投递到招聘方邮箱，而不要通过第三方平台，这样也方便招聘单位直接联系。

4. 用人单位官方网站申请　一些规模较大的单位会有自己的网络申请系统，也会有专人进行维护和更新。同时招聘系统可以对简历进行筛选和分类。网络申请系统一般采用互联网媒介，其优势在于通过互联网的信息共享，可接受来自世界各地求职者同时在线应聘，但是网络申请也存在一定的缺陷。例如，当在线提交简历人数过多时，系统无法快速响应；系统自动筛选简历机制不能完全准确判断有效简历。

5. 第三方招聘网站投递　由于第三方招聘平台会吸引大量求职者，因此很多单位都会采取这种方式进行招聘。招聘平台往往自带招聘管理系统，这是中小企业无法企及的。第三方招聘平台可以利用系统关键词对简历进行初步筛选，这也意味着如果你不在简历描述中加入应聘岗位的关键词，简历就很可能被系统过滤到。

（二）投递技巧

通过邮箱投递简历是一种比较高效的方式，这方面的技巧主要有以下几点。

1. 邮件标题　邮件标题直接决定简历被打开的概率。标题应突出姓名、应聘岗位及其他能够帮助你申请到职位的要点。很多招聘单位对于邮件主题的命名有统一的规定，如果有格式要求，就按照招聘方的要求进行书写。

2. 邮件正文　邮件正文可以通过求职信体现。在使用邮箱投递简历时务必要撰写正文，否则会显得很不专业，也容易被反垃圾系统屏蔽。

3. 邮件附件　邮件附件常见的包括简历、学历资质证明及其他支撑材料等。简历优先使用 PDF 格式，以保证打开后不会乱码。如果求职国内单位，一般仅需中文简历，除非用人单位明确需要提交英文简历。如果有多个附件，每个附件要进行命名。

4. 邮件发送时间　选择适合的邮件发送时间，会提高简历被打开的可能性。我们既要避开发件的高峰期，又要让 HR 优先看到你的邮件。因此，推荐在每日上午 8：30 ～ 9：00 这个时间段发送，这样可以让你的简历出现在比较靠前的位置，通过定时发送功能，增加简历的曝光率。

课 堂 训 练

求职材料投递经验分享

请同学们根据自己的应聘意向，6 ～ 8 人为一组，进行网上简历及求职材料的投递，看看谁能够获得面试的机会？小组内进行求职材料投递经验分享。

本章小结

简历是成功进入用人单位的"敲门砖"，一份优秀的简历，能让求职者获得更多的机会。简历的"优秀"不是制作得过分"精美"而是要"适合"求职者，达到与用人单位招聘条件的"匹配"条件。因此，在做一份简历的前期，首先可以利用 SWOT 分析法进行自我认知与定位，之后要了解用人单位筛选简历的基本原则，在简历的撰写上突出自身优势，从而达到"人职匹配"的效果。要掌握制作简历的四大原则：目标明确性、精简性、真实性和相关性。同时，要合理撰写简历内容，具体包括：个人信息、求职目标、教育背景、校园实践经历、实习经历、项目 / 研究经历、所获荣誉、技能（证书）、自我介绍、兴趣爱好等模块。针对校园实践、实习经历等用人单位重点关注的模块，可以使用 STAR 法则进行表述。在制作技巧上，要注意对简历篇幅、排版、字体、格式等方面进行适当调整和修订。简历制作完毕，要对整体内容进行再次检查，以防因为疏忽而出现纰漏。同时，针对不同的用人单位类型，本章也推荐了几种个性化简历的制作方法，供求职者参考使用。

求职信是求职者向用人单位介绍自己的基本情况，提出供职请求的书信。求职信的内容主要包括标题、称谓、正文、结尾、署名和日期及附件。求职信的基本功能是帮助求职者获得面试机会，进而获得就业机会。因此，求职信的书写内容要真实准确，表述要客观实在。求职信的特点可以概括为五个字：真、诚、准、简、美。

求职材料除个人简历、求职信外，有时还要根据用人单位信息附加毕业生推荐表和其他支撑材料。支撑材料主要包括成绩单、相关证书的复印件、证明材料和鉴定材料等。求职材料投递需要注意投递方式和投递技巧。投递方式主要包括：内部人士推荐、招聘会现场投递、邮件投递、用人单位官方网站申请、第三方招聘网站投递等。邮件投递简历时需要注意邮件标题、邮件正文、邮件附件和邮件发送时间。通过本章学习，帮助学生在求职过程中知己知彼，做好求职材料的充分准备，以最佳的方式展示自己，让自己赢在求职起跑线上。

【实践拓展】

制作个人简历，积极参加学校举办的"求职简历"大赛活动。

【资源拓展】

1. 简历设计网 https：//www.jianlisheji.com/
2. 智联招聘网 https：//landing.zhaopin.com/
3. 职徒简历 https：//www.52cv.com/
4. 领英简历 https：//cn.linkedin.com/
5. 五百丁简历 https：//www.500d.me/

【课后作业】

1. 搜集意向岗位的招聘信息，对照岗位要求，利用 SWOT 分析法进行自我评估。
2. 根据自己的求职目标，结合本章节的学习内容，制作一份电子求职简历。
3. 撰写一份求职信，将自己的特点和亮点体现出来。

【学习目标】

1.掌握不同类型笔试、面试的应对策略和技巧。

2.熟悉不同类型笔试、面试的适用场景及相关准备。

3.了解笔试、面试的主要类型及积极心态的培养方法。

扫一扫，查阅本章数字资源，含PPT、音视频、图片等

【导入案例】

杨某到底差在哪儿?

杨某是一名临床医学专业的应届毕业生，以优异的成绩进入大学学习。在校期间，他成绩优秀，多次获得奖学金，顺利通过英语六级考试。作为"学霸"的他还是学生会干部，多次组织学生活动，获得老师和同学的好评。毕业前夕，他参加了硕士研究生考试。在等待考试结果期间，得知有家监狱管理局医院到校招聘优秀毕业生，为圆儿时的警察梦，他准备前去应聘。同学们都在积极准备，他却异常轻松。认为凭自己的能力进入这家单位肯定没问题，如果自己不读研，想到这家医院去工作，还是他们的荣幸呢。面试当天他信心满满，在自我介绍时侃侃而谈，将自己取得的各方面成绩娓娓道来，说了十多分钟，且讲到兴奋处眉飞色舞，得意洋洋。他觉得考官一定会被自己面试的上佳表现所征服，最终录用自己。可是最后也没等到应聘成功的消息。医院选择了几个相对低调、踏实的优秀学生。

案例分析：对毕业生来说，从小到大各种笔试不断，久经考场经验丰富。而对于面试则因经历少，经常不知所措，屡屡失利。而面试恰恰是用人单位考察求职者的关键环节。通过招聘单位与应聘者的双向交流，使供需双方相互了解，从而更准确地做出聘用与否、受聘与否的决定。用人单位往往通过面试，了解和把握求职者的知识水平、心理素质、应变能力、语言表达、形象气质、处世态度和敬业精神等，可以说，面试既是对应聘者综合素质测验的考量，又是求职者将自己全方位展示给用人单位的最佳时机。因此，掌握面试的技能技巧是毕业生求职成功的关键因素。

案例思考：杨某作为"学霸"，各方面一向表现优秀，且在面试中自认为表现优异，为什么用人单位没有选择他?

（资料来源：根据辽宁中医药大学临床医学毕业生真实就业案例改编。）

第一节　笔试的类型及应对策略

笔试既是招聘单位对应聘人员的一种考核方法，又是考核应聘者学识水平的一种测评工具，

它可以有效测量应聘者的基本知识、专业知识、管理知识、特定知识、综合分析、文字表达等素质和能力。

对比面试，笔试是一种相对初阶和前置的考核方式，因其具有适用面广、费时少、费用低、高效率等优点被用人单位广泛运用。很多用人单位会将笔试作为面试之前的第一轮甄选方式，以节约面试成本、提高面试候选人适配度、提升招聘效率；还有的单位会将笔试作为面试的一种辅助手段，侧重于考察书面表达能力、专业知识能力等不便在面试中考察到的素质；而对于一些专业技术要求很强、对录用人员素质要求很高的单位和机构，如国家机关公务员、事业单位工作人员、医疗卫生单位的医务工作者，以及企业的涉外部门、产品研发部门等，其招聘流程通常需要进行笔试。在笔试之前，求职者应尽可能了解笔试类型及其考查重点，做好笔试准备，提升笔试技巧，以便在应对笔试时做到游刃有余。

一、笔试的类型

（一）专业类笔试

专业类笔试是主要针对研发型和技术类职位的考试，主要目的是检验应聘者担任某一职位是否能达到所要求的专业知识水平、是否具有相关的实际能力。这类考试对于应聘者相关专业知识的掌握要求比较高，题目主要涉及工作需要的技术性问题，专业性、针对性和实用性比较强。比如，公检法机关录用干部要考法律知识；金融单位要考查应聘者的金融专业知识；外贸企业要考查国际贸易知识；行政管理和文秘类岗位要考查文字能力等。这类考试与大学阶段专业课的学习密不可分，要成功应对这类考试需要具备扎实的专业基础。

对医疗卫生系统的招聘而言，专业类笔试是非常重要的环节，尤其是本科学历岗位，一般会在面试前先开展一轮专业笔试，且笔试占考核总分占比较高，一般为 50% 左右。医疗卫生招聘的笔试，一般会测试应聘者的医学专业基础知识、疾病诊断等内容，主要科目有医学基础知识、临床医学、护理学、预防医学、中医学、中药学、药学、检验学、医学影像学等。

（二）非专业类笔试

对于一般的就业岗位，非专业类笔试更为常见，对于应聘者专业背景一般没有特别的要求。非专业类笔试的考查内容相当广泛，除常见的逻辑思维能力、数理分析能力外，通常还会涉及时事政治、生活常识、情景演绎，英文阅读和写作能力，甚至智商测试等。非专业类笔试主要有以下类型。

1. 智商测试　智商测试主要为一些跨国公司所采用。在他们看来，专业能力可以在入职后通过企业内训、工作实战而习得和积累，但是否具有不断接收新知识的能力至关重要。智商测试并不神秘，一类是图形识别，比如有四种图形，让应聘者指出相似点和不同点；另一类是算术题，主要测试应聘者对数字的敏感程度。总的来说，智商测试的目的主要是考察应试者观察问题的能力、综合分析问题的能力和思维反应的能力。如今，智商测试多数采用标准化量表和问卷，如斯坦福－比奈测试、韦克斯勒测验、门萨智商测试等。

2. 心理测试　心理测试是要求应聘者完成事先编制好的标准化量表或问卷（基本是在线上借助智能化程序开展），根据完成的数量和质量来判定其心理水平或个性差异的方法。测试多为辅助性笔试，一些用人单位常常以此来测试应试者的态度、兴趣、动机、智力、个性等心理素质。典型的心理测验有职业性格 16PF、迈尔斯－布里格斯类型指标（MBTI）、九型人格、明尼苏达多项人格测验（MMPI）等。

3. 综合能力测试 综合能力测试可能兼有专业测试、智商测试、心理测试的内容，程度更高，广泛涉及对学生综合素质的考察。比如，应聘者要在规定时间内对一组数据、一组资料进行分析，找出其合理的地方和存在的问题，并设计出解决方案。这是对应聘者阅读理解能力，发现问题、分析问题和解决问题的能力及知识面等素质的全方位测试，相较一般的笔试而言难度更高。比如，各级公务员资格考试和部分事业单位招聘考试广泛采用的《行政职业能力测验》（以下简称《行测》）和《申论》就是一种综合能力测试。《行测》考试内容包括常识判断、言语理解与表达、数量关系、判断推理和资料分析等部分，《申论》要求考生针对给定材料或者特定话题而展开议论、撰写文章，两者皆注重考查应试者的知识面、对问题的处理效率、归纳概括和提出建设性意见的能力，其根本目的是培养、筛选作为未来公务人员的行政素养和工作能力。

4. 英语笔试 英语语言能力笔试也是一类常见的非专业类笔试，其考查的重点是听力水平、阅读理解能力和写作水平，在外资企业或者对书面英语能力较高的岗位招考中较为常见。

二、笔试的前期准备

（一）了解笔试考察内容

笔试主要考察以下几个方面的内容：一是知识面，包括某个领域的专业知识和通用性的基础知识；二是综合素质能力，包括记忆力、阅读理解、分析推理、逻辑思维、归纳总结、中英文语言文字能力等；三是心理素质，主要是通过一些标准化的心理测验试题或一些开放式提问来考察求职者的个性特征和心理健康水平。不同的笔试类型有不同的考试内容，毕业生在应聘某个岗位时应做详细了解，要以意向岗位和职务为依据，研判笔试可能会考察的方向和形式，针对性地做好相应准备。

（二）笔试的知识准备

应聘者首先要明确一个观念——笔试本身就是一种能力的测试，想要通过短期突击提高笔试的应试能力是不现实的。无论是某个领域的专业知识，还是逻辑思维、分析推理或书面表达能力等，都需要长期的积累和实践，并不能一蹴而就。因此，笔试的准备要在确定目标职业后尽早开始，给自己留足充分的准备时间。在了解目标岗位的笔试类型后，应聘者就可以开始有针对性地做知识准备了。下面介绍一下不同类型笔试的准备方向。

1. 专业类笔试的准备 专业类笔试考前应结合具体职位了解考试科目，根据招聘考试的要求或给定的范围，梳理笔试重点，查阅所学专业参考教材和相关的学习资料、学习笔记等，对原有专业知识进行复习巩固和查漏补缺；另外，在学有余力的情况下，可查找历年考试真题进行模拟训练。如医疗卫生单位招聘笔试的主要科目有医学基础知识、临床医学、护理学、中医学、药学、检验学、医学影像学等。但具体考什么科目因报考的岗位而异，考生要在明确科目的基础上有针对性地复习和练题。

2. 综合类笔试的准备 综合类笔试广泛考察应聘者的综合能力素质，如数理分析能力、逻辑推理能力和语言表达能力等，而这些能力是每一个学科都需要的，这些能力也能在学生日常学习工作中得到潜移默化的训练和提升。但若要取得较好成绩，尤其是在竞争激烈的"赛道"，还是要进行专门的练习和准备。如各级公务员和事业单位招聘资格考试笔试主要采用《行测》和《申论》，此类综合笔试方法，一般都有较为完备的复习备考资料，也有成体系的备考技巧和方法，考生一定要预留充足时间，充分利用这些资源进行练习和备考。

3.其他笔试的准备　对智商测试、心理测试等标准化量表的笔试来说，一般不用做太多专门准备，智商测试可选做一套量表问卷进行题型熟悉，心理测试一般现场即时反应真实情况即可。英语笔试可适当准备阅读理解和写作，其中写作的文体需要结合目标岗位有针对性的准备，比如，外贸公司的业务员岗位一般需要会撰写英文信函或电子邮件等。

（三）笔试的工具准备

考前检查确认是否携带好必备的证件，如准考证、身份证等，此外考试要求必备的铅笔、橡皮等文具和手表也要预备齐全。进入考场后应遵守考场规则，服从监考人员的管理，诚信应考。

三、笔试的应试策略

笔试成绩的高低，不仅与考前的充分准备有关，还与考试现场的答题技巧有关。答题技巧主要包括以下四点内容。

（一）通览全卷，把握时间

笔试题型多、内容多，又要限时完成，必须合理安排答题时间。拿到试卷后，首先应通览一遍，了解题目多少和难度大小，以把握答题的速度。一般应根据先易后难、先简后繁的原则确定答题顺序。遇到题量极大的情况（如《行测》等），应聘者必须有所取舍，采取"在规定时间内完成尽量多的试题并确保准确"的原则。碰到较大的综合题或论述题，则应先列出提纲，再逐条论述。

（二）精心审题，积极思考

答题时必须认真审题，搞清楚题型、考查的知识点和考查目的等，切实弄清题目要求，并按要求作答。若遇到从未碰到过的题型或理论联系实践的运用型难题，必须冷静分析、判明问题、积极思考，并从记忆仓储中查找可能的线索，将学过的内容联系起来比较分析，寻求最佳答案。

（三）认真检查，查漏补缺

答题完成后，要进行一次全面检查，确保不漏题、不跑题，仔细查看是否有错别字、语法不通、词不达意等错误。

（四）字迹端正，卷面整洁

答卷要做到字迹端正、卷面整洁、行距有序、段落齐整、版面适度。常言道"字如其人"，招聘者往往会从卷面联想到应聘者的思想、品质、作风。字迹潦草、卷面不整洁会影响阅卷给分；字迹端正、答题一丝不苟的人，往往会给阅卷人留下良好的印象，也能提高应聘的成功率。

第二节　面试的类型及应对策略

面试是求职应聘的重要环节，是一种科学的人事测评手段。通过考官与应聘者双方面对面的信息沟通和行为交流，考察的是应聘者知识、能力、品质、经验等特质是否与应聘职位相匹配。目前，企业采用的面试形式越来越丰富，面试流程越来越复杂，目的是提高面试筛选的准确度和效率，降低招聘成本。对应届毕业生来说，有必要了解企业招聘的面试形式和流程，从而结合自身实际做好面试准备，灵活应对面试，助力应聘成功。

一、面试的主要类型

面试的常见类型主要按标准化程度、人数、进程、环境等划分。不同的划分标准包括不同的面试形式，在实际面试过程中，用人单位既可使用一种面试形式，又可使用几种形式的组合。

（一）根据标准化程度划分

根据标准化程度的不同，面试可分为结构化面试、半结构化面试和非结构化面试。

1. 结构化面试

（1）基本概念　结构化面试也称标准化面试，是通过设计面试所涉及的内容、试题、评分标准、评分方法、分数等对面试者进行系统的结构化的面试，目的是评估应聘者工作能力的高低及是否能胜任该岗位工作。用人单位会根据岗位的特点确定面试的具体内容模块、测评流程、安排和要求，如面试达到的目的、职位的具体要求等。目前，公务员、事业单位使用此类面试的较多。结构化面试一般分三个方面。

面试程序的结构化：在面试的准备阶段、过程阶段、收尾阶段，面试官要些什么、注意什么、达到什么目的，都会提前进行策划。

面试试题的结构化：要求面试题目对报考相同职位的所有应试者必须相同，典型的结构化面试还要求在对拟任职位进行工作分析的基础上编制面试题目。

面试结果评判的结构化：从哪些角度评判应试者的面试表现，如何确定等级如何打分等，面试前会统一标准。

（2）常见题型　结构性面试题型一般有综合分析现象类、综合分析观点类、组织策划类、人际关系类、应急应变类、现场模拟类等。

综合分析现象类：主要考察社会热点现象，主要提问方式为社会热点事件＋冲突点＋你怎么看，例如"对于山东烧烤文化火出圈，你怎么看"。

综合分析观点类：主要考察对名言名句、总书记语录、哲理故事／语句等观点的理解。主要提问方式为观点＋对此你怎么理解／你怎么看，例如"风可以吹走一张白纸，却吹不走一只蝴蝶，对此，请谈谈你的理解"。

组织策划类：需要考生在特定情境下组织活动，比如调研、检查整改活动等。主要提问方式为身份＋需要组织的活动＋目的＋你会怎么办。例如"某镇雕刻文化产业和制造业都比较发达，现打算建造特色小镇，但是一部分人主张建设制造业小镇，一部分人主张建设文化产业小镇，你作为发改委工作人员，领导安排你就此展开一次调研，你会怎么做"。

人际关系类：考生需要在复杂的情境下找到平衡人际关系和工作的应对方法。主要提问方式为身份＋情景＋问题＋你会怎么办。例如"领导让你和小陈一起完成任务，但是小陈业务不熟练、工作效率不高，天天下班时间打电话跟你沟通，有一天在非工作时间给你打电话，你因为忙家务事漏接了电话，之后小陈打小报告，告诉了领导，领导批评了你，你怎么办"。

应急应变类：需要考生从容应对突发情况并寻求科学有效的解决办法。主要提问方式为身份＋紧急事件＋你会如何做。例如"你是一名执法交警，在执法过程中有一辆车违反了交通规则，母亲下车后下跪称女儿是高龄孕妇不能受到惊吓，请求你宽恕他们，旁边还有群众拍照，这时，你会如何处理"。

现场模拟类：需要考生模拟所给场景中的工作人员用声情并茂的方式演示处理事件的过程，需要注意现场没有人会与你互动。主要提问方式为身份＋冲突事件＋需要解决的问题＋请现场模拟一下你会如何沟通。例如"你局开展自助办理业务，是电子触摸设备，一个老人到大厅办理业务，不熟悉电子触摸屏幕，老是点击错误，很烦躁，你是现场工作人员，请现场模拟一下你会如何和老人沟通"。

（3）基本流程　结构化面试流程严格，一般为资格审核、报到抽签、面试候场、入场答题、考生离场、公布成绩、面试结束等。

报到抽签：考生一般需要提前10～30分钟到达指定地点报到，考试工作人员核对考生身份证和面试通知书等相关证件。之后，考生抽签确定分组和进场顺序。有的地区是先抽分组签，再抽顺序签；有的地区是一次抽取确定分组和顺序，如三（1），表示第三组第1个进场；个别地区，会事先安排好考生的考场号和进场顺序。

面试候考：考生抽签完毕后进入候考区等待考试，考试未结束不许随便离开，有考场工作人员监督，上卫生间需要工作人员陪同。如排在下午考试，午饭也由工作人员送到候考室，防止泄题。

进入考场：按照顺序，轮到某考生入场时，引导员将到候考室宣布，"请×××号考生入场"。考生随同引导员到达考场门口后自行进入考场。引导员不许直接叫考生名字，否则算严重违反考试纪律，一般引导员也只知道考生顺序编号。

考试答题：考生进入考场后，直接走到考生席，站定后向考官问好，得到"请坐"的指令后，考生可以落座。落座后，考生一般需要报自己的考试顺序号，等考官宣布导入语后，考试开始。要特别注意，考生不能自报姓名，如在考场内自报姓名，考生会被当场取消面试资格。面试中一般有题本和考官读题两种形式。考试时间一般是20～30分钟，题目一般是3～5道题。

考生离场：考生回答完所有题目后，主考官一般要问考生是否还有其他补充，考生此时一般回答无补充。主考官宣布考生退场，考生到候分室等候分数。

公布成绩：记分员收集各考官对该名考生的评分表，核算分数。核算完毕，交给监督员审核，监督员和主考官签字后交给工作人员到候分室对考生宣布，也有的在候分室张贴。有个别地区是考生当场等待分数公布后再离开考场，这种情况适用于招考人数比较少的情况，大部分地区实行候分室制度。另外，中央机关公务员部分单位的面试分数一般不当场公布。

面试结束：考生得到分数后一般被要求尽快离开候分室，不得逗留和随意走动。考生回家等待，网站将公布入围和体检名单。

2.半结构化面试　半结构化面试是介于非结构化面试与结构化面试之间的面试，包括两种方式。

（1）主试者提前准备重要问题，但不要求按照固定次序提问，且可讨论面试过程中出现需进一步调查的问题。

（2）主试者根据事先规划的一系列问题对被试者提问，根据不同的工作类型设计不同的问题表格。

3.非结构化面试　非结构化面试也称随机面试，是指面试的内容不需要遵循事先安排好的规则和框架，面试官可以与应试者任意地讨论各种话题，或根据不同应试者提出不同问题的面试方法。

结构化面试、半结构化面试与非结构化面试的区别如表5-1所示。

表 5–1　结构化面试、半结构化面试与非结构化面试的区别

项目	结构化面试	半结构化面试	非结构化面试
特点	吸收了标准化测试和传统经验型面试的优点，结构严密，层次分明，评价维度确定	具有双向沟通性，面试官可以获得更为丰富、完整和深入的信息	没有既定模式、框架和程序
优点	规范，高效，客观，公平	有效避免单一方法上的不足	简单易行，过渡自然
缺点	面试过程程序化，具有一定的局限性	问题具有随意性、发散性	主观性强，结构化和标准化低
应用	目前最为常见的公职考试面试形式	目前企业多采用结构化与非结构化相结合的方式，以使企业的人力资源管理和开发形成良性循环	面试人员少，常用于销售类岗位

（二）根据面试人数划分

根据面试对象的多少，面试可分为单独面试和集体面试。

1. 单独面试　单独面试是一种最普遍、最基本的面试方式，分为"一对一"面试和"一对多"面试两种。

（1）"一对一"面试　多用于较小规模的面试，能使应聘者的心态较为放松，话题往往能够深入，谈话过程比较简单、灵活、易控制。缺点是易受面试官个人感情因素的影响。

（2）"一对多"面试　一般由多位主考官参加面试过程，但每次均只与一位应聘者交谈，容易给应聘者造成心理压力。

2. 集体面试　集体面试也称小组面试，是指多位应聘者同时面对面试考官进行的面试方式。集体面试通常要求应聘者进行小组讨论，相互协作解决某一问题，或者让应试者轮流担任领导主持会议、发表演说等。这种面试方法主要考察应聘者的组织协调能力、语言表达能力、情绪稳定性、人际沟通能力等是否达到拟任岗位的要求。

集体面试最常用的测评技术是无领导小组讨论，下面重点介绍无领导小组讨论这一面试类型的基本概况。

（1）无领导小组讨论基本概念　无领导小组讨论是由一组应试者组成一个临时工作小组，讨论既定问题，并做出决策。在不指定负责人的情况下，通过应聘者相互讨论，考察枏关能力，判断是否符合岗位要求。小组讨论一般每组 4 ~ 8 人不等，参与者得到相同的信息，但是都未被分配角色，大家地位平等，要求参与者分析有关信息并提出一个最终的解决方案，检测考生的组织协调能力、口头表达能力、辩论能力 / 说服能力、情绪稳定性、处理人际关系的技巧、非言语沟通能力（如面部表情、身体姿势、语调、语速和手势）等各个方面的能力，以及自信程度、进取心、责任心、灵活性、情绪控制等个性特点和行为风格。

（2）无领导小组讨论常见题型　无领导小组讨论常见题型为开放类、两难类、排序选择类、资源争夺类、实际操作类等。

开放类：不涉及对某种观点或论断进行选择、判断、排序，而是对某类开放性问题发表观点。

两难类：给定两个或两个以上的选项，由组员选出一个选项，给出方案。

排序选择类：让面试者从多种备选答案中选择其中有效的几个选项，或者对备选答案的重要性进行排序。

资源争夺类：对题干中给定的有限资源进行分配。

实际操作类：针对一个特定的要求，组员制定方案化解矛盾。

（3）无领导小组讨论基本流程　无领导小组讨论一般分为讨论前准备（阅读题本，一般5分钟左右，会发放草稿纸和笔），个人陈述（根据抽签号依次发言，一般每人不超过3分钟），自由讨论（一般自由讨论环节是6人30分钟，7～9人40分钟），总结陈述（发言一般为3分钟）四个环节（图5-1）。

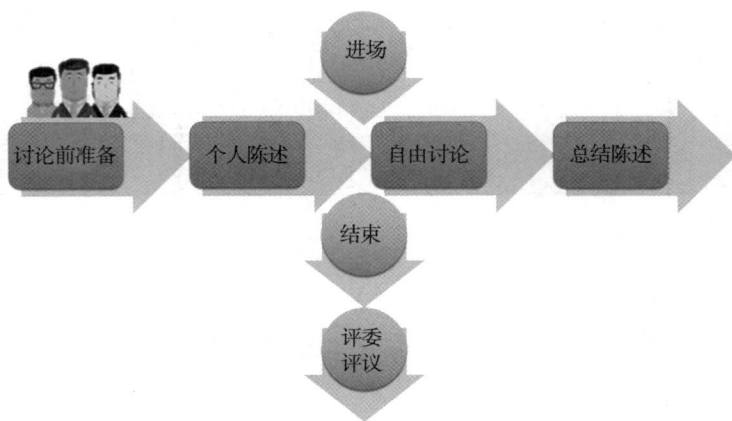

图5-1　无领导小组讨论流程图

（三）根据面试进程划分

根据面试进程的不同，面试可分为一次性面试和分阶段面试。

1. 一次性面试　是指用人单位对应聘者的面试集中在一次进行，应试者能否顺利通过面试，甚至能否被最终录用均取决于此次面试的表现，一锤定音。

2. 分阶段面试　又分为按序面试和逐步面试两种。

按序面试：一般分为初试、复试和综合评定三个阶段。

（1）初试　初试的目的在于从众多应聘者中筛选出较好的人选，主要考察应聘者的工作态度、个人素质、上进心等，淘汰明显不合格者。

（2）复试　初试合格者则进入复试。复试以考察应聘者的专业知识和业务技能为主，衡量应聘者对拟任工作岗位是否合适。

（3）综合评定：复试后由人事部门会同用人部门综合评定每位应聘者的成绩，确定最终合格人选。

逐步面试：通常由用人单位的主管领导和一般工作人员组成面试小组，根据小组成员的层次，由低到高的顺序，依次对应聘者进行面试。面试的内容依层次高低各有侧重，低层一般以考察专业及业务知识为主，中层以考察能力为主，高层进行全面考察和最终把关。逐步面试实行逐层淘汰筛选，层次越高越严格。

（四）根据面试环境的紧张程度划分

根据面试环境的紧张程度，面试可分为压力性面试和非压力性面试。

1. 压力性面试　压力性面试是指将应聘者置于一种人为的紧张气氛当中，故意让应聘者回答具有挑战性、非议性和刁难性的问题，针对某一事项或问题做一连串的发问，以考察其应变能力、抗压能力、思考判断能力、情绪稳定性等方面的素质。

2. 非压力性面试　非压力性的面试是指在没有任何压力的情境下考察应聘者有关方面的

素质。

案 例 真 题

压力性面试：

（1）告诉我，你最大的缺点是什么。

（2）你的学习成绩一直不好，是否代表你的学习能力很差。

（3）你对你今天的表现满意吗？是否感觉自己是面试中的佼佼者？如果我们没有录取你，你会怎么想？

（4）你今天的这身装扮让人看起来很不舒服，你做过充分的礼仪准备吗？

（5）经调查，你在同学中的口碑一般，你是如何看待这个问题的。

（五）其他类型的面试形式

其他面试形式还有常规面试、情景模拟面试、综合性面试、电话面试、视频面试等（表5-2）。

1. 常规面试　常规面试是指常见的、面试官和应聘者面对面以问答形式为主的面试。

2. 情景模拟面试　情景模拟面试是设置一定的模拟场景，要求应聘者扮演某一角色并进入角色情景中去处理各种事务及问题，考官通过对其在情景中所表现出来的行为进行观察，以评价其素质潜能，判断是否能适应或胜任所需职位。

案 例 真 题

情景模拟面试：

（1）如果你是一名妇产科医生，在火车上遇到孕妇身体不适，有可能马上就生了，你会怎样做？

（2）如果你是一名儿科护士，刚步入工作岗位，给孩子打针时，因为孩子哭闹扎了两次没扎进去，家属情绪波动，不依不饶，你怎样处理？

（3）如果你是医药销售代表，在医院电梯中偶遇所负责药品的科室主任、你会怎样做？

3. 综合性面试　综合性面试属结构化面试的一种，兼具常规面试、情景模拟面试等特点，内容主要集中在与工作职位相关的知识技能和其他素质上。

4. 电话面试　出于面试效率和成本等方面的考虑，特别是在招聘单位与招聘地点不一致的情况下，用人单位往往会采取电话面试。特别是异地求职者往往采用电话面试。

电话面试需提前准备好提纲，以便从容应答。面试前要将对方单位名称、岗位及所感兴趣的职位信息等弄清楚。如果面试时间短，需要配合的话不要紧张，要厘清思路，先简要介绍自己后再有条不紊地回答提问。

一般电话面试会先确认求职简历的真实性。应对时，必须冷静、快速回答、任何犹豫都有可能造成说谎的印象。因此，最好将简历放在手边，看着内容回答提问。电话面试会针对应聘岗位提一些专业技术方面的问题，如专业技能、对应聘职位的看法等，有时问得会更细一些。对此不要慌张，要抓住重点，语言简练，不得含糊其辞。

电话面试要用"您好""谢谢"等礼貌用语，这也是职业化的一种表现。最好手边放些纸和笔，记录所提的问题要点，以便于回答。电话面试过程中不要机械背诵所准备的材料，回答问题时语速不必太快，吐字要清晰，表述要直截了当、充满热情。如果问题没听清楚，要礼貌地请求重述一次。如有必要，也可要求改用其他方式重述，不要不懂装懂，答非所问，如表5-2所示。

表5-2　常见的面试类型及主要特征

面试类型	主要特征
电话面试	用人单位通过电话对应聘者进行提问。通常在笔试后进行，是面对面的面试之前常采用的一种面试手段，针对某些特定问题进一步了解
视频面试	用人单位与应聘者通过互联网进行面试，通过摄像头和耳麦进行语音、视频等沟通交流
结构化面试	用人单位通过设计面试所涉及的内容、试题、评分标准、评分方法、分数等对应聘者进行系统的结构化面试，目的是评估应聘者工作能力的高低，能否胜任其岗位工作
无领导小组面试	用人单位采用情景模拟方式进行的集体面试。通过给一组应聘者与工作相关的问题进行讨论，或是案例讨论，或是集体游戏，以考察其综合能力
情景模拟面试	用人单位设置一定的模拟场景，要求应聘者扮演某一角色并进入情景，处理各种事务问题和矛盾

二、面试的准备

面试是求职者获得应聘岗位的关键一步，想要获得成功，必须提早准备。面试的准备是多方面的，有些准备是长期的，有些准备是临时的。根据面试进程的先后，求职者需做好以下两方面的准备。

（一）内容准备

求职者需从以下四方面做好面试前的内容准备。

1. 查找面试时间和地点　面试前，求职者必须要做的准备就是熟悉面试的地点和路线。接到面试通知后一定要问清楚应聘公司的名称、职位、面试地点、时间等信息，最好问一下公司的网址、通知人的姓名和面试官的职位等。在面试之前一定要将公司地址和路线了解清楚，如果没有了解清楚的话就很有可能在面试的当天出现找不到面试地点的尴尬，可能会因为迟到而耽误面试时间，甚至被淘汰。

2. 查清楚路线和单位信息　面试前，应聘者一定要先查清交通路线，在哪里上车、换乘、下车。留出充裕时间，将一些意外情况考虑在内。如果对面试地点不很熟悉，可以提前去一次。同时要考虑面试当天的时间段是否会堵车等情况。对用人单位的企业文化、价值观等要详尽了解，为面试加分。

3. 检查求职相关资料　准备好面试的文件，如简历、文凭、身份证、报名表、笔、其他证明文件（包括所有复印件）等，以备面试官索要检查。同时带上一定数量的现金以备不时之需。资料里面最重要的当然是简历了，简历最好有一个塑料文件袋，有一支笔，把简历整整齐齐地放进去，一是避免弄皱弄破，给面试官留下不良印象。二是避免诸如雨天弄湿简历。

4. 注重自己的着装打扮　面试前必须要做的准备的就是自己的着装，面试时的着装和外表是非常重要的，如果在面试时自己的穿衣打扮不合理，很有可能被淘汰，当然这并不意味着每一个人在面试的时候都必须要穿正装，只要大家在选择衣服的时候稍微正式一点不要太过于随便就好了。至于妆容，女生在面试时不要浓妆艳抹，可以画适合自己的淡妆，以给面试官留下较好的印象。

5. 遵守时间　面试时最好提前到达，这样可以稳定情绪并做好充分的准备。面试时绝对不能迟到，也不要太早到达，最好是提前 15 分钟进场。因为很多企业都是统一安排面试，错过了面试的时间，就可能错过了面试的机会。如遇到意外情况，也要尽量在面试前电话通知单位，说明情况，请求谅解，以免影响单位对自己的印象。

（二）信息准备

1. 了解用人单位和职位　首先，要对所面试的用人单位有详细的了解，了解它的企业文化、基本的组织架构、运营方式和在整个行业所处的地位，可根据所了解的信息准备面试时要进一步了解的情况。这样才有可能给面试官留下好的印象。再者，在面试的过程当中面试官很有可能会直接让求职者诠释所应聘职位的有关信息，面试之前了解自己所应聘岗位的工作内容、工作性质、职责范围十分必要（图 5-2）。

2. 了解行业的招聘要求　根据自己的职业生涯规划目标进行有目的的调研，了解该行业的发展现状、国际国内形势、该行业的知名企业，甚至每个企业的文化特点、发展历程等。这些信息浩如烟海，如果能够熟记于心，变成自己的知识，并总结出与众不同之处，面试时就会说"内行话"，令面试官刮目相看。要想找到一份满意的工作，必须要详细地了解所从事行业的用人标准和要求。例如，医疗机构招聘医生，一般要求应聘者学习成绩优秀，专业知识扎实，有良好的操作技能，更看重医学相关实习与实践经历，具有责任感和奉献精神。政府机关招聘公务员，多要求应聘者具有一定的科学决策力和有效执行力，善于交流沟通，协调能力强，同时有较高的思想觉悟和良好的道德品质。如果准备不充分，往往会与机会擦肩而过。

3. 了解获取就业信息的渠道　可以通过学校毕业生就业部门获取就业信息。该部门是毕业生获取就业信息的主要渠道；毕业生所在学校工作、任教的教师，比一般人更了解本专业毕业生适合就业的方向和范围，以及近几年毕业生的就业情况；高校举办的毕业生供需见面洽谈会、各地市举办的主要面向本地区的用人单位、毕业生的供需见面会和定期举办的人才市场招聘会，能在较短的时间内汇聚众多用人单位和大量的需求信息，故时效性很强、对毕业生来说，高校举办的毕业生供需见面会针对性更强。

·知己why me ·我有什么企业需要的能力？ ·我有什么企业需要的特长？ ·我有什么性格特征？ ·为什么是我？而不是别人？	·知彼why you ·这个企业有什么业务？ ·他们需要什么样的人？ ·企业文化有哪些？ ·他们的晋升道路是怎样的？ ·为什么是这家企业而非其他企业？

图 5-2　面试需要准备的信息

三、面试考察的基本素质与能力

面试中招聘者通过观察、提问、交流来测试、了解、判断求职者的修养、形象、气质、知识水平、表达能力、应变能力、心理素质、敬业精神等，加深对求职者的考查，看你是否适合他们的需要。知晓面试的考察内容，能够提前有意识地做好准备。面试通常要考察以下几项内容。

（一）面试考察的基本素质

1. 仪表举止　这是指求职者的衣着举止、精神状态、风度气质等。研究表明，仪表端庄、衣着整洁、举止文明的人，一般做事有规律，注意自我约束，责任心强，故应聘者应注意着装得体，举止文雅大方，表情丰富，回答问题认真、诚实。

2. 道德品行　道德品行主要考察的是应聘者是否有责任感，能否令人信任地完成工作；考虑问题是否偏激；情绪是否稳定；对要求较高深的业务能否适应。应聘者应注重突出自己是个自信心强、有坚强意志和责任感的人，确立与事业有关的奋斗目标，并为之积极努力，且不安于现状。

3. 求职动机　了解应聘者的应聘目的，对哪些工作更感兴趣，工作中追求什么，应聘单位所能提供职位、工作条件等能满足其期望。

4. 自我控制能力与情绪稳定性　自我控制能力在工作中显得尤为重要。一方面遇到领导批评、工作有压力或与个人利益发生冲击时，能够克制、容忍，理智对待，不会因情绪而影响工作；另一方面工作有耐心和韧劲。

5. 工作态度　一是了解应聘者的学习和工作态度；二是了解对应聘职位的态度。一个以往学习工作态度不认真，干什么都无所谓的人，在新的岗位也很难做到勤勤恳恳、认真负责。面试时用人单位会向应聘者介绍本单位和拟聘职位的情况与要求，就薪酬、福利等关心问题进行提问，回答应聘者可能提到的一些问题。

（二）面试考察的相关能力

1. 口头表达能力　用人单位一般会观察求职者能否将要表达的内容有条理、完整和准确地转达给对方；引例、用语是否确切；发音是否准确，语气是否柔和；说话的架势、表情如何、能否将其思想、观点、意见或建议顺畅地用语言进行表达。具体包括表达的逻辑性、准确性、感染力、音质、音色、音量、音调等。

2. 综合分析能力　面试时，用人单位会考察应聘者对其所提出的问题能否抓住实质，说理透彻，分析全面，条理清晰。

3. 判断能力　面试时，用人单位会考察应聘者能否准确、快速判断面临的状况；回答问题是否简练、贴切。

4. 应变能力　面试时，用人单位会考察应聘者对所提问题的理解是否准确，应答是否快速；对突发问题的反应是否敏捷、回答恰当；对意外事情是否处理得当。

5. 学习能力　学习能力是指理解并接受新事物、新观念的能力。任何职位都要求有良好的学习能力，以跟上时代发展的步伐。面试时，用人单位会考察应聘者是否掌握了相关的基本技能和方法，是否有学习新知识和新技能的愿望，以此推测其学习能力。

6. 人际沟通能力　面试中，用人单位通常会询问应聘者参加过哪些社团活动，喜欢与哪类人打交道，以及在各种社交场合扮演的角色，以此了解其人际交往倾向和人际沟通能力。

7. 实践操作能力　用人单位除注重应聘者的学习能力外，对工作实践经验也非常重视。特别是招聘技术型和技能型人才时，用人单位会考察特定岗位的专业技能和实践操作能力。为此，大学生在校期间，除重视专业课的学习与实习外，还要充分利用课余时间进行兼职、见习和社会实践等，培养其实践操作能力，丰富社会阅历，积累工作经验，以提高面试成功率。

8. 特殊能力　不同的行业、职位对应聘者有不同的特殊能力要求。如应聘新闻记者，考察其是否具备出色的沟通能力、敏锐的洞察能力和良好的写作能力。

四、面试的应对策略

（一）面试的注意事项

1. 善于随机应变　面试者需要明白，无论准备得多么充分，总有一些问题是想不到的，总有一些突发情况需要处理。用人单位提问总是想了解一些应试者的具体情况，在回答过程中切忌简单地以"是"或者"否"来作答，针对不同的问题，有的需要解释原因，有的需要说明程度，所以随机应变能力对面试者尤为重要。

2. 勇于推销自己　面试的目的是向对方推销自己，所以如何适时适度地把自己的能力、潜能显示出来，在自我介绍中很重要。首先，个人经历要尽量与所应聘的单位相联系。谈及个人经历时应从以往经历中找出合乎应聘单位理想的方面，进行重点讲述，顺水推舟地把自己的优点与长处表现出来。其次，找出优点，并大胆地说给对方。如果面试官提出"请谈谈你的优点吧"，不可畏缩，说不出自己优点的人，多半会被认为缺乏自信心和自我分析能力，淘汰的可能性很大。

3. 掌握语言艺术　面试时如何面对用人单位，使他对你感兴趣，进而愿意录用你，是求职成败的关键。有四项原则可供参考：①根据实际需要来说服。②抓住有利时机进行说服。③提出可行性方案进行说服。④站在考官的角度来说服。总之，与面试官交谈时，应表现出自己是一个非常随和善谈、易于结交的人，让交谈充满热情和愉快。

4. 注意身体语言　从心理学的观点看，身体语言会传播某些信息。与主考官谈话时应将视线放在对方的动作上，某些身体语言会暗示你他的心理活动。主考官不耐烦时，会做些漫无目的的动作。如随手玩桌上的物品，用手敲桌上，发现这一情况后就要转移话题，改变一下现状。当主考官的目光左顾右盼时，表示对你不太感兴趣，此时不应再滔滔不绝，而应立即结束谈话，把时间留给对方提问。

5. 应对突发情况　面试中常常会出现一些难以预料的情况，如说错话、问题太难甚至涉及自己隐私等，这时说话更应讲究技巧。对偶尔发生的错误不必耿耿于怀。即使说错了话也不要总是顾虑，要继续回答所提问题，因为是否录用并不在于说错了话。无法抓住问题的核心时，应使用缓兵之计。可以先起个头，然后讲的时候想第二点，讲第二点时想第三点。如果确实不懂，可以坦然承认，并表示会积极去学习。

6. 面试后的追踪　面试结束，求职者不能认为万事大吉，要积极采取行动，设法让用人单位记住你，抓住时机，趁热打铁，真正把握成功的机会，以下三点可借鉴。

（1）总结经验，以利"再战"　面试结束后，适时总结自己的面试表现，你在面试中给对方留下的印象如何，回答存在什么问题，重要的事情是否遗漏或未说清楚，回忆一下有哪些失误，找出弥补的方法，尽量争取主动。

（2）保持联系，建立感情　面试结束后，要尽量与面试人员、人事部主管等关键人物建立联系，采用发邮件、打电话、发微信、写感谢信等方式进行联系，询问、请教，表明自己对到企业工作的期盼，用热情打动面试人员，做善始善终的有心人。

（3）两手准备，评估改进　面试后做好两手准备，不要把一次求职失败看得过重，要善于总结经验，一次面试就是一次成长与磨炼的过程，在以后的面试中不断改进，振奋精神，迎接新的挑战。

（二）面试的应对技巧

应聘者能否被用人单位接纳，从根本上讲，取决于自身条件和基本素质。但从求职面试的角度讲，应聘者能否积极主动地"推销"自己，能否巧妙地展示自己的优势，也直接关系到求职的成功与否。下面重点介绍结构化面试、非结构化面试和无领导小组讨论等几种常见面试类型的应对技巧。

1.结构化面试 结构化面试是目前公务员招录和事业单位招聘的常见类型。应聘者了解和掌握面试相关技巧，如审题技巧、语言表达技巧、着装技巧、肢体语言技巧等，便可以不变应万变，从激烈的面试竞争中高出一筹，成为佼佼者。

（1）审题技巧 进入面试考场，绝大多数情况下桌上会放有考生用试题，考生席一般放有纸和笔，目的是便于考生思考和审题时记录。虽然面试不同于笔试，每道题的时间也有限制，但绝大多数考生都会表现出紧张状态。回答问题前一定要注意审题，有的考生还没听清主考官提的问题就急于答题，结果影响了答题质量，所以审题至关重要。

审出考点。结构化面试主要是测试考生的综合分析能力、交流沟通能力、逻辑思维能力、语言表达能力、应变能力、工作能力、自我认知能力、人生观、价值观、是非观、亲情观，以及创新思维等，较快地审出考点，有助于厘清思路，为答题奠定良好基础。如考题Ⅰ：领导让你邀请外地专家来单位讲座，专家推掉重要事务后与你商定了讲座时间，专家到达后，因特殊原因，领导要推迟讲座时间，你怎么办？此题主要测试考生的应急应变能力。考题Ⅱ：你在什么时候，通过什么细节，第一次发现父母老了，当时你的感受是什么？此题主要测试考生的亲情观。

审出高度和深度。审题有高度或深度时，便会生动感人。对于考题Ⅱ，有考生答道："虽然自己不在父母身边，无法时时、事事尽孝心，但自己在工作上常常把前辈、领导和同事当成父母来敬重和关心。"这样的答题一定能获得高分。

审出广度。审题要审出广度，由此及彼，联系自我，答题一定与众不同。

（2）表达技巧 虽然每道题都有严格的时间限制，但仍有审题和拟定答题要点的时间。一般情况下，5分钟的答题时间可用1分半钟左右审题和拟定要点，8分钟的答题可用2分半到3分钟审题和拟定要点。主考官读试题时，考生可拿着笔边听边审题，审出考点后快速在纸上拟定答题要点，只写关键词即可，一般每题3～4个要点。为了缓解紧张情绪，找准声音大小和语速快慢等，可重复试题或试题的主要部分，答题后尽量避免反复、间断或插进多余的词，按照拟定的要点进行表达，用"答题完毕"作为结束。

（3）肢体语言技巧 面试过程中的某些动作，表情会增光添彩，为考生加分。如点头、微笑、在椅子上向前欠一下身，用手势强调要点等。需要注意的是，手势过多会适得其反。

结构化面试的应试技巧，需要面试者进行一定的训练。面试者不仅需要具备扎实的专业的求职技能，还需要具备良好的心理素质才能获得成功。不同岗位对应聘者的要求不同，面试环节也有所差异。比如，医疗岗位对应聘者的基础知识、实际操作等技能要求较高。一般医院招聘医疗岗位分为专业知识考核和结构化面试，承担实习、教学任务的医院还有试讲环节。专业知识考核分为笔试或问答和实际操作，实际操作又分为口述操作和现场操作，如病例书写、体格检查、心肺复苏等。结构化面试分为普通结构化面试和医疗结构化面试。普通结构化面试考题为大众性综合类题目，医疗结构化面试考题针对的是医疗背景的考生（图5-3、图5-4）。

知 识 链 接

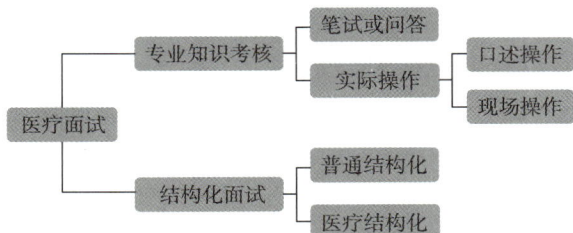

图 5-3　医疗岗位面试考核结构图

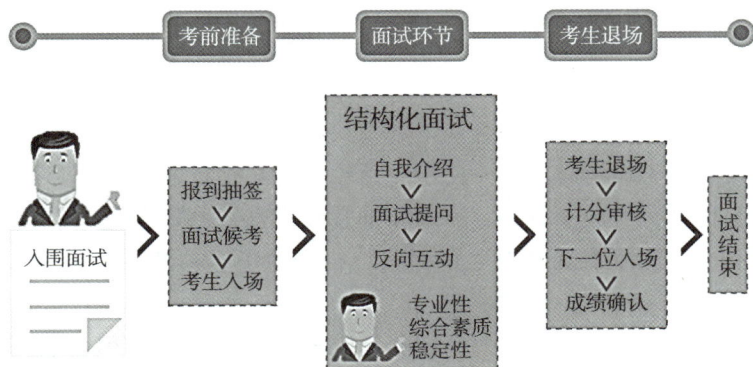

图 5-4　面试流程图

2. 非结构化面试

非结构化面试亦称"随机面试"。考题不需遵循事先安排好的规则和框架，主试者可以任意地与应聘者讨论各种话题，或根据应聘者提出不同问题的面试。优点是过程自然，主试者可以由此全面了解被试者情况，应聘者也感觉更随意和放松，更易敞开心扉。缺点是由于结构化和标准化低，应聘者之间可比性不强，影响面试的信度和效度。自由化面谈是目前医药销售类岗位应用最广泛的一种非结构化面试方法，是指面试官不预设问题，而是根据应聘者的简历和现场反应灵活选择谈话内容，是一种开放式交谈。

一般来说非结构化面试中采用自由化面谈、案例分析、情景模拟等方式。

（1）自由化面谈的特点　①对象的特殊性：每个应聘者都各有特点，故漫谈法会根据应聘者的特性因人而异，不是按照既定程序进行。②内容的灵活性：虽然漫谈的目的是确定应聘者与应聘岗位的匹配度，但面试官往往会根据应聘者的反应，从不同的角度提出问题，以考察应聘者的综合素质。③信息的复合性：信息包括应聘者的专业技能和综合素质，面试官不但会注意应聘者的语言信息，还会留意非语言方面的信息，如应聘者的动作、神态和语气等，以综合考察应聘者。④交流的互动性：面试官与应聘者之间是一个互动过程，面试官通常根据应聘者的特点提问，应聘者的回答也会给面试官提供更多的线索考察其素质。⑤判断的直觉性：面试官往往依据经验和逻辑推理来推定应聘者与岗位的匹配度，有时容易受情感因素的影响。

（2）案例分析的特点　案例分析就是在有限的时间内模拟分析真实的案例问题。案例分析与其他面试形式的最大区别就是它的实践性。主试官向你提供一个特定问题的信息，由应聘者进行分析并给出结论。应聘者的工作是基于提供的信息进行合理的假设，之后向主试官提出一连串逻辑性良好的问题，进一步收集信息，最后做出总结并提出建议。大多数的案例分析并没有特定的正确答案。主试官希望通过观察分析案例的过程，测试应聘者的分析能力、反应能力和创新能力。

（3）情景模拟的特点　情景模拟测试方法是一种非常有效的选择方法。它是将应聘者放在一个模拟的真实环境中，让应聘者解决某方面的"现实"问题或达成"现实"目标。面试人员通过观察应聘者的行为过程和达成的行为结果来鉴别应聘者的处理工作能力、人际交往能力、语言表达能力、组织协调能力、考察事务能力等综合素质能力。

3. 无领导小组讨论

（1）主要流程及总体应对技巧　无领导小组讨论面试的主要流程有审题思考、个人陈述、自由讨论、总结陈词等，其具体应对策略如下。

审题思考。每位考生会得到一个题本，上面有明确的题目要求和回答问题的规定。建议考生在阅读时先看题目，注意审题，再看材料，做到有的放矢、抓住要点，并做好关键词记录。同时，要理清结构，善于列提纲，充分利用思考时间列出发言提纲并做到条目清晰，为下一步的发言讨论做好准备。

个人陈述。这是正式考试部分的第一阶段，考生要针对指定题目进行作答，每个组员陈述的时间根据考情不同，为2分钟或3分钟。一般按抽签顺序发言，如无明确要求，可主动建议按顺序发言，便于考官记录。考生在陈述观点的时候，目光除了要与考官交流，也应环视其他组员，同组员进行眼神交流。

自由讨论。这是正式考试部分的第二阶段，也是无领导小组讨论中占时最长的环节。小组成员就给定材料针对指定题目进行讨论，最终得出一致意见。自由讨论的时间有三种，一种是固定时间要求，一般为40～60分钟；一种是依据考生人数在固定时间的基础上灵活调整时间；一种是包干制，即个人陈述和自由讨论、总结陈词整体给出一个时间，具体讨论时间因个人陈述时间而异。自由讨论时，考生既可以阐述、强化自己的观点，也可以支持或反对他人的观点，在每次讨论中，要确保内容围绕问题展开、有观点的输出表达、能够推进讨论进程。自由讨论环节成员发言的先后顺序、次数都由考生自行组织安排，所以发言的时机就非常重要，考生们要学会积极主动争取发言机会。此外，一般无领导小组讨论题目都会要求最终达成一致，否则会影响整组起评分，所以考生们在讨论的时候不能固执己见，在充分表达观点的基础上，可以转变观点推进讨论进程，达到讨论结果一致的目的。

总结陈词。主考官宣布讨论时间到，不管考生讨论到了哪一阶段，都必须立即停止。自由讨论结束后，针对在自由讨论阶段达成的结果，小组成员共同推荐一名组员进行总结陈词，向考官汇报小组讨论的结果，总结时间通常为4～5分钟。总结陈词阶段要求比较灵活，主要有四种情况：一是不要求总结陈词；二是在自由讨论阶段的结尾自行留出时间进行；三是目前在题目中规定总结陈词时间，考生需要根据题目具体要求进行相应处理；四是要求每名组员都按照一定顺序进行总结陈词。

（2）常见题型的应对策略

开放式问题。开放式问题是对考题进行开放性地发表意见，没有固定答案，答案的范围很广泛。其主要考察面试者思考问题是否全面，有针对性，思路是否清晰等能力。

面试例题：你认为什么样的领导是好领导？

这种题型在讨论的时候很容易出现各成员观点不一，很难整合出一份大家认可的总结陈述内容。这种题型很难在短时间内行成一个清晰的思路，需要从多方面去考虑。

答题思路：审题确定场景→发散思维发表各自的意见→进行讨论并采集意见→整理逻辑框架形成总结陈述词。

两难问题。两难问题是让面试者在两种互有利弊的答案之中选择其一。主要是考察面试者的分析能力、语言表达能力、说服能力等。

这种题型的难点在于看待问题容易片面，在意见相左的时候产生争执，需要面试者有较强的说服能力。

你认为以工作取向的领导是好领导，还是以人为取向的领导是好领导？

答题思路：两种备选答案利弊程度接近，能够引起充分的辩论。需要注意的是无论选哪个答案都要有自己的观点，还需要很有说服力的理由，这对考生提出了很高的要求。这类问题也能在一定程度上考查出考生的素质和能力。

多项选择问题。多项选择问题没有标准答案，并且每一个答案都有它存在的理由。主要考察面试者分析问题实质和抓住问题本质方面的能力。

面试例题：唐僧、孙悟空、猪八戒、沙僧、白龙马一行五人，想要到达西天，取得真经。但是，为了节约成本，必须在五人中裁掉一人。如果你是观音，你会选择裁掉谁，为什么？

答题思路：注意审题，然后进行分类，整理思路，最后说明原因。像上述题，注意问题的目标，节约成本的角度去考虑裁掉谁更合适，因此所有的讨论都是在节约成本的前提下进行，因此讨论的核心是围绕问题目标进行。

操作性问题。这种题型是给面试者提供一些材料或者道具，并要求按照方案进行设计的考核方式。主要是考察面试者的主动性、合作能力及在合作中充当的角色。

面试例题：假如你是 XX 产品的产品经理，请设计一个宣传推广的方案。

答题思路：不同的人会有不同的分析角度及设计思路，所以需要引导团队进行充分的讨论和碰撞。因此需要先确定场景要求，进行讨论，需要注意的是一定要收束中心，不能过于发散，最后有所取舍，搁置争议，形成一个框架，最后给出一个完整的方案。

资源争夺问题。这种题型让处于同等地位的面试者就有限资源进行分配，主要考察面试者的分析能力，概括和总结能力，以及反应的灵敏性。

面试例题：单位经费紧张，现在只有 20 万元，要办的事情有以下几项。①解决办公打电话难的问题，②装修会议室大厅，③开展上级单位委托承办的大型会议，④支付职工的高额医疗费用，⑤五一节为单位职工发放福利。

答题思路：可以利用"四象限法则"来解决问题，将事情分为重要又紧急、重要不紧急、不重要但紧急、不重要不紧急这四类，合理安排解决问题的顺序。

案 例 链 接

2022 年江苏南通如皋人才引进第三轮无领导面试真题

当下，应对人口老龄老化已成为未来社会可持续发展的普遍性难题。长寿之乡 A 市作为全国首个富裕型长寿之乡，长期以来，三水长寿老年人数量较多、分布较广。这既是人口健康的重要标志和银发经济发展的优势，也对养老服务提出更高要求。以下是 A 市关于社会老龄化下如何解决养老焦虑、实现养老自由的几点举措：①对养老机构、环境卫生、设备设施等养老基础设施进行改造提升；②建设政府信息平台，汇集相关功能板块；③建设老年文化平台，以"文化养老"为特色；④普调养老金，着力发挥医保基金撬动作用；⑤针对老年人生活、就业等问题，出台相关政策支持；⑥建立社区养老、居家养老模式，在家门口享受优质老年服务；⑦提供普惠性医疗保障和高品质医疗卫生服务，为老年人提供更加优质全面的健康保障。

　　问题：从以上 7 条中补充一条，并从 8 条措施里选出你认为最重要的 3 条并说明理由。

　　要求：①读题 10 分钟，将观点写在前面的白板上；②按考号由小到大进行个人陈述，每人 3 分钟，可动笔；③自由讨论，每人发言次数 3 次，每次不超过 1 分钟，插话时间不超过 10s，插话次数不限。④按考号由大到小进行个人点评，每人时间 1 分钟。

资料来源：陈社育 . 结构化小组面试的理论建构与实践探索［J］. 领导科学，2021（21）：74–77.

第三节　求职过程中的心理调适

　　大学生在求职择业的过程中，做好心理和思想上的准备，与做好专业知识和技能方面的准备同样重要。大学生要树立正确的择业观，保持积极的心态，客观地认识自我，认识就业形势，不断调整心态，调整求职策略，顺利就业。

一、心态对求职的影响

（一）心态的定义

　　"心态"概念最初在法国年鉴学派创立的"心态史学"中出现，有狭义和广义之分。狭义心态特指介乎心理过程与个性特征之间一系列的特殊心理现象。广义心态是指人的心理态度，是人各种心理品质的修养和能力。具体来讲，心态表示心理的集体特征，是人的意识、观念、动机、情感、气质、兴趣等心理素质的某种体现。

　　就业心态可以解释为，是人们在职业理想确立、进行职业选择及进入职业角色时所表现出来的一系列心理特征，是指"大学生在涉及有关就业问题时，特别是在准备就业和寻求职业的过程中形成的具体的心理状态，如焦虑、情绪高涨、失落、信心百倍、犹豫不决等状态"。心理过程是不断变化着的、暂时性的，个体的心理特征是稳固的，既有暂时性，又有稳固性，是心理和个体心理特征统一的表现。

（二）心态对求职的影响

　　面临求职就业，同学们的心理状态是复杂的。既有展翅高飞，大干一场的憧憬和冲劲，又有对未知的前路的恐惧和焦虑。大学生的就业心态是一个由多种因素组成并错综交织在一起的复杂整体，是其在求职期间所产生的心理活动状态，是直接影响其择业和就业的重要因素。

　　心态是人的心理对各种信息刺激做出的反应趋向，对人的思维、选择、言谈和行为具有导向和支配作用。成功学的始祖拿破仑·希尔说，一个人能否成功，关键在于他的心态。成功人士与失败人士的差别在于成功人士有积极的心态。爱迪生在几千次失败的试验面前，也绝不退缩，最终成功地发明了照亮世界的电灯。

　　出生于 Z 时代（指 1995 ～ 2009 年出生的人）的毕业生们，具有鲜明的性格特征，在严峻的就业形势面前，呈现出各种各样的不同心态和表现。不少毕业生，在求职过程中屡屡失利，甚至错失就业机会，究其原因，缺乏良好的心态正是其中之一。良好的心态能够帮助求职中的大学生们做出理性决策。

　　求职心态的好坏直接影响就业的进度和成功率，影响就业质量。积极的择业心态是大学生在择业过程中良好就业的有效武器，极大地帮助求职者顺利就业，而消极的择业心态将会阻碍其成功就业。目前来看，大多数同学对待求职就业有着自信积极的心态，但也有不少同学存在自卑、求稳、从众、盲目、焦虑消极等消极的求职心态，成为求职过程中的一大阻碍。

二、求职消极心态的表现与调适

当前大学毕业生常见的求职消极心态有因认知偏差导致的自卑心态、自负心态、依赖心态、从众心态、求稳心态、盲目心态等，也有因情绪调解不当导致的焦虑等不良情绪。

对大学生在求职就业的过程中产生的过度的消极心态进行识别，全面分析自身和环境，学会自我调适，有助于帮助他们树立正确的择业观，排除心理困扰，从而走出就业心态的误区。

（一）求职消极心态的表现

1. 自卑　自卑心理是一种缺乏自尊、自信的心理状态，它往往产生于暂时性挫折，其主要原因是自我认知不足。自卑的人总是用自己的劣势对比别人的优势，从而造成自尊和自信的受挫。自卑心理的主要表现是对自我评价过低，在就业过程中缺乏展现自我、推销自我的信心，模糊或否认自己的优势，逃避就业中的竞争。部分大学毕业生还会自认为所学不是热门专业、学习成绩不如别人、非双一流高校毕业生等而丧失勇气，特别是当屡遭挫折时，对比成功应聘的同学，更容易加重自卑的心理，从而严重影响就业。

2. 自负　自负心理与自卑心理相反，是由于自我评价过高而产生的一种心理状态。这种心理容易在一些名校或专业紧俏的大学毕业生中出现。在自负心理的驱使下部分大学毕业生就业时盲目地表现出优越感，好高骛远、缺乏自知之明，易给招聘单位留下"眼高手低"的不良印象。在就业过程中对招聘单位过分挑剔，"非大城市、大医院、大企业不留"，最后导致高不成低不就的境地，甚至容易因为达不到心理预期而导致悲观失望。

3. 依赖　依赖是指外来物质进入人体引起的一种心理生理过程的依赖性。依赖性的产生往往和家庭环境、家庭教育有着密切的关系。部分大学生从小养尊处优，始终在父母和老师的指导下学习、生活，很少自己独立做决断，造成社会经验缺乏，竞争意识不强、主动推销自己的信心不足。面对初次就业，他们往往会感到无所适从，从而将希望寄托于学校、老师及亲人身上。

4. 盲目从众　从众心理更多表现为个体受群体影响而出现的思想与行为的趋同。具有从众心理的大学生缺乏对自己和职业世界清晰的认识，在求职过程中，易受外部干扰，从而不能冷静客观地分析自己的职业规划，习惯用大众的价值观来衡量自身，认为"大多数人钟情的一定是好的"，如盲目从众考研、"二战"和考取各类证书等。他们不考虑做出的选择是否符合自身特点，缺乏自我探索和独立思考的意识，导致在求职中屡被淘汰，或者即便找到工作也会在发展中受到限制。

5. 慢就业　"慢就业"是指，一些大学生毕业后既不打算马上就业也不打算继续深造，慢慢考虑人生道路的现象。越来越多的"90后"年轻人告别传统的"毕业就工作"模式，成为"慢就业族"，甚至"尼特族""啃老族"。虽然这只是一小部分人的选择，但近年来已经成为社会关注的话题。适当放慢脚步有助于毕业生们继续沉淀自己，拥有更多时间规划人生，但"慢就业"并非适合所有人，"慢就业"需要高昂的经济和时间成本，有时候会错失很多机会，甚至影响社会评价和个体长远发展。

6. 焦虑　焦虑是一种缺乏明显客观原因的内心不安或无根据的恐惧，是人们遇到挑战、困难或危险时出现的一种情绪反应。焦虑心理对面临就业的大学毕业生来讲非常普遍，常见原因主要包括因等待时机引发的焦虑、与招聘单位双向选择引发的焦虑、实习与就业之间冲突引发的焦虑及社会适应能力较差引发的焦虑等。在专业冷门、性格内向、能力不高的大学毕业生中，焦虑心理表现得尤为突出，贫困生和某些特定专业女生也是焦虑心理的高发人群。通常，焦虑心理对就业后的发展影响不大，甚至适度的焦虑可以成为一种激发自身潜力、完善自我认知的良性刺激。但是一旦焦虑较重而不能及时缓解，就有可能发展成为更加严重的病态心理，导致生理上一系列负面症状，例如头晕、易怒、失眠、注意力不集中等，严重影响择业就业。

7. 消极　消极情绪是指在某种具体行为中，由外因或内因影响而产生的不利于继续完成工作或者正常思考的情感，常见于性格内向和求职中多次受挫的大学毕业生。消极情绪包括忧愁、悲伤、愤怒、紧张、焦虑、痛苦、恐惧、憎恨等。有些大学毕业生在求职中遇到挫折，既没有合适的宣泄渠道，又不擅长自我排解，在连续打击之下，很容易出现情绪低落、意志消沉的现象。长此以往，会失去进取的动力，严重的还会发展为抑郁症，甚至出现轻生的念头。因此，就业过程中的消极情绪必须加以重视。

（二）常用的自我调适方法

没有一帆风顺的人生，也没有坐享其成的生活。大学生在求职过程中，遇到困难和问题都是正常的，烦恼无常，总会过去，我们要做的是充分认知自我和环境，做好个人职业生涯规划，始终保持积极乐观的心态面对挫折，保持"任凭风浪起，稳坐钓鱼台"的良好心境，必要时需要向心理专家寻求帮助，才能早就业，就好业，才能做到择己所爱，爱己所择，并获得幸福充盈的人生。

1. 积极面对，客观认知自我与环境

（1）客观分析就业形势　近几年，高校毕业生人数逐年增多，年年都是"最难就业季"，这在某种程度上也给大学毕业生增加了压力，盲目、依赖等心态的产生与对就业形势不了解不无关系。作为大学毕业生，要学会客观地认知就业形势，自己所学专业所处行业的大环境，勇敢接受当前的社会现实，积极应对。对环境的正确认知，有助于主动把握社会的职业需求，并针对就业单位的不同要求，积极调整自己的知识结构，主动满足招聘单位需求。大学生可以结合当前政治、经济、文化等发展现状，分析自己即将进入行业或者领域的发展趋势。如面对中医药振兴发展的大好形势，人口老龄化所带来的康养产业大发展及全民关注全周期生命健康等，中医药健康相关产业发展将迎来持续的市场和发展机遇。

（2）正确认识自己　"在求职过程中，知道我是谁，比知道我要去哪里更重要"。每个人都是独一无二的，适合的岗位自然也不尽相同。许多毕业生不了解自己，无法客观地分析自己，甚至会不客观地看待自己，产生自卑、焦虑或没有安全感等负面情绪。正确地认识自我，知道自己喜欢什么样的职业、适合什么样的工作、想要从工作中获得什么，以及自己目前能够胜任什么样的工作，可以帮助自己明晰职业方向，知道"想做什么""我能做什么"。求职过程中难免"碰壁"，我们要学会悦纳自己，敢于正视自己的弱点，接纳自己的缺点和不足，并不断完善发展。

2. 转变观念，及时调整就业预期

（1）准确定位求职目标　在择业前，要分析客观实际，正确认知自我、认知就业环境和社会需求，找准自己与社会需求的最佳契合点；要敢于竞争，在客观自我评价的基础上，充分相信自己的实力，敢于通过竞争去实现自己的人生目标；当获得一个理想职业的时机还不成熟时，须从自身的实际情况出发，树立"先就业后择业"的意识，把先就业当成取得个人职业生涯经验的重要经历，然后通过合理的职业流动逐步实现自我价值。

（2）合理调整期望值　求职初期就业期望值高是大学毕业生就业时的一个普遍现象，也是人之常情，但这个期望必须建立在正确认识社会需求与自身竞争条件的基础上。大学教育"精英化"时代已经过去，高校毕业生进入"大众化就业"时代，竞争非常激烈。这就要求大学毕业生要根据现实需求、自身条件，灵活地调整自己的就业期望值，寻找适合自己的岗位，力求做到自身与社会协调同步发展。合理调整就业期望值不是对单位不加选择，而是在自己现实条件基础上，重新规划职业发展路径，树立长远职业发展观念。如可以选择从大中城市走向中小城市，从繁华都市走向乡镇基层，从公立三甲医院走向非公有制卫生医疗机构就业。

（3）树立正确的就业择业观　就业择业观是价值观在职业选择上的体现，既是人们对于职业目标、职业选择、职业价值取向的总体看法，也是一个人对职业的认识和态度及对职业目标的追求和向往。合理的职业价值观可以帮助大学生确定合理的职业期望值，提高自我认知和职业认知能力，增强自主择业和竞争择业意识，树立正确的职业价值取向。大学生要树立与经济和社会发展相适应的就业观，对个人来说，就业是取得报酬，获得生活来源，实现自身的社会价值，从而促进人的全面发展的重要途径。对社会来说，就业是使得劳动力与生产资料相结合，生产出社会所需要的物质财富和精神财富，推动社会向前发展的必要方式。对于一些就业择业观，要学会分析和甄别，比如合理的"慢就业"，可以给大学生们做出更合适的选择赢得时间和空间，社会应当更加理解和包容，但不能为了"慢"而"慢"，甚至转变成"懒就业"，最后真的变成浑浑噩噩的"啃老族"。

3. 掌握方法，学会消除不良心态

（1）合理宣泄法　合理宣泄法是指把不良情绪通过合理的方式释放出来，防止心理疾病的产生，是排除不良情绪的积极方式。为自己的不良情绪找一个合理的方式宣泄，可以使焦虑和紧张的心境得到缓解和改善，适度倾诉、写日记、流泪等都是不错的选择。在求职过程中遇到心理困扰时，适度倾诉可将不良情绪逐步转化出去，如可向挚友、师长、家人倾诉忧愁和苦闷，在获得更多的情感支持和理解的基础上重新起航；也可以用写日记的方式宣泄，在重新认知自己情绪的过程中，不良情绪也得到了宣泄；哭也是一种很好的情绪宣泄方法。需要注意的是，宣泄要适度，使用宣泄法要注意场合、气氛和方式，并应是无破坏性的。

（2）注意力转移法　注意力转移法是指个体主动把注意力从引起不良情绪反应的刺激情境转移到其他情景或从事其他活动的自我心理调节方法。大学毕业生在求职过程中出现不良情绪时，可以采取转移注意力的方法，主动离开使心理困惑的场景，寻找一个新的刺激，激活新的兴奋中心，使不良情绪逐渐消失，调整心智达到平衡。如听音乐、做体育运动、郊游、网上冲浪等。

（3）积极的自我暗示　积极的自我暗示又称自我肯定，通过进行肯定自我的练习，用一些积极的思想和概念来替代过去陈旧的否定性的思维模式。自卑感强烈的同学可以通过积极的自我暗示来增强自信心。平时多用肯定的语气，如"我能行""别人能干的事我也能干""有志者，事竟成""事在人为""坚持就是胜利"等，增加自己战胜困难与挫折的勇气。用书面形式罗列自己的优势和长处，如个性方面的优势、专业知识技能方面的优势、自己的特长优势等，张贴或摆放在醒目的地方。还可以把自己人生中曾经成功的案例罗列出来，以这些成功的案例激励自己，增强自信心，达到积极暗示的效果。

三、培养积极心态的方法与途径

积极心态即正面的价值取向和理念，并以此为指导认识和处理各种社会关系，指的是一种正向、乐观、进取的心态。积极的心态不仅有助于身心健康，激发潜能，获得幸福，且有利于应对学习、生活和就业等各方面的压力。在求职中，积极的心态表现为保持自信、勇敢追求、积极应对、务实进取和面对困难失败表现出来的抗挫折能力等的心理状态和积极的行动。

（一）积极参加实习实践

校内实践和校外实习是增强积极心态的重要方法之一。作为中医药院校的大学生，同学们面对着较为繁重的专业课程学习压力，把大量的时间和精力用于专业课程的学习上，忽视了一系列的就业准备，例如校内外的实习实践等。成功的求职，专业知识技能和综合素质能力缺一不可。成功的实习实践的行为体验有助于增强个体的自我效能感，即拥有和增强"我能行""我可以做到"的自信的信念；有利于大学生全面增进对自己和环境的了解，知道"我是谁"和"我能干什么"；在不断的实习实践过程中，个人专业知识技能和综合素质等就业核心竞争力不断增强，情绪调节能力、抗挫折能力、人际沟通能力等均会有显著提升，未来求职择业的过程也将会更加顺利。

（二）做好职业生涯规划

梳理求职过程中可能产生的消极心态，究其原因，主要是对自己认知不准确，对外部环境认知不准确及对自己情绪的识别和调控能力有所欠缺。提前做好职业生涯规划，是解决上述状况的重要途径，需要大学生在整个大学期间，借助自己、同学、老师、学校和社会的力量，正确认识自己、认识专业，准确地识别就业环境、社会环境、学校环境，在全面客观分析的基础上，做好个人的职业生涯规划，合理定位职业目标。

（三）增强对情绪的掌控能力

在平时的学习生活中，我们要学会识别、调节和管理自己的情绪，做情绪的主人，使自己的心态保持理性平和。对情绪的控制是需要练习的，比如不为一些鸡毛蒜皮的小事而情绪失控，平时保持微笑的习惯，不与同学攀比、懂得感恩、减少抱怨等，有意识地不断控制和练习，时间长了，掌控自己的情绪便水到渠成。同时，大学生还要主动学习有益于心态调整的心理学方面的理论知识，正确对待压力和挫折，积极锻炼和提高自己的抗压抗挫能力，创造积极的情绪体验，修炼积极的心态，增强心理弹性。

（四）加强家、校、社联动

大学生积极心态的培育，除个人的积极调适培育外，应当加强家庭、学校和社会的联动，共同担负培养大学生积极心态的责任。要构建良好的社会环境、校园文化环境和家庭环境，全方位感染和影响大学生健康积极的心态。高校要积极提升心理育人实效，完善育人工作体系，加强对大学生的职业素养和角色转换相关的教育，支持大学生顺利完成从大学生到职场的角色转换。家长在家庭生活中要及时关注、积极引导，全方位联动，共同探索培育大学生积极心态的方法路径。

本章小结

笔试是招聘单位考核应聘者学识水平和综合素质的一种测评形式，主要可分为专业类笔试和非专业类笔试，其中非专业类笔试又主要包括智商测试、心理测试和综合能力测试等。笔试的准备要在确定目标职业后尽早开始，首先要明确目标岗位是否需要笔试、是什么笔试类型，然后要有针对性地做好知识准备、身心准备和工具的准备。此外，笔试答题时也要注意技巧和策略，做到通览全卷、把握时间，字迹清晰、卷面整洁，精心审题、积极思考，以及认真检查、查漏补缺。考前充分准备，加上考试方法得当，方能取得更为理想的笔试成绩。

面试是求职应试当中的重要环节。常见的主要类型为结构化面试，非结构化面试和无领导小组讨论。面试者在面试之前需要了解有关面试岗位的一些信息，按照岗位要求进行相应准备，可以结合岗位需求进行模拟面试以提升应对面试的能力。能力的提升和素质的养成不是一朝一夕的事情，在日常学习和生活中还要注重自身综合素质的提升。

求职心态的好坏直接影响就业的进度和成功率，影响就业质量。积极的择业心态是大学生在择业过程中良好就业的有效武器，极大地帮助求职者顺利就业，而消极的择业心态将会阻碍其成功就业。大学生们在求职的过程中主要会遇到的消极心态有自卑、依赖、从众、求稳、焦虑等，需要我们准确识别并积极面对，树立正确的就业择业观，充分认知自我和环境，做好个人职业生涯规划，并保持积极乐观的心态面对挫折。

【推荐资源】

官方职业测评资源：全国大学生学业与职业发展平台"学职平台—职业测评"（包含有关职业倾向的一些心理测验），用学信网账号登录后即可免费测评。

【思考题】

1. 医学类专业学生：通过网络资源搜索，练习一套医疗卫生招聘的笔试卷，科目可以是医学基础知识、临床医学、护理学、预防医学、中医学、中药学、药学、检验学、医学影像学等，结合自身专业选择。

2. 非医学类专业学生：练习一套公务员资格考试的《行测》真题。

【课后实训】

模拟面试

活动目的：为了增强学生的求职意识，提升就业竞争力，请同学们以班级为单位进行模拟面试，活动中可以邀请老师、学长等担任主考官，真实体验求职面试的氛围。

活动准备：活动桌椅、简历、着装、纸和笔。

活动流程：

（1）学生分组，一位同学扮演求职者，其他同学扮演面试官。

（2）每组进行模拟面试。

（3）组内学生分享感受，选出一位同学代表组员点评。

（4）教师总结点评面试中同学们的表现。

第六章
就业政策与权益保护

扫一扫，查阅本章数字资源，含PPT、音视频、图片等

【学习目标】

1. 掌握就业协议书、劳动合同的内容与区别，劳务派遣和人事代理及劳动争议的处理。
2. 熟悉劳动合同的解除、毕业生维护就业权益的途径、常见的求职陷阱与防范。
3. 了解国家、各地的就业政策及毕业生就业的一般流程。

【案例导入】

刚毕业大学生遭遇欠薪　法援律师帮忙维权

小王、小李、小张三人为同班同学，2021年大学毕业后，应聘到张店区某口腔诊所工作。入职时，该口腔诊所负责人态度热情，口头承诺了较好的工资福利，三人因缺乏相应的法律知识，轻信了该诊所负责人的话，并未及时签订书面劳动合同。2022年3月底，三人提出离职，但口腔诊所拒绝支付2月、3月的工资。无奈之下，三人来到张店区法律援助中心申请法律援助。经审查，三人符合法律援助条件，法援中心当即指派援助律师承办此案。

法律援助律师为确保三位刚毕业大学生尽快拿到被拖欠工资，决定申请劳动仲裁。在调查中律师发现，该口腔诊所与小王、小李、小张既没有签订劳动合同，也没为其购买"五险一金"，但三人提供了足以证明存在事实上劳动关系的相关证据：工资发放记录、工作证、考勤表、工作记录等。律师收集齐相关证据材料，陪同三人到张店区劳动人事争议仲裁委员会申请劳动仲裁，要求该口腔诊所支付拖欠的工资。经过多方协调，三名刚毕业大学生成功维权，并拿到了拖欠的工资共计两万多元。

专家提醒广大高校毕业生，在找工作时，要注意通过正规信息渠道求职，并要求用人单位签订正规有效劳动合同，合同中要明确工作地点、薪资待遇、社保缴纳、试用期、加班待遇、工资发放时间等内容。当遇到不签订书面合同、不购买社保、不按时支付工资的不良企业时，应当及时保留应聘登记表、入职登记表、录用通知书、面试通知短信、工资单、工资收入证明、打卡记录等证据材料以便日后维权。

资料来源：淄博市司法局微信公众号

第一节　高校毕业生就业政策

为促进高校毕业生就业工作，国家从多渠道拓宽就业岗位供给，利用多手段提升就业服务质量，逐渐实现多路径简化优化求职就业手续，多措并举，助力毕业生顺利就业。

一、高校毕业生就业政策的种类

党的二十大报告明确指出，人才是第一资源，就业是最基本的民生。我国高校毕业生就业工作坚持从客观实际出发制定政策，准确研判社会形势，把国家需求、社会需求、毕业生需求统筹结合，制定了切合实际的毕业生就业政策。

（一）选调生

选调生是各省党委组织部门有计划地从高等院校选调品学兼优的应届大学本科及其以上毕业生到基层工作，作为党政领导干部后备人选和县级以上党政机关高素质的工作人员人选进行重点培养的群体。从高校选调应届优秀大学毕业生到基层培养锻炼，为党政机关储备后备力量，是党中央着眼干部队伍长远发展实施的一项战略举措。

（二）志愿服务西部计划

大学生志愿服务西部计划是由共青团中央、教育部、财政部、人力资源和社会保障部共同组织实施的一项重大人才工程。由中央财政支持，面向普通高等学校应届毕业生或在读研究生，按照公开招募、自愿报名、组织选拔、集中派遣的方式，招募选派一定数量的西部计划全国项目志愿者到西部地区基层工作。西部计划的服务内容分为基础教育、服务三农、医疗卫生、基层青年工作、基层社会管理、服务新疆、服务西藏7个专项。

（三）"三支一扶"计划

高校毕业生"三支一扶"计划，即支教、支农、支医和扶贫计划。支教计划是指到师资紧缺的基层义务教育学校从事支教服务；支农计划主要是到乡镇或农技服务部门从事支农服务；支医计划是到乡镇卫生院从事支医服务；扶贫计划是到乡镇从事扶贫开发项目服务。"三支一扶"计划是引导和鼓励高校毕业生面向基层就业工作的一个重要组成部分，是国家基层服务项目之一。

（四）征兵入伍

2009年，国家出台了应届高校毕业生入伍预征政策，大规模征集普通高校应届毕业生入伍。目前，应届高校毕业生入伍预征政策中征兵时间分为上半年和下半年两次，上半年征兵从2月中旬开始，3月底结束，新兵批准入伍时间为3月1日；下半年征兵从8月中旬开始，9月底结束，新兵批准入伍时间为9月1日。按照《中华人民共和国兵役法》规定，义务兵服现役的期限为2年，士兵退役时间对应其批准服现役时间。

（五）科研助理

科研助理是指在科研部门、科研机构、科研院所、高校、企业等从事项目研究、实验（工程）技术和科研辅助的人员。2020年，科技部、教育部、人力资源和社会保障部、财政部、中科院、自然科学基金委联合发布了《关于鼓励科研项目开发科研助理岗位吸纳高校毕业生就业的通知》（国科发资〔2020〕132号），鼓励高校、科研机构和企业，聘用高校毕业生作为研究助理或辅助人员参与研究工作。

（六）第二学士学位

第二学士学位在层次上属于大学本科后教育，与培养研究生一样，同是培养高层次专门人才的一种途径。第二学士学位授予资格，需经教育部审批，只有教育部批准设置第二学士学位专业的高等学校才有权颁发第二学士学位证书。

（七）住院医师规范化培训

住院医师规范化培训源于 1993 年，卫生部印发《关于实施临床住院医师规范化培训试行办法的通知》，是医学生毕业后教育的重要组成部分，主要是以临床实践、专业必修课、公共必修课、专业课为培训的主要内容。对于培训临床高层次医师，提高医疗质量极为重要，占据了医学终生教育的承前（医学院校基本教育）启后（继续医学教育）的重要地位，是医学临床专家形成过程的关键所在。

（八）"大学生乡村医生"专项计划

乡村医生是农村居民健康的第一道防线，在全面推进健康中国建设和乡村振兴战略中发挥着基础性作用。为促进乡村医疗卫生体系健康发展，补充和优化乡村医生队伍，提升乡村医疗卫生服务水平，促进医学专业高校毕业生就业，"十四五"期间在部分省份实施大学生乡村医生专项计划，由各省专项招聘医学专业高校毕业生免试注册为乡村医生到村卫生室服务，并加大激励和保障力度，引导大学生乡村医生服务农村、扎根农村。

二、高校毕业生就业政策的内容和重点

（一）选调生

1. 选调范围　可以分为定向选调生和普通选调生。普通选调生与公务员招录流程一致，只要符合选调公告公布的条件即可报考。定向选调是指省委组织部每年定向从部分高等院校或者紧缺专业中选调应届毕业生参与基层工作，且主要针对双一流大学，不和省考公务员一起进行统一的笔试、面试、政审、体检、签约等。

2. 选拔条件　在基本条件中，须具备以下要求：思想政治素质好，拥护党的路线方针政策，具有坚定正确的政治方向和全心全意为人民服务的宗旨意识；事业心和责任感强，志愿到基层工作，勤奋敬业，乐于奉献；遵纪守法，服从安排，具有较强的组织协调能力和纪律观念，综合素质较好；专业符合经济社会长远发展需要，学习成绩优秀，基础知识扎实，必修课程无重修或补考，能如期毕业并取得相应的学历、学位；学历为本科及以上，本科生一般不超过 24 周岁，硕士研究生一般不超过 27 周岁，博士研究生一般不超过 30 周岁。

在特殊条件中，各省不同，请以各省发布通知为准，一般满足其一即可，如中共党员；最高学历期间，获得过校级以上"三好学生""优秀学生干部"或者校级一等以上学生奖学金；在选调高校就读期间，获得优秀或三好学生、优秀学生干部、优秀毕业生、优秀团干部或优秀党团员等荣誉称号；在选调高校就读期间，担任团委或党团支部书记、副书记，校院系学生会主席、副主席、部长、副部长，班长、副班长，以及校社团负责人一年以上；具有参军入伍经历。报考原籍所在地的，同等条件下优先录用。特别优秀或因特殊岗位要求的，可适当放宽条件。

3. 报名方式　选调生选拔的部门，主要为县委、市委和省委组织部。根据近年来的实际情况

来看，一般都由省委组织部牵头，进行统一招录。选调生采用网上报名的形式进行，报考人员在规定时间内登录各省人事考试网进行网上报名。资格审查贯穿考录工作全过程。

4. 政策支持　选调生薪资待遇与当地公务员基本一致。选调生一般先到基层锻炼再回到县、市、省级政府工作，定岗定级比普通公务员有优势，一般本科毕业生定为科员，硕士毕业生定为主任科员，博士毕业生定为二级主任科员，个别地区可定为副处级。

（二）志愿服务西部计划

1. 选拔范围　普通高等学校应届毕业生或在读研究生。

2. 选拔条件　到岗之前获得毕业证书或学位证书，通过西部计划体检。有志愿服务经历的优先录用。

3. 服务期限和内容　服务期为 1 至 3 年，服务协议一年一签。设基础教育、服务三农、医疗卫生、基层青年工作、基层社会管理、服务新疆、服务西藏等专项。

4. 报名方式　登录西部计划官网（http：//xibu.youth.cn），在西部计划报名系统进行注册、填写报名表并选择 3 个意向服务省。下载打印报名表后，经所在院系团委审核盖章，交所在高校团委审核备案。

5. 选拔程序　校级遴选（6 月 5—15 日）→市级面试（6 月 18 日左右）→统一体检（6 月 20 日左右）→录取公示（6 月 20—30 日）→岗前培训（7 月 5—12 日），每年时间会有变化，请关注学校具体通知。

6. 政策支持　服务 2 年以上且考核合格的，服务期满后 3 年内报考硕士研究生的，初试总分加 10 分，同等条件下优先录取；参加西部计划项目前无工作经历的志愿者服务期满且考核合格后 2 年内，在参加机关事业单位招聘、自主创业、落户、升学等方面可同等享受应届高校毕业生相关政策；服务期满考核合格的，可享受相应的学费补偿和助学贷款代偿政策；服务期满考核合格的，依实际服务年限计算服务期及工龄；服务期满 1 年且考核合格后，可按规定参加职称评定。

7. 经济补助　西部计划作为中央举办、地方受益的国家项目，所需经费由中央和地方财政共同承担。中央财政按照西部地区每人每年 3 万元（南疆四地州、西藏每人每年 4 万元）、中部地区每人每年 2.4 万元的标准给予补助。地方财政统筹中央财政补助资金和自身财力，按月发放志愿者工作生活补贴，承担志愿者社会保险单位缴纳部分。

（三）"三支一扶"计划

1. 招募范围　"三支一扶"计划面向普通高等学校应届毕业生或毕业两年内未就业的往届毕业生，学历要求大专以上。（具体条件见各省发布的"三支一扶"计划方案）

2. 报名方式　毕业生可关注相应省份人社部门官网、官方微信公众号等及时获取报考信息。报名入口在各省的人力资源和社会保障部门官网、人事考试网或者人才网。具体请关注各省政策。

3. 政策支持　参加"三支一扶"计划前无工作经历的人员服务期满且考核合格的，在 2 年内参加机关事业单位招聘、自主创业、落户、升学等方面可同等享受应届高校毕业生的相关政策；各级机关考录公务员、事业单位招聘工作人员时，免收困难家庭"三支一扶"人员的报名费和体检费；在基层服务年限计算为工龄；服务期满考核合格的，3 年内报考硕士研究生的，初试总分加 10 分，同等条件下优先录取。高职（高专）毕业生参加"三支一扶"计划服务期满考核合格的，可免试入读成人高等学历教育专科起点本科。

4. 经济补助 西部地区按每人每年 3 万元给予补助，其中新疆南疆四地州、西藏自治区按每人每年 4 万元给予补助；中部地区按每人每年 2.4 万元给予补助；东部地区按每人每年 1.2 万元给予补助。中央财政给予新招募且在岗服务满 6 个月的"三支一扶"人员一次性安家费 3000 元。

（四）征兵入伍

1. 征兵范围 上半年征兵重点面向各级各类院校往届毕业生、高职高专毕业班学生和各类社会技能人才，下半年征兵重点面向各级各类院校应届毕业生、在校生和新生。

2. 选拔条件 具体征集条件及体格要求，可参照全国征兵网。

3. 报名方式 报名时需先向各校各学院学生办公室征兵工作负责老师、校武装部（学生工作部门）报名登记，后通过全国征兵网进行兵役登记和应征报名。

4. 政策支持 国家出台相关大学生参军入伍的优待政策后，各省市也积极响应，在已有的政策基础上出台了一系列有关大学生参军的优待政策。现将相关政策整理如下：①两年共计可获得 10 万～ 30 万元的经济补偿；两年服役期视为工作经历，计算工龄；②退役本科大学生士兵，复学后完成学业且被各省、市、自治区用人单位接收的，可办理当地落户手续。③服役期间荣获二等功以上荣誉的退役大学生士兵可免试攻读硕士研究生，退役后三年内考研初试加 10 分，同等条件下优先录取。④放宽退役大学生士兵复学转专业限制。大学生士兵退役后复学，经学校同意并履行相关程序后，可转入本校其他专业学习。⑤对其在校期间缴纳的学费实行一次性补偿或获得的国家助学贷款实行代偿，标准为本专科学生每人每年最高不超过 8000 元，研究生每人每年最高不超过 12000 元。⑥免修军事技能。参军入伍退役后复学或入学，免修军事技能训练，直接获得学分。⑦退役就业服务。高校毕业生士兵退役后一年内，可视同当年的应届毕业生。

（五）科研助理

1. 招募范围 科研助理面向普通高等学校应届毕业生，本科及以上学历。

2. 报名条件 列入国家统一招生计划（不含定向、委培）的应届高校毕业生；热爱科研工作，具有从事项目研究所需要的能力和素质；符合项目承担单位规定的其他条件。

3. 报名方式 各校报名方式不同，具体请关注学校通知或咨询学校就业主管部门。

4. 工作程序 按照公开、自愿、双向选择的原则，由项目承担单位自主提出选聘计划，细化选聘条件，自行组织招聘、面试、笔试、体检、公示等工作。选聘工作一般每年 4 ～ 5 月启动，9 月底前完成。确定人选后，由项目承担单位与毕业生签订服务协议。服务协议应明确双方权利、责任和义务，协议期限一般为 1 ～ 2 年。

5. 政策支持 项目承担单位应按有关规定为科研助理办理社会保险及住房公积金，并足额缴费；首次服务协议期满且不再续聘的科研助理，经项目承担单位考核合格，可参照应届毕业生身份参加当年本市企事业单位招聘；符合本市引进毕业生条件的，可办理引进落户；服务协议期满的科研助理正式被用人单位招用后，工龄与参与项目研究期间的工作时间合并计算，社会保险缴费年限合并计算。

（六）第二学士学位

1. 招募范围 普通高等学校应届本科毕业生。

2. 报名条件 拥护中国共产党领导，思想品德良好，遵纪守法；身心健康，符合所报专业规定的体检标准要求；本科专业须与所报专业不属于同一本科专业类；招生范围为本科毕业并获得学士学位的应届毕业生。具体以各高校招生办公室发布的招生简章为准。

3. 报名时间 各高校报名时间不同，一般分为两种报名时间段：一是在每年 11 月前后，考试时间为 1～4 月，与研究生的报考基本一致。二是每年 4～5 月报名，6～7 月考试。具体由各高校自行灵活安排。

4. 相关政策 凡在修业年限内，修完规定课程，达到毕业和授予学士学位要求的，颁发毕业证书和学位证书。达不到毕业要求的，不再延长学习时间，亦不实行留级制度，发放结业证书。对退学学生，发放肄业证书或证明。

（七）住院医师规范化培训

1. 培训对象 拟从事临床医疗工作的高等院校医学类相应专业（指临床医学类、口腔医学类、中医学类和中西医结合类）本科及以上学历毕业生；已从事临床医疗工作并获得执业医师资格，需要接受培训的人员；其他需要接受培训的人员。

2. 培训基地 培训基地是承担住院医师规范化培训的医疗卫生机构。国务院卫生计生行政部门根据培训需求及各地的培训能力，统筹规划各地培训基地数量。培训基地应当具备以下基本条件：①为三级甲等医院；②达到《住院医师规范化培训基地认定标准（试行）》要求；③经所在地省级卫生计生行政部门组建的专家委员会或其指定的行业组织、单位认定合格。根据培训内容需要，可将符合专业培训条件的其他三级医院、妇幼保健院和二级甲等医院及基层医疗卫生机构、专业公共卫生机构等作为协同单位，发挥其优势特色科室作用，形成培训基地网络。

3. 培训阶段 第一阶段：三年，在二级学科范围内，轮转参加本学科各主要科室的临床医疗工作，进行全面系统的临床工作基本训练。第二阶段：两年，进一步完成轮转，逐步以三级学科为主进行专业训练，深入学习和掌握本专业的临床技能和理论知识，最后一年应安排一定时间担任总住院或相应的医院管理工作。

（八）"大学生乡村医生"专项计划

1. 实施范围 已经实施医学专业高校毕业生免试申请乡村医生执业注册的省份：河北省、山西省、内蒙古自治区、辽宁省、山东省、湖北省、湖南省、广东省、广西壮族自治区、海南省、四川省、贵州省、云南省、西藏自治区、陕西省、甘肃省、青海省、宁夏回族自治区、新疆维吾尔自治区。

2. 实施对象 面向符合免试申请乡村医生执业注册条件的医学专业高校毕业生（含尚在择业期内未落实工作单位的毕业生）。

3. 相关政策 教育部、国家卫健委、财政部、人社部联合发文，加大对优秀大学生乡村医生的政策支持保障力度，现将相关政策汇总如下：①由乡镇卫生院与大学生乡村医生签订服务协议，明确服务期限，按规定落实相应社会保障待遇。期满后，经考核合格、本人自愿的，按照《乡村医生从业管理条例》继续担任乡村医生。②各级卫生健康行政部门持续加大大学生乡村医生的继续医学教育资源供给。中央财政通过现有卫生健康人才培养项目，支持开展大学生乡村医生能力提升培训，确保上岗后 3 年（含）内完成一轮培训。各地通过培训、进修等方式不断提高乡村医生医学综合能力和实践技能，为其考取执业（助理）医师资格创造条件。教育部门持续统筹各级医学院校教育资源，为大学生乡村医生提供学历提升教育机会。③到中西部地区、艰苦边远地区、老工业基地村卫生室工作的中央高校应届毕业生，服务期在 3 年（含）以上的，按规定享受基层就业学费补偿国家助学贷款代偿。部分地区将到村卫生室工作的地方高校应届毕业生纳入当地基层就业学费补偿国家助学贷款代偿资助范围。

第二节　就业协议书与劳动合同

毕业的日期一天天临近，即将毕业的你，是否开始回忆起大学里的点点滴滴。与此同时，不要忘记离校前办理好各种就业手续，如和用人单位签订《毕业生就业协议书》或者劳务派遣合同，办理人事代理，与人才服务机构签订人事代理协议等。这些你都了解吗？

一、就业协议书

《毕业生就业协议书》（以下简称《就业协议书》）是毕业生和用人单位在正式确立劳动人事关系前，经双向选择，在规定期限内确立就业关系、明确双方权利和义务而达成的书面协议；是用人单位确认毕业生相关信息真实可靠及接收毕业生的重要凭据；是学校进行毕业生就业管理、编制就业方案等有关事项的重要依据。

（一）就业协议书的适用范围

就业协议书适用于全日制统招的本专科和研究生毕业生，在其落实就业单位后，与用人单位签订就业协议；或其办理人事代理，与人才服务机构签订人事代理协议时使用。

（二）就业协议书的申领

就业协议书由高校根据教育部、省教育厅有关要求统一印制，统一编号，一式四份，复印无效。学校就业指导部门将《就业协议书》统一发到各学院（单位），有就业意向的毕业生自行到所在学院（单位）申领。各学院（单位）应有专人管理《就业协议书》，发放时登记协议书编号和领取人学号，不得重发，不得转借。

（三）就业协议书的签订原则

就业协议书签订的原则，是指双方在订立就业协议时必须遵循的基本原则。具体包括以下两个。

1. 主体合法原则　签订就业协议的当事人必须具备合法的主体资格。对毕业生而言，必须取得毕业资格，如果学生未取得毕业资格（获得毕业证），用人单位可以不予接收且无须承担法律责任。对用人单位而言，用人单位必须具有从事各项经营或管理活动的能力，单位应有录用毕业生计划和录用自主权，否则毕业生可解除协议而无须承担违约责任。

2. 平等协商原则　签订就业协议的双方法律地位是平等的，一方不得将自己的意志强加给另一方。即便是大学生所在学校也不得采用行政手段要求其毕业后到指定单位就业（定向生、委培生等特殊情况除外），用人单位也不应在签订就业协议时要求毕业生交纳过高数额的风险金、保证金。双方当事人的权利和义务应是一致的。除协议书规定内容外，双方如有其他约定事项可在就业协议书"双方约定其他事宜"中加以补充确定。

（四）就业协议书的签订程序

在找工作之前，高校毕业生需要准备好就业推荐表、个人求职简历等相关资料，通过线上和线下多种方式与自己的求职目标单位进行洽谈。在毕业生与用人单位供需见面、双向选择后，达成一致意见，就可以准备签订就业协议书了。签订就业协议书的程序一般如图 6-1 所示。

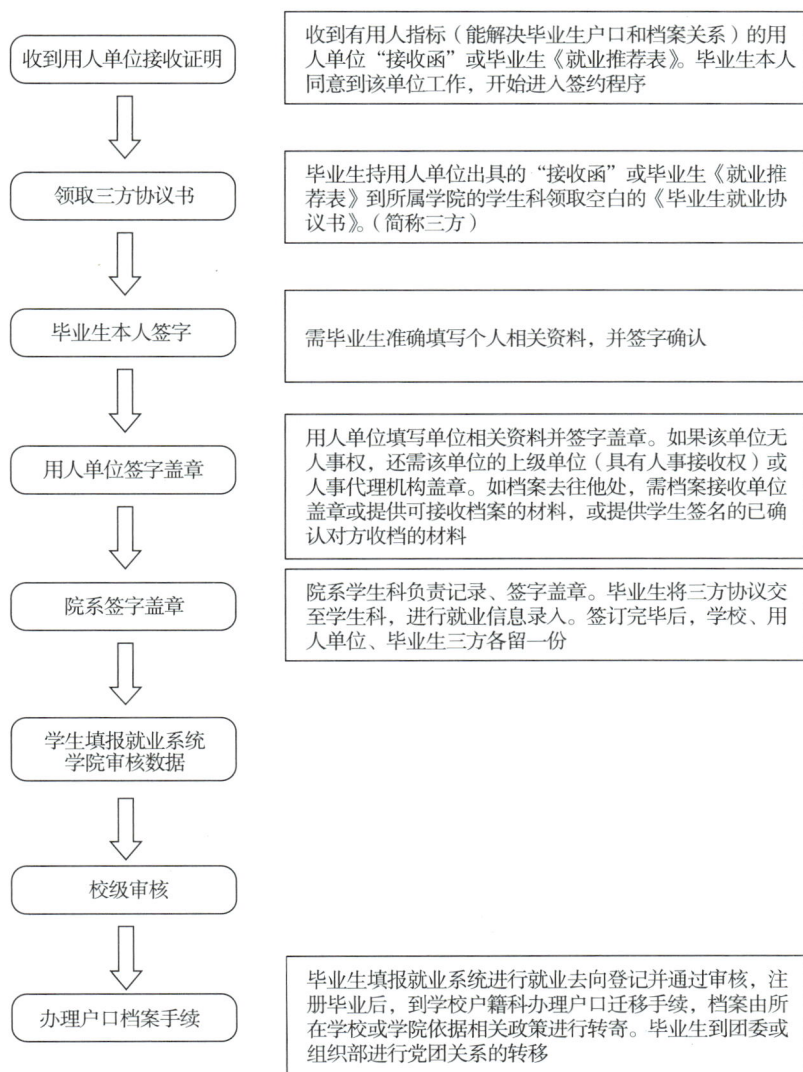

流程	说明
收到用人单位接收证明	收到有用人指标（能解决毕业生户口和档案关系）的用人单位"接收函"或毕业生《就业推荐表》。毕业生本人同意到该单位工作，开始进入签约程序
领取三方协议书	毕业生持用人单位出具的"接收函"或毕业生《就业推荐表》到所属学院的学生科领取空白的《毕业生就业协议书》。（简称三方）
毕业生本人签字	需毕业生准确填写个人相关资料，并签字确认
用人单位签字盖章	用人单位填写单位相关资料并签字盖章。如果该单位无人事权，还需该单位的上级单位（具有人事接收权）或人事代理机构盖章。如档案去往他处，需档案接收单位盖章或提供可接收档案的材料，或提供学生签名的已确认对方收档的材料
院系签字盖章	院系学生科负责记录、签字盖章。毕业生将三方协议交至学生科，进行就业信息录入。签订完毕后，学校、用人单位、毕业生三方各留一份
学生填报就业系统学院审核数据	
校级审核	
办理户口档案手续	毕业生填报就业系统进行就业去向登记并通过审核，注册毕业后，到学校户籍科办理户口迁移手续，档案由所在学校或学院依据相关政策进行转寄。毕业生到团委或组织部进行党团关系的转移

图 6-1　就业协议书签订流程图

（五）就业协议书的解除

毕业生如果确因特殊原因不能履约，须按照学校的规定和流程办理相关手续，违约事宜主要由签约双方协调解决。具体办理流程如下。

1. 毕业生向原用人单位提出申请　经过协商取得用人单位的同意后，由用人单位出具同意解除就业协议的函件。

2. 毕业生向学校提出申请　毕业生持用人单位提供的函件向学校的就业指导部门提出领取新就业协议的申请。

3. 学校就业指导部门审核　学校就业指导部门对毕业生提交的资料进行审核，如果符合相关规定，则同意解除就业协议，并向应届生发放新的就业协议。

（六）全国高校毕业生毕业去向登记与网上签约

为优化高校毕业生求职就业服务流程，方便用人单位与毕业生网上签约，教育部发布《关于推荐使用全国高校毕业生网上签约平台的公告》，并开通全国高校毕业生毕业去向登记与网上签约平台。目前很多高校已开通此平台，毕业生可通过网签平台完成签约事项登记，不再统一发放纸质就业协议书（图 6-2）。网上签约电子就业协议书与纸质就业协议书效力相同。

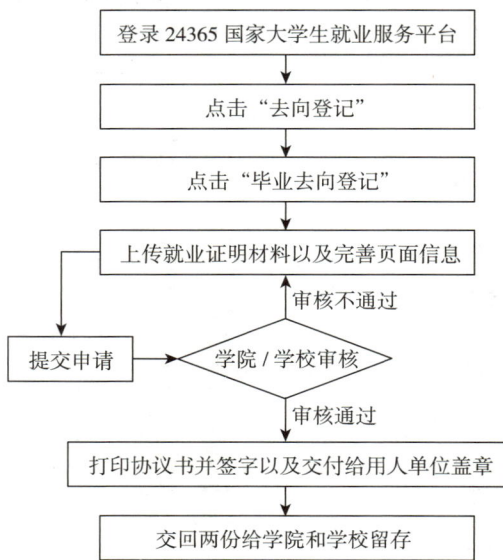

图 6-2　学生发起网签流程图

二、劳动合同

劳动合同是劳动者与用人单位之间确立劳动关系、明确双方权利和义务的协议。

（一）劳动合同的主体

劳动合同的主体为劳动者和用人单位。按照全面实行劳动合同制度的改革要求，劳动者需要签订劳动合同。根据劳动法律法规的规定，用人单位需要与劳动者签订劳动合同。

（二）劳动合同的类型及作用

1. 劳动合同的类型　劳动合同分为以下三种：①用人单位与劳动者约定合同终止时间的固定期限劳动合同；②用人单位与劳动者约定无确定终止时间的无固定期限劳动合同；③用人单位与劳动者约定以某项工作的完成为合同期限的以完成一定工作任务为期限的劳动合同。

2. 劳动合同的作用　劳动合同记载了劳动者工作的岗位、工资标准、工作内容和工作地点及工作时间和休息休假等内容，有了劳动合同，劳动者在用人单位工作期间就有了保障，即使日后发生劳动争议，劳动合同也是证明劳动者身份和确定双方权利义务关系的重要文件。劳动合同是建立劳动关系的基本形式；是促进劳动力资源合理配置的重要手段；有利于避免或减少劳动争议。

（三）劳动合同的主要内容

劳动合同是《中华人民共和国劳动合同法》规定的保护劳动者权益的基本形式和书面文件。劳动合同的主要内容，是指双方当事人在劳动合同订立中必须明确各自的权利，义务及其他有关问题。劳动合同的内容是劳动关系的实质，也是劳动合同成立和发生法律效力的核心问题。

《中华人民共和国劳动合同法》第十七条规定，劳动合同应当具备以下条款：

（1）用人单位的名称、住所和法定代表人或者主要负责人；

（2）劳动者的姓名、住址和居民身份证或者其他有效身份证件号码；

（3）劳动合同期限；

（4）工作内容和工作地点；

（5）工作时间和休息休假；

（6）劳动报酬；

（7）社会保险；

（8）劳动保护、劳动条件和职业危害防护；

（9）法律、法规规定应当纳入劳动合同的其他事项。

劳动合同除前款规定的必备条款外，用人单位与劳动者还可以约定试用期、培训、保守秘密、补充保险和福利待遇等其他事项。

知 识 链 接

关于试用期

1. 试用期最长不能超过几个月？

《中华人民共和国劳动合同法》规定："劳动合同期限三个月以上不满一年的，试用期不得超过一个月；劳动合同期限一年以上不满三年的，试用期不得超过二个月；三年以上固定期限和无固定期限的劳动合同，试用期不得超过六个月。"

2. 试用期能延长吗？

在实践中，用人单位和劳动者任何一方，如果认为需要延长试用期，都可以向对方提出意向、发出邀约。对方在接到邀约后，双方都应遵循完全自愿的原则，或拒绝，或同意，或进一步协商期限、待遇等。

3. 试用期工资应该怎么计算？

试用期间工资不能低于本单位相同岗位最低档工资的80%，不能低于劳动合同约定工资的80%。同时，也不能低于用人单位所在地的最低工资标准。

4. 试用期是劳动合同的必备条款吗？

不是必备条款，是否约定试用期由合同双方当事人根据情况协商，也可以不约定。没有约定试用期的劳动合同不影响其成立与生效。

（四）劳动合同的订立原则

《中华人民共和国劳动合同法》第三条规定："订立劳动合同，应当遵循合法、公平、平等、自愿、协商一致、诚实信用的原则。"

（五）劳动合同的终止

《中华人民共和国劳动法》第二十三条规定："劳动合同期满或者当事人约定的劳动合同终止条件出现，劳动合同即行终止。"

《中华人民共和国劳动合同法》第四十四条规定，有下列情形之一的，劳动合同终止：

（1）劳动合同期满的；

（2）劳动者开始依法享受基本养老保险待遇的；

（3）劳动者死亡，或者被人民法院宣告死亡或者宣告失踪的；

（4）用人单位被依法宣告破产的；

（5）用人单位被吊销营业执照、责令关闭、撤销或者用人单位决定提前解散的；

（6）法律、行政法规规定的其他情形。

《中华人民共和国劳动合同法实施条例》第二十一条规定，劳动者达到法定退休年龄的，劳动合同终止。

（六）就业协议与劳动合同的区别

就业协议和劳动合同虽然都是双方约定劳动关系的书面协议，但是两者之间在签订内容、适用主体、法律依据等方面存在差异。

1. 签订内容不同　根据《中华人民共和国劳动法》规定，劳动合同必须明确劳动合同期限、工作内容、工作地点、工作时间和休息时间、劳动报酬、劳动保护、劳动条件等条款，对双方当事人均有约束力。就业协议主要是毕业生据实介绍自我情况并签署到用人单位就业的意见，用人单位签署毕业生到单位就业的意见，学校同意推荐毕业生并根据协议办理就业手续。就业协议书双方一般仅约定入职条件、工作岗位及违约责任。

2. 适用主体不同　就业协议书仅适用于普通高校毕业生，劳动合同则是任何达到法定年龄的自然人均可与用人单位签署。

3. 法律依据不同　就业协议适用的是教育部颁发的《普通高等学校毕业生就业工作暂行规定》及各级主管部门所出台的相关政策，劳动合同则是依据《中华人民共和国劳动法》和《中华人民共和国劳动合同法》签订。

案 例 故 事

某医药公司与小李的"劳动合同纠纷案"

小李是中药学专业应届毕业生，毕业后入职某医药公司，双方并未签订劳动合同。就此，医药公司解释称：公司、小李及小李的毕业学校间签订有"三方协议"，协议已经确定了小李的劳动关系，因此公司无需与小李另行签订劳动合同。小李接受了公司的解释，未再就劳动合同问题提出异议。一年后，小李与医药公司就工资支付问题发生争议，小李提起劳动仲裁、诉讼。医药公司以双方间无劳动合同为由，主张与小李之间并无劳动关系。虽然最终，法院依据其他相关证据材料认定了小李与医药公司间的劳动关系并判决医药公司向小李支付工资，但双方间没有劳动合同文本的客观情况确实给小李此前的维权行动造成了不小的障碍。

劳动合同是用人单位与劳动者之间存有劳动关系的重要证明，是劳动争议案件中，劳动者一方的重要证据。

案例中，医药公司将"三方协议"视同于劳动合同，并以此为由未与小李签订书面劳动合同的行为有违法律规定。"三方协议"即《高校毕业生就业协议书》，是明确毕业生、学校、用人单位三方在应届毕业生就业过程中权利义务的书面文件。而劳动合同是用人单位与劳动者就工作岗位、工作待遇等劳动法上权利义务关系进行约定的书面文件。因此，在签订有"三方协议"的情况下，用人单位仍应依法与劳动者签署书面劳动合同。

三、劳务派遣和人事代理

劳务派遣是劳务派遣单位与被派遣劳动者建立劳动关系，并将劳动者派遣到用工单位，被派遣劳动者在用工单位的指挥、监督下从事劳动的新型用工形式。

人事代理是由政府人事部门所属的人才服务中心，按照国家有关人事政策法规要求，接受单位或个人委托，在其服务项目范围内，为多种所有制经济尤其是非公有制经济单位及各类人才提供人事档案管理、职称评定、社会养老保险金收缴、出国政审等全方位服务，是实现人员使用与人事关系管理分离的一项人事改革举措。

（一）劳务派遣

1. 劳务派遣的特征　劳务派遣具有三个特征：一是劳动者的雇佣和使用相分离。在劳务派遣中，劳动者虽然与劳务派遣单位建立劳动关系，但实际使用劳动者的却是用工单位。这是劳务派遣的最本质特征。二是劳务派遣中有三个主体。劳务派遣单位，劳动者，实际用工单位。三是劳务派遣关系中存在一组合同，劳务派遣单位与劳动者之间的劳动合同，劳务派遣单位与用工单位之间的劳务派遣协议。

2. 劳务派遣协议　劳务派遣单位派遣劳动者应当与接受以劳务派遣形式用工的单位订立劳务派遣协议。

（二）人事代理

1. 人事代理的方式　人事代理的方式有委托人事代理，可由单位委托，也可由个人委托。可多项委托，将人事关系、工资关系、人事档案、养老保险社会统筹、住房公积金等委托人才服务中心管理；也可单项委托，将人事档案委托人才服务中心管理。

2. 人事代理的办理流程　公共就业和人才服务机构可在规定业务范围内接受用人单位和个人委托，从事人事代理服务。为了避免一些毕业生没能妥善地安置好自己的人事档案，给今后的工作和生活带来麻烦，灵活就业时一定不要忘记办理人事代理。毕业生个人办理人事代理的一般流程（图 6-3）。

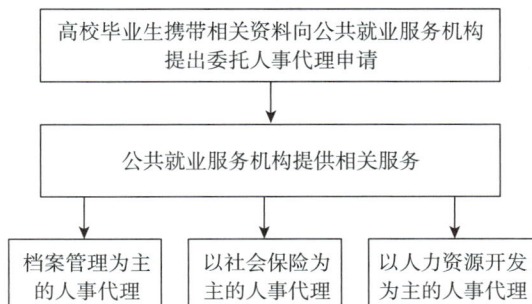

图 6-3　人事代理办理的一般流程

第三节　毕业生就业权益保护

　　大学生只有通过学习相关的法律法规，明确大学生的就业权利与义务，掌握就业权益保护的途径，才能切实维护自身在就业过程中的权益，确保就业的安全与稳定。

一、毕业生就业中的权利与义务

（一）毕业生就业中的权利

　　1. 平等就业权　人人享有平等就业的权利。一方面，符合招聘条件的毕业生都具有参加单位公开招聘、进行公平竞争的机会；另一方面，用人单位在录用毕业生的考核过程中和确定薪酬待遇时要做到公平公正。

　　2. 自主择业权　毕业生只要符合国家的就业方针、政策，就可以自主地选择用人单位，任何人都不得横加干涉或强迫毕业生选择某个单位或某类单位。任何将个人意志强加给毕业生、强令毕业生到某单位就业的行为都是侵犯毕业生就业选择权的行为。

　　3. 信息知晓权　就业信息是毕业生择业成功的前提和关键，只有在充分占有信息的基础上，才能结合自身情况选择适合自身发展的用人单位。大学生就业信息知情权的内涵主要包括信息的公开、及时和全面。

　　4. 受就业指导权　高校的一个重要职责就是对毕业生开展毕业生教育和就业指导工作。高校应及时向毕业生传达有关就业方针、政策、规定，并应进行择业观教育和择业技巧指导等。

　　5. 受就业推荐权　受就业推荐权是指毕业生有权要求学校在择业过程中公正、择优、分类型地向用人单位推荐自己的权利。毕业生受就业推荐权包含三个方面：一是如实推荐；二是公平推荐；三是择优推荐。

　　6. 违约求偿权　毕业生、用人单位、学校三方签订就业协议后，任何一方都不得擅自违约或解约，如果用人单位无故毁约，毕业生有权要求对方严格履行就业协议，否则毕业生有权要求用人单位承担违约责任，支付赔偿金。

（二）毕业生就业中的义务

　　1. 回报国家与社会的义务　对毕业生而言，不仅要履行作为公民来说必须履行的劳动义务，还需按照"得之于社会、还之于社会、报之于社会"的原则，毕业生理应积极地回报国家、社会和家庭。

　　2. 如实介绍自身情况的义务　大学毕业生在求职择业过程中应如实地向用人单位介绍自己的情况，这是基本的择业道德要求，也是自己应尽的义务。毕业生在填写就业推荐表、制作求职简历及与用人单位洽谈介绍自己时，必须实事求是，不得弄虚作假。

　　3. 接受用人单位考核的义务　用人单位为了招聘到符合要求的毕业生，一般都要通过笔试或面试等考核手段来掌握毕业生的情况，进行比较后再作出是否录用的决定。毕业生应积极接受考核，充分展现自己的能力，以获得期望的工作。

　　4. 认真履行就业协议的义务　毕业生与用人单位通过双向选择签订就业协议，以约束双方的行为。遵守协议是就业工作顺利进行的保证，一经签订协议就不能随便违约，恶意违约不仅影响学校正常的秩序，而且会损害用人单位、学校和其他同学的利益。

二、劳动合同的解除与法律责任

（一）劳动合同的解除

劳动合同的解除，是指劳动合同订立后，合同期限尚未履行届满，由于某种原因导致劳动合同一方或双方当事人提前终止劳动关系的一种法律行为。根据劳动法的规定，劳动合同既可以由单方依法解除，也可以双方协商解除。

1.用人单位单方解除　劳动者有下列情形之一的，用人单位可以解除劳动合同：在试用期间被证明不符合录用条件的；严重违反用人单位规章制度的；严重失职，营私舞弊，给用人单位造成重大损害的；劳动者同时与其他用人单位建立劳动关系，对完成本单位的工作任务造成严重影响，或者经用人单位提出，拒不改正的；因规定的情形致使劳动合同无效的；被依法追究刑事责任的。

2.劳动者单方解除　劳动者提前三十日以书面形式通知用人单位，可以解除劳动合同。劳动者在试用期内提前三日通知用人单位，可以解除劳动合同。

用人单位有下列情形之一的，劳动者可以解除劳动合同：未按照劳动合同约定提供劳动保护或者劳动条件的；未及时足额支付劳动报酬的；未依法为劳动者缴纳社会保险费的；用人单位的规章制度违反法律法规的规定，损害劳动者权益的；因规定的情形致使劳动合同无效的；法律、行政法规规定劳动者可以解除劳动合同的其他情形。

（二）违反劳动合同的法律责任

1.用人单位的法律责任　用人单位直接涉及劳动者切身利益的规章制度违反法律法规规定的，由劳动行政部门责令改正，给予警告；给劳动者造成损害的，应当承担赔偿责任。

用人单位提供的劳动合同文本未载明规定的劳动合同必备条款或者用人单位未将劳动合同文本交付劳动者的，由劳动行政部门责令改正；给劳动者造成损害的，应当承担赔偿责任。用人单位自用工之日起超过一个月不满一年未与劳动者订立书面劳动合同的，应当向劳动者每月支付二倍的工资。用人单位违反规定不与劳动者订立无固定期限劳动合同的，自应当订立无固定期限劳动合同之日起向劳动者每月支付二倍的工资。

2.劳动者的法律责任　劳动合同被确认无效，给用人单位造成损失的，有过错的劳动者应当承担赔偿责任；劳动者违反劳动合同中约定的保密义务或者竞业限制，劳动者应当按照劳动合同的约定，向用人单位支付违约金。给用人单位造成损失的，应当承担赔偿责任；劳动者违反劳动合同法规定解除劳动合同，给用人单位造成损失的，应当承担赔偿责任；劳动者违反培训协议，未满服务期解除或者终止劳动合同的，或者因劳动者严重违纪，用人单位与劳动者解除约定服务期的劳动合同的，劳动者应当按照劳动合同的约定，向用人单位支付违约金。

三、劳动争议的处理

（一）劳动争议概念

劳动争议是指劳动关系当事人之间因劳动的权利与义务发生分歧而引起的争议，又称为劳动纠纷。大学生从校园走向社会，相对缺乏工作经验或法律认知，工作期间与单位产生劳动争议的比例相对较高。

（二）劳动争议处理机构

1.劳动争议调解组织　根据《中华人民共和国劳动争议调解仲裁法》，发生劳动争议，当事人可以到下列调解组织申请调解：企业劳动争议调解委员会；依法设立的基层人民调解组织；在乡镇、街道设立的具有劳动争议调解职能的组织。

2.劳动争议仲裁委员会　劳动争议仲裁委员会是处理劳动争议的专门机构。县（市、区）设立的劳动争议仲裁委员会，负责处理本行政区域的劳动争议。

3.人民法院　人民法院是国家的审判机关，也担负着处理劳动争议的任务。劳动争议当事人对劳动争议仲裁委员会的裁决不服，可以向人民法院提起诉讼，人民法院对符合立案条件的案件予以受理。

（三）劳动争议处理程序

劳动争议处理程序可以分为协商、调解、仲裁、诉讼四个阶段。

1.协商　发生劳动争议，劳动者可以与用人单位协商，也可以请工会或者第三方共同与用人单位协商，达成和解协议。劳动争议经调解达成协议的，当事人应当履行。但是，协商不是处理劳动争议的必经程序。

2.调解　发生劳动争议，当事人不愿协商、协商不成或者达成和解协议后不履行的，可以向调解组织申请调解；经调解达成协议的，应当制作调解协议书。调解协议书由双方当事人签名或者盖章，经调解员签名并加盖调解组织印章后生效，对双方当事人具有约束力，当事人应当履行。自劳动争议调解组织收到调解申请之日起15日内未达成调解协议的，当事人可以依法申请仲裁。调解也不是处理劳动争议的必经程序。

3.仲裁　发生劳动争议，当事人不愿调解、调解不成或者达成调解协议后不履行的，可以向劳动争议仲裁委员会申请仲裁；提出仲裁要求的一方应当自劳动争议发生之日起60日内向劳动争议仲裁委员会提出书面申请。仲裁裁决一般应在收到仲裁申请的60日内作出。对仲裁裁决无异议的，当事人必须履行。仲裁是处理劳动争议的必经程序。

4.诉讼　劳动争议当事人对仲裁裁决不服的，可以自收到仲裁裁决书之日起15日内向人民法院提起诉讼。一方当事人在法定期限内不起诉又不履行仲裁裁决的，另一方当事人可以申请人民法院强制执行。

四、社会保险制度

（一）社会保险制度概述

社会保险制度是由国家通过立法形式、为依靠劳动收入生活的工作人员及其家庭成员保持基本生活条件、促进社会安定而实施的社会保险政策和措施体系。社会保险是一种特殊的强制性保险，它是从商业性保险的基础上产生的，其主要内容包括养老、残障、遗属、医疗（疾病和生育）、失业、工伤和家庭津贴等保险。

（二）我国社会保险险种

1.基本养老保险　基本养老保险是国家和社会根据一定的法律和法规，为解决劳动者在达到国家规定的解除劳动义务的劳动年龄界限，或丧失劳动能力退出劳动岗位后，保证其基本生活而建立的一种社会保险制度。我国基本养老保险包括城镇职工基本养老保险和城乡居民基本养老保险。职工应当参加基本养老保险，由用人单位和职工共同缴纳基本养老保险费。

2. 基本医疗保险 基本医疗保险是指劳动者由于患病或非因工负伤，由社会提供医疗服务或经济补偿的社会保险制度。我国基本医疗保险包括城镇职工基本医疗保险和城乡居民基本医疗保险。职工应当参加职工基本医疗保险，由用人单位和职工按照国家规定共同缴纳基本医疗保险费。

3. 失业保险 失业保险是指国家通过立法强制实行的，由社会集中建立基金，对因失业而暂时中断生活来源的劳动者提供物质帮助的制度。它是社会保障体系的重要组成部分，是社会保险的主要项目之一。符合条件的失业人员可以享受失业保险待遇。

4. 工伤保险 工伤保险是指劳动者在工作中或在规定的特殊情况下，遭受意外伤害或患职业病导致暂时或永久丧失劳动能力及死亡时，劳动者或其遗属从国家和社会获得物质帮助的社会保险制度。职工应当参加工伤保险，由用人单位缴纳工伤保险费，职工不缴纳工伤保险费。

5. 生育保险 生育保险是通过国家立法规定，在劳动者因生育子女而导致劳动力暂时中断时，由国家和社会及时给予物质帮助的一项社会保险制度。职工应当参加生育保险，由用人单位缴纳生育保险费，职工不缴纳生育保险费。用人单位已经缴纳生育保险费的，其职工享受生育保险待遇；职工未就业配偶按照国家规定享受生育医疗费用待遇。所需资金从生育保险基金中支付。生育保险待遇包括生育医疗费用和生育津贴。

五、常见的求职陷阱与防范

（一）常见的求职陷阱

1. 欺骗宣传 一些用人单位在招聘时夸大单位规模、发展前景、工资待遇等情况，或者隐瞒单位实情，甚至恶意欺骗宣传，以"高薪""高福利""高职位"诱惑毕业生从事名不副实的工作，严重损害毕业生权益。

2. 违规收费 用人单位不得以任何名义向应聘者收取报名费、押金、保证金等费用，可有些用人单位却依然巧立名目向应聘者收费，毕业生在求职过程中对于用人单位各种名目的收费要坚决抵制。

3. 侵犯隐私 毕业生在面试时，一些用人单位的提问会涉及个人隐私，如果与工作无关或者出于恶意，毕业生有权拒绝回答；如果是出于安排合适岗位的考量或者考察应变能力，毕业生可以视情况回答。

4. 侵犯知识产权 个别用人单位通过招聘时要求毕业生提供作品或者完成某项设计工作等方式，取得并盗用毕业生的智力成果。所以毕业生尤其是设计类的毕业生应该提高警惕，增强保护知识产权的意识，采取适当措施降低用人单位盗用作品的可能性。

5. 虚假试用 规定试用期是正常的招聘行为，但有些企业在试用毕业生时劳动强度高、工资报酬低，在试用期结束后又借口种种理由辞退毕业生。毕业生在求职时一定要就试用期问题在合同中明确约定。在试用期间要注意保留有关工资、工作时间、工作能力的证据，以备必要时维护自己的权利。

6. 协议（合同）陷阱 有些用人单位要求签订附加补充协议，规定了学生所有的违约责任，而对单位如违约将承担什么责任则几乎只字不提。有些单位利用学生求职心切的心理对学生要求过多，造成学生在日后利益受损。

（二）基本的应对措施

1. 树立正确认知　要想求职成功，必须在大学期间勤奋学习，提升就业竞争力；正确认识当前的就业形势，树立"先就业、后择业"的就业意识；求职时不要轻易相信那些要求低、待遇好、成功快的招聘信息，要相信只有踏实勤恳工作才能走向人生辉煌。

2. 防范招聘陷阱　不要相信那些需要缴纳保证金或押金才能入职的用人单位，也不要轻信那些采用校内小广告、网上论坛、社交 APP 等形式发布的招聘信息。在应聘之前先通过电话咨询、网络查询等途径核实用人单位的真实性和合法性。

3. 重视签约环节　在签订劳动合同时要仔细阅读合同中的所有条款及附加条款。如有对自己不利之处不要立即签约，切不可因求职心切而认可不平等、不合法的合同条款。在发生劳动争议后要敢于抗争、勇于维权，必要时可以寻求法律途径解决。

4. 注意面试安全　要保证自身的人身安全与财产安全。面试时注意观察面试人员的形态、特征等，如果感觉不安全、不对劲，应马上找借口迅速脱身。不要过多透露自己与应聘无关的个人信息，防止不法分子利用这些信息进行诈骗活动。

课 堂 训 练

就业断案小法庭

1. 组织办法

学生自由分组，结合所学内容，通过搜集相关信息，模拟不同的求职陷阱，仿照法庭判案的形式，组内成员进行角色分配。要求以小品的形式展示，小品最后由表演者进行总结，并阐述如何避免落入此陷阱的方法。

2. 活动总结

表演结束后，其他小组对表演小组进行点评和总结。

本章小结

就业政策与权益保护在大学生就业过程中具有不可忽视的作用，通过学习就业政策，毕业生可以有更多的就业选择。通过学习就业权益保护，可以提高就业技能和质量，使大学生更安全、更有保障地就业。

我国的高校毕业生数量大，就业需求多种多样，就业政策服务的高校类型及专业类型各有不同，但已覆盖到大多数的毕业生。本章针对不同就业政策进行了分析归纳，梳理了不同政策的面向人群、选拔程序、政策补偿等内容。要学习相关就业政策，运用好就业政策，除了能够解决部分同学的就业问题，更是同学们服务社会、实现自身社会价值的重要途径。

就业协议书由毕业生、用人单位和学校三方订立，主要规定毕业生的就业意向和用人单位的接收情况，并由学校作为主体保障毕业生和用人单位的权益。劳动合同由劳动者和用人单位之间订立，主要规定劳动合同期限、工作内容、劳动条件、报酬和纪律等条款。两者的区别主要在于内容、依据、主体等方面。劳务派遣是被派遣劳动者在用工单位的指挥、监督下从事劳动的新型用工形式。人事代理是由政府人事部门所属的人才服务中心，按照国家有关人事政策法规要求，接受单位或个人委托，提供人事档案管理、职称评定、社会养老保险金收缴、出国政审等全方位的服务。

毕业生就业权利包括平等就业权、自主择业权、信息知晓权、受就业指导权、受就业推荐权及违约求偿权，毕业生就业义务包括回报国家与社会的义务、如实介绍自身情况的义务、接受用人单位考核的义务及认真履行就业协议的义务；劳动争议处理机构包括劳动争议调解组织、劳动争议仲裁委员会及人民法院，劳动争议处理程序可以分为协商、调解、仲裁、诉讼四个阶段；我国社会保险险种主要包括基本养老保险、基本医疗保险、失业保险、工伤保险及生育保险；常见的求职陷阱包括欺骗宣传、违规收费、侵犯隐私、侵犯知识产权、虚假试用及协议（合同）陷阱等类型，毕业生求职中应该做到树立正确认知、防范招聘陷阱、重视签约环节及注意面试安全。

【案例分析】

用人单位对待员工个人信息勿任性

【案例】2023 年 3 月 7 日，湖北武汉一家医疗科技有限公司在例会上以"找内奸"为由，提出要查看员工手机，原因是有人泄露了公司的组织架构和人员信息。迫于无奈，员工们接受了检查，但没想到第二天，公司要求再次查看手机。这次员工林女士拒绝配合，公司却以此认为林女士就是"内奸"，强行将其辞退，并拒绝给予赔偿。

公司出具的员工辞退通知书上称，林女士严重违反公司规章制度及严重失职，达不到公司的岗位要求，给予解除劳动合同处理，且无须支付劳动补偿金。公司不仅拒绝支付劳动补偿金，还扣下其 2 月 1 日至 3 月 8 日的绩效工资，甚至在将其赶出办公区域时，强行检查其私人背包。而林女士表示，她于 2021 年 6 月入职该公司，在职期间并不存在违反公司规章制度的行为。

【思考题】

请结合上述案例谈谈劳动者权益受到侵害时，如何通过法律途径有效维护自身合法权益？

【课后作业】

1. 结合所学内容，请思考高校毕业生如何更好地运用现有的就业政策，实现习近平总书记"到新时代新天地中去施展抱负、建功立业"的殷切期望和嘱托。

2. 结合所学内容，采用列表形式比较就业协议与劳动合同的异同，并和同学一起相互考查。

【学习目标】

1. 掌握角色平衡发展及校园人到职场人转换的方法。

2. 熟悉职业社会对职场人的基本要求及有效的自我管理方法。

3. 了解职业生涯早期规划及医疗服务行业选人用人的基本条件。

【导入案例】

学历 ≠ 能力

有一个博士研究生毕业后到一家研究所就职，成为全单位学历最高的那个人。

有一天他到单位后面的小池塘去钓鱼，正、副所长正好坐在他的左右两边，也在钓鱼。他只是微微点了点头，心想："和这两个本科学历的人，有啥好聊的呢？"

不一会儿，正所长放下钓竿，伸伸懒腰，从水面上健步如飞地走到对面上厕所。博士生眼睛睁得都快掉下来了，惊呼："水上漂？不会吧？这可是一个池塘啊！"正所长上完厕所回来的时候，也是从水面上飞过来的。博士生很疑惑但却不好去问，只好独自纳闷。

过一阵，副所长也站起来，走几步，用同样的方式漂过水面去上厕所。这下子博士生更是差点昏倒："不会吧，到了一个江湖高手集中的地方？"

过了一会儿，博士生也内急了。这个池塘两边有围墙，要到对面厕所非得绕十分钟的路，而回单位上又太远，怎么办？博士生也不愿意去问两位所长，憋了半天后，也起身往水里跨："我就不信本科生能过的水面，我博士生不能过！"

只听"扑通"一声，博士生栽进了水里。两位所长将他拉了出来，问他为什么要下水，他问："为什么你们可以走过去呢？"

两所长相视一笑："这池塘里有两排木桩子，由于这两天下雨涨水正好在水面下。我们都知道这木桩的位置，所以可以踩着桩子过去。你怎么不问一声？"

感悟：学历代表过去，只有学习力才能代表将来。尊重经验的人，才能少走弯路。一个好的团队，也应该是学习型的团队。

第一节　从校园人到职场人的转换

大学生从校园生活步入职场生涯，周围熟悉的环境发生了根本性的变化。离开相对单纯的校园步入复杂喧闹的社会，大学生的角色发生了转变，社会的要求也发生了变化，因此原有的思维模式和行为习惯也要随之改变。毕业生能否顺利完成这个转变，并尽快进入新角色，是能否尽快适应职业环境的关键。因此，每一个即将就业的大学生，必须清楚地了解这种角色的转换过程。

一、角色、角色转换的定义

（一）角色的定义

角色（role），源于戏剧，原意是指戏剧或电影中演员扮演的剧中人物。现代心理学一般把角色定义为个体在特定的社会关系中处于一定的地位时所执行的职能。

在社会生活中，每个人担当的角色总是相对的，并随着个人的社会任务和职业的不断变化而变化。大学生从校园人转为职业人，要按照角色位置的需求不断提升综合能力，在实现组织和社会期望的同时，实现自己的职业价值和人生价值。

（二）角色转换的定义

角色转换是指随着个人在社会环境中身份和地位的变化，所扮演的角色相应变化，社会角色期望和个人角色意识、行为随之改变。大学生从校园环境到社会工作环境，从学生到劳动者，从完成学习到完成工作任务，这是每名大学生从校园人到职场人必须经历的全新的转换。

二、职业社会对职场人的基本要求

所谓职业人，就是参与社会分工、自身具备较强的专业知识、技能和素质等、并能够通过为社会创造物质财富和精神财富而获得其合理报酬，在满足自身精神需求和物质需求的同时，实现自我价值最大化的群体。

一般情况下，良好的职业素养对大学生能否顺利开展工作及能否在岗位上取得成就起着重要的积极促进作用，职业素养越高，在工作中获得的机会越多。那么如何培养良好的职业素养呢？

（一）建立良好的职业形象

良好的第一印象能使初出茅庐的大学毕业生快速得到单位的初步认可，有利于学生树立信心和培养战胜困难的勇气，为学生转为职业人打下良好基础。

1.合理安排，准时报到　作为新人进入单位报到的第一天，要提前合理规划好自己的事情，备齐新单位要求准备的证件，在约定的地点按时报到，避免给新单位留下丢三落四、缺乏时间管理、自由散漫、目中无人的不良印象。

2.衣着得体，仪表端庄　不同职业角色对衣着打扮有不同的要求，在着装上，要尽量大方得体，宁愿保守也不可过于前卫、时尚。事前要了解工作单位的文化理念，言谈举止要与企业性质和自己的岗位职责相匹配，注意衣服整洁干净，尺码适度。得体的衣着、端庄的仪表，会给初入职场的大学毕业生赢得良好的第一印象。

3.谦虚谨慎，注意细节　作为一位初入职场的社会新人，单位同事都是前辈和领导，经验更丰富、每个人都有值得去学习的地方。要时常虚心请教，说话做事应分场合、讲究分寸，待人接物要彬彬有礼、诚恳大方，脚踏实地地完成每项工作。

（二）较强的职业技能

职业技能是指所从事的职业所需的技术和能力，是否具备良好的职业技能是能否顺利就业的前提。

1. 扎实的专业功底　专业技能主要是指从事某一职业的专业能力。在求职过程中，招聘方最关注的就是求职者是否具备胜任岗位工作的专业能力。不是只有专业的教育背景才能让人更专业，实际工作中的磨炼才是提升专业素质的最好途径。

2. 有效的沟通交流能力　职业人的工作常常是与团队成员共同完成的，工作过程中还会与其他部门有工作上的交叉，也会遇到很多矛盾和难处理的问题。如果沟通交流能力欠佳，沟通不畅，或不懂得如何与相关部门沟通，则直接影响本部门工作的有效开展。如果与领导沟通渠道不畅，则易产生误会，容易导致执行力不强情况发生，甚至影响自身在新单位的提升空间。因此，有效的沟通交流能力是大学生向职业人转换的必备职业素质。

3. 较强的团队合作能力　团队合作是大学生转换为职业人的必备职业能力之一，也是职业人工作的一种重要方式。作为社会人，不是所有的事情都能靠单枪匹马来解决的，很多事情往往需要一个团队合作完成。团队合作能力是医务人员应当具备的重要能力。合格的职业人应该能够明确自己在团队的定位，营造良好的工作氛围，与团队成员做到取长补短，共同为团队发展作出贡献，从而实现团队目标。

4. 较强的时间管理能力　有效管理时间对每位职业者来说是一项重要能力，它能使你合理安排生活，善用时间，朝既定目标前进而不迷失方向。有研究发现，时间管理倾向能力越强的人，自律性越强，越能管理和安排好各阶段的工作任务。作为高校大学生，入职前如果能够很好地对时间做好积极的管理，不仅有利于提升管理时间的能力，避免时间的浪费，还能够更加积极地投入到学习之中，为以后的事业发展奠定良好的基础，更有利于实现自己的人生目标。

（三）积极的工作态度

在社会分工越来越精细，工作要求越来越严格，服务要求越来越高的今天，态度和能力经常被人捆绑在一起，成为做好每一项工作的前提。如今，职场压力越来越大，各行各业对员工能力和素养的要求不断攀升，工作态度与能力越发重要。

俗话说："也许努力不一定会成功，但如果你不努力就一定不会成功。"对于新入职的大学生来说，每天面对千篇一律的基层工作，难免会有厌倦情绪和麻木感觉，但我们必须端正态度，以饱满的精神状态，认真负责的态度，尽最大的努力，把每一个工作做好，从而提升个人的人格魅力，拓宽自己的发展空间。

三、校园人到职场人转换的方法

每个职场人几乎都要经历从校园人转变为职场人的过程，进入职场之后就要调整心态，转变观念，积极向职场人转变，凡事要主动，学会与领导和同事相处，快速实现从校园人到职场人的转变，就得掌握正确的方法。

（一）了解自己，明确方向

首先明确：我是谁、我想要什么、我有什么、我能做什么。从这几个问题入手，通过认真思考，会得出一个既有目标又有根据且符合实际的自我评价；同时，要正视他人评价、主动沟通，从踏入新的工作单位的大门起，必然会受到新群体对你的评论，这是在新的环境中，以新角色的要求对你作出的新的估价。要想了解自己的表现是否符合角色的要求，对自己的行为作出较准确的判断，都要借助于这些评价。

根据客观评价发挥自身的优势和不断挖掘自身的潜能，确定自身的职业发展方向，把兴趣爱好和技能特长作为支撑点，尽快从学生学习生活的模式中解脱出来，全身心地投入到工作岗位中去。

（二）调整心态，热爱工作

调整就业心态，做好心理准备是角色转换的基础。过硬的职业技能对职业成功固然重要，但充分的心理准备更是不可缺少的，毕业生要有"抗挫折"的心理准备。一般来说，大学生初入职场不会一帆风顺，如果心理准备不足，就会产生不良情绪，影响自身工作状态，甚至连累整个团队的工作进度。因此，要提前调整心态，充分做好心理上的"受挫准备"。尽快让自己在较短的时间内融入新组织、新团队。

（三）提高智商，重视情商

职场上拥有较高的情商能更胜一筹。较高情商的人，自信而不自满，很乐观，很幽默，能站在别人的角度想问题，有较好的人际关系，做事不怕难，心理承受能力强，能应对大多数的问题。这样的人会为自己营造出和谐、轻松愉悦的工作氛围，工作效率也会相应提高。在实际工作中，尽管大部分工作是相对死板的，但人际关系是活泛的，灵活处理人际关系，拥有职场高情商，会让工作更出彩。

（四）虚心学习，勤于思考

虚心学习知识，提高工作能力是角色转换的重要手段。很多知识和能力需要在工作实践中去学习、锻炼和提高。大学毕业生在校期间虽然学到了不少知识和技能，但面对全新的职业，还需要不断充实最新的专业知识和技能，沿着职业规划的路径努力前进，每天进步一点，积极自我提升，最终达到自我完善。

勤于观察思考、善于发现问题是角色转换的有力保障。大学毕业生要积极运用自身掌握的知识去分析、研究新单位的内部规律，得出自己的独到见解，逐步培养独立开展工作的实践能力。

（五）规划职业，勇于担当

正确合理的职业生涯规划是事业取得成功的关键因素。毕业生初期求职，首先要清晰所选岗位职责，进入单位后知道自己应该做什么，从而避免茫然、不知所措带来的心理压力。其次，了解单位倡导的文化理念，找到自己与单位文化的融合点，增强归属感和自豪感，这种积极心态有助于快速融入新环境，让工作充满乐趣。

勇于担当、乐于奉献是完成角色转换的重要标志。走上工作岗位以后，一定严格要求自己，树立主人翁意识，增强社会责任感，培养无私奉献的精神，任劳任怨，不计个人得失，努力承担岗位责任，主动适应工作环境，促使自己更好、更快地完成角色转换。

总之，初涉职场的大学生，只有充分认识自己的优点与缺点、所适与不适，不论遇到什么困难，认真对待生活，沿着职业规划的路径一直努力前进，完成角色转变其实并不难。

知 识 链 接

初入职场十大提示

对刚刚步入职场的大学生来说，一切都是新的开始，同时自己也会对职场生活充满期待，那么如何才能在职场中顺利地发展下去呢？以下是给初入职场的年轻人一些提示。

一、自信

既然他们已经选择了你，就证明了你身上的某些特质符合公司的要求。认真总结自己的优缺点，这将帮助你更好地了解自己能力，如果足够自信，周围的人一定能关注到你，并对你产生信任感。

二、了解单位

通过单位内部网站多了解公司，包括公司的历史、组织架构和职能，此外，还要准确了解自己的定位。

三、准时

尽量提前抵达办公室。第一天上班一定会十分紧张，如果迟到，一定会让自己一整天都变得神经高度紧张。

四、细心

随身带个记事本，记录一些对你来说也许有用的资料。不要羞于启齿向同事询问你的一些疑问。但态度和方法要温和，而且要记住，没有必要在上班第一天就要求自己对一切都了如指掌。

五、第一印象是关键

有很多因素会影响你给他人留下的第一印象：肢体语言、表达方式、穿着打扮。对一个职场新人来说，最好的名片就是微笑。在表达自己的想法时，要做到有教养、谦逊、谨慎和亲切。在穿着上要低调且不失精致。

六、熟悉工作环境

试着记住每一位与你有关的同事的姓名，包括你的上司和团队的工作伙伴，记住自己的岗位和经常要去的地方，比如上级的办公室、打印室和卫生间等。

七、自然

职场关系的建立依靠的是时间，而不是刻意营造。在参加会议时保持谦逊的态度，认真倾听，不急于发言，迟早有一天你会融入团队中。

八、关注他人

三人行必有我师，时刻以同事为榜样，留心观察别人的行为处事方式。

九、展现好学的一面

表现出对自己职位和对单位战略目标的兴趣和认同。如果你能表现出对工作充满乐观和热情的一面，上级一定会认为你是一个具备潜能的得力干将。

十、不要过分提要求

时刻谨记这是你上班的第一天，任何人都没有期待你在一开始就做到完美。你需要有一段适应期，以便熟悉公司的所有程序和单位文化，以及你职责范围内的工作。在未来的日子里，你有充分的时间展现和证明你的才华。

第二节　职业生涯早期的规划管理

职业生涯是一个人的职业历程，包括一个人一生中所有与职业相联系的行为和活动，以及态度与价值等经历的过程，也是其个人理想的实现过程。学习生活是整个职业生涯的基础，在学习阶段就应当为未来的职业生涯打好基础，做好准备。学习生活或长或短，最终必然选择职业而进入相对长的职业生涯。中学参加高考时，对未来的职业有过初步思考，填报专业时，对未来职业充满憧憬；进入大学后，与未来的职业距离更近了；许多同学考取了研究生，对未来的职业有了更加明确的认识与选择。临近毕业，参加社会实践，对自己所学专业有了进一步的感性了解，明确方向，积累经验，为毕业后的求职择业打下坚实的基础。

一、明确职业生涯早期规划

对职业的适应是大学生社会化的重要阶段和组成部分，是在对职业具有一定认识和了解的基础上，通过对原有的职业观念、态度和行为习惯进行不断的调整和改变，以适应职业的要求和职业的变化。

（一）职业规划是就业准备的基础和主要内容

1. 职业规划是大学生就业的指路明灯，是做好就业准备的基础　在社会竞争日益激烈的年代，能否给自己找到一个适合的位置，充分发挥自己的专业才能和智慧，不仅需要良好的愿望，更需要具备一定的实力。

职业规划的出发点就是客观公正地认识自己，评价自己的能力与智慧，判断自己的性格与情绪，找出自己的特点与优势。在充分认识自己的基础上，开发自己、改变自己、塑造自己，跨越自己的障碍，把握并体现自己，使自己的才能得到施展。确定符合自己兴趣与特长的职业路线，设定自己的人生目标，运用科学的方法，化解人生发展中的危机，奠定走上工作岗位的思想和心理准备。

理性分析职业规划对大学生就业的重要影响，不仅可以帮助大学生正确、客观地面对社会，认识自我，还为就业指导工作提出了新的研究课题。作为培养高层次人才的高等学校，应责无旁贷地担负起引导大学生做好职业规划和开发工作，并在激烈的市场竞争中，实现人才资源的合理配置和科学流动，使大学生顺利成为社会需要的有用人才。

2. 职业规划是就业指导的重要内容，是促进大学生成才的有效方法　职业规划可以为求职择业提供成功的技术与方法，帮助大学生运用适当的方法，采取有效的措施，克服职业发展中的困难和障碍，避免人生陷阱，取得事业成功。

社会快速变迁，竞争不断加剧。对自己未来职业发展没有思考，在求职择业时就会缺乏方向，迷茫彷徨，这可能会导致一些大学生内心惶恐，手忙脚乱，甚至身心受到伤害；及早做好职业规划，认清自己，并在自己内在潜能上不断挖掘与开发，才能正确把握人生方向，创造成功的人生。

无论从事什么职业，只要通过科学的职业规划，坚持不懈的努力，都可能使个人的目标得以实现。因此，职业规划不仅是促进大学生成才的一种有效方法，而且也是大学生就业指导的一项重要内容。

（二）重视大学生职业规划，开拓美好前程

大学生都有成才的愿望，若缺乏职业规划，目标不明确，必然导致学习上的盲目性，直接的表现则是，涉猎知识结构失衡，学习动力不足，适应社会能力弱化，这势必影响到长期的职业发展。因此，要尽早做好职业规划，树立正确的就业择业观，结合自身素质特征、个人价值取向和兴趣爱好，考虑人才市场的需求现状与趋势，设计适合自己的职业规划，实现自己的人生理想，开拓自己美好的人生发展道路。

总之，职业规划是做好就业指导的基础和重要内容，就业指导是职业规划的归属和实现途径，两者相辅相成，相互促进。完善自己的就业准备，必须做好职业规划；职业规划尽早制订，必须紧紧围绕就业指导来进行。

二、学会有效的自我管理方法

大学生长期的"学生角色"一结束，就意味着"新职场角色"的到来，要尽快适应新职场，就必须了解新职场。只有在了解学生与职场人角色差异的基础上，才能有效地做好自我管理。

（一）学生与职场人的角色不同

1. 生活环境不同　学生生活在相对简单、单纯、封闭的校园环境中，学习方式、交往方式、消费方式等氛围都较为轻松，除必修课和选修课外，时间相对自由宽松。

职场人基本处于紧张激烈的竞争环境中，需要面临大量的职场工作，生活不得不加快节奏，能自由支配时间较少，面对的压力较大。

2. 社会责任不同　学生的主要责任是学习和提升各方面能力，鼓励学生探索创新，不怕失败和走弯路，有一定的容错性，相应的规范制度也较为宽松。

职场人的主要责任是胜任职场岗位，创造价值并获取报酬，如果在职场行为中犯了错，是要承担后果的。

习惯了高校相对宽松管理环境的大学生，初到工作岗位成为职场人，对职场岗位的纪律和管理制度可能会一时难以适应。

3. 管理方式不同　学生主要生活在校园，由学校和院系统一监督和管理，强制性地帮助学生养成良好的生活习惯。学业上，学生按照人才培养方案完成必要的学习计划和任务，基本就完成学业了，之后可以顺利毕业。

职场人在工作时间内，必须遵守职场的相关规定和要求，工作时间外则可以自由安排，业余生活一般不会因职场工作而受过多约束；若想规律地生活，全靠自我约束、自我控制、自我管理。

4. 人际交往不同　学生人际交往范围基本控制在校园，如同学、老师、亲戚、朋友等，社交范围相对较小，即便有竞争与合作关系，其本质也是为了学习和提高自我能力，一般来说并不会从根本上影响彼此之间的利益分配，人际关系总体来讲较为简单与单纯。

职场人在职场环境里，尤其是在销售与服务时，每天要面对形形色色的人，与不同的人打交道，而且职场人之间的竞争是直接与个人利益挂钩的，直接影响到利益的分配，职场人的人际关系相对较为复杂。

5. 认知方式不同　学生主要是受教育者，要求理解、接受外界的给予，即接受和输入。认知世界的方式主要以理论学习为主，实践为辅，获取知识渠道大多是通过书本、课堂、网络等，内

容多为间接的、理论的，对客观世界和主观世界的认知往往带有浪漫主义的色彩。

职场人认知世界的方式主要以亲身实践为主，理论学习为辅，运用自己的知识和能力，向外界陈述自己的见解，表述自己的立场，即运用和输出。在职场实践中，会遇到各式各样的琐事，尤其是工作中的坎坷经历，往往会改变他们对世界的认知，这些经历通常是直接的、具体的、触及灵魂的，迫使他们反思过去的认知观点而滑向另一个极端——现实主义。

经历多年的校园生活后走向社会职场，产生不适应感是正常情况，只要对这种差异有所了解、有所准备，相信绝大多数学生能够很快实现角色转变，适应职场生活。

（二）了解职场的一般特点

1. 竞争性　21世纪是人才的社会，是知识经济的社会，按照目前最时髦的说法可以称作"ChatGPT"开启的智能社会。职场岗位将继续朝着"少而精"的方向发展，岗位对知识、技术含量的要求越来越高。在自主择业、双向选择的市场经济条件下，职场竞争无处不在。

2. 挑战性　作为一名职场人，要独立承担自己的工作职责，胜任自己的工作岗位，毫无疑问需要面对知识与技术的挑战、能力与素质的挑战、沟通与协调的挑战、智慧与才能的挑战、信心与决策的挑战，只有敢于应对这些挑战，攻坚克难，才能走向成功。

3. 复杂多变性　职业结构将呈现就业自主化和流动加速化的典型特征，具体表现为工作灵活化、知识为本化、劳动人本化、职业国际化。这些特点将逐渐形成竞争与发展并行、机遇与挑战并存的格局。随着生产力的快速发展，社会分工越来越多，越来越细，也越来越复杂。

（三）了解医疗服务业的一般特点

医疗服务业最基本的功能是治疗和预防疾病，保障全民身体健康，提高全民身体素质。它属于社会公益性事业，是社会保障体系的重要组成部分，具有所有服务的共性，也具有一定的独特性。这些特点对医疗服务的发展有消极的一面，也有积极的一面。

1. 服务的无形性与不可分离性　无形性是医疗服务的一个特征，人们也以此来界定服务。我们可以从几个不同的层次来理解。首先，服务的很多元素看不见、摸不着、听不到、尝不着、无形无质。其次，顾客在购买服务之前，往往不能肯定他能得到什么样的服务。最后，顾客在接受服务之后，通常很难察觉或立即感到服务的利益，也难以对服务的质量作出客观的评价。由于医疗服务是无形的，顾客很难感知和判断其质量，他们将更多根据服务人员、设施和环境等有形线索和医院的口碑来进行判断。

医疗单位向顾客提供服务时，也正是顾客消费医疗服务的时刻，两者在时间上不可分离，而且提供者与顾客在医疗服务产生时是相互作用的，两者共同对服务结果产生影响。医疗服务的不可分离性是医疗服务营销管理的中心。医疗质量的好坏很大程度上受到医患双方合作意识、指导、接受能力与配合程度的影响。

2. 医疗服务具有公益性和伦理性的特点　医疗服务是以社会成员的共同利益为出发点，预防治病，保障人们健康，提供服务者不仅要发扬救死扶伤的人道主义精神，同时还应具备对医疗事业无私奉献的价值观念和高尚的医德情操。医疗服务的伦理性、公益性决定了医院要坚持经济效益与社会效益的有机统一。医院提高经济效益的根本途径在于提高医疗服务的水平与质量，在福利性和公益性的基础上，获得一定的经济收入，实现对资源消耗的补偿，实现自身良性循环。

3. 医疗服务的不可存储性与科学性　服务是不能存储的，这就给服务的大规模生产和销售服务带来了限制，所以医院要获得规模经济效益就必须比制造企业付出更多的努力。

医务工作者都是掌握一定专业的技术人员，他们具有较高的医学科学知识和医疗技术，医疗机构也拥有相应的医疗设备，医务人员在医疗实践中，不断学习医学科学知识，医疗水平也不断提高，以满足人民群众对医疗的日益需求，更好地服务患者。

4. 特殊的医患关系   其他服务行业往往把顾客看作"上帝"，顾客需要什么就可以提供什么，服务人员处于被动地位；医疗服务提供者与顾客在对疾病的认识程度上是不对称的，医疗服务提供者占有优势。医院的竞争力来自与顾客建立的具有高度信任的专业化服务，医疗服务也会因为有了大量稳定的顾客而大有可为。这种特殊的医患关系也是医疗活动中应予以重视的重要环节。

（四）了解医疗服务行业选人用人的一般原则

医疗服务业选拔人员广泛，涉及学科较多，既需要医学相关方面的专业人才、管理人才，又需要边缘学科、交叉学科的人才。

1. 高尚的医德修养   高尚的医德和精湛的医术同样重要，所以医务人员在强调提高业务的同时，还应具备高尚的情操、正确的价值观和高度的责任心。只有德才兼备，才能在工作中对医术精益求精、全心全意为病人服务。

2. 过硬的专业技术   医学不同于其他的学科，医学面对的是人的生命，医务工作直接关系到病人的生命安危。医务人员只有不断钻研业务，提高技术水平，才能使更多的患者脱离病痛的折磨；反之如果医疗事故不断，就失去了患者对医院最基本的信任，也缺乏了沟通的基础，当然会制造出更多的医疗纠纷。

3. 良好的人文修养   良好的人文修养可以使医务人员兴趣广泛，格调高雅，博闻强识，与时俱进，不断更新业务知识和服务理念，提高对疾病诊断和相关问题的洞察能力。通过对法律法规的学习，可以更加理性地处理医患关系；通过对心理学知识和地理文学知识的学习，可以掌握不同人群的风俗习惯、思维方式及不同层次患者的心理变化与需求，深层次地与病人进行沟通和交流。

4. 保持健康的心态   面对日益激烈而残酷的医疗市场竞争，医务人员面临社会舆论、医患矛盾等压力，此时保持健康的心理素质至关重要。在日常医疗实践中，我们会发现少数医务人员把个人的情绪带到工作中并传导给病人，造成病人的不满，加重医患纠纷。我们要提高自己的心理承受能力，在工作中不断学习，提高社会认知能力，丰富自己的情感世界，保持乐观豁达、充满阳光的心态。

三、注意角色的平衡发展

面对新环境，新入职的大学生要从实际出发，沉着冷静，敢于竞争，以顽强的意志克服各种困难，相信自己，以积极心态，争取在职场竞争中占据主导地位。

（一）注意与单位环境、文化及背景的适应

单位一般会通过开展岗前培训对新员工进行入职前教育，新入职人员应尽快明确自己所在单位的工作内容、特点及社会对这一角色的期望等，明确自己该做些什么、怎样去做、怎样才能做好等有关内容，主动了解单位有关规定和岗位职责规范，尽快熟悉自己的职场角色。

单位文化是凝聚全体员工的精神力量，包括物质文化、精神文化和价值理念三个层面，它的存在有其历史原因，更有现实意义。通过了解一个单位的文化，可以迅速了解这个单位的精神和宗旨——单位生命的源泉。帮助职场新人更新观念，加快适应单位发展与个人进步的步伐。

一般来说，了解一个单位的文化和背景主要有三条途径。一是查阅单位历史资料，清晰明确地帮助你了解这个单位的过去，以便更好地展望未来；二是咨询单位老人，通过前辈口授相传，经验介绍，尽量做到心领神会；三是亲身体验，通过自身在处理问题的过程中，摸索体会，思考感悟。

（二）注意心理调适与职业的适应

职业适应也叫工作适应，指的是人们在职业活动中，面对各种问题时产生的一系列心理活动。具体讲，就是根据职业性质和要求对自身的身心系统进行评价，对职业行为进行自我调适，学习职业必备的知识和技能并运用于职业实践，努力达到自我与经验互相一致的心理过程。

面对陌生环境首先要克服戒备、胆怯和自负心理。对新环境不能处处设防，担心自己受到伤害把自己"包裹"起来，置于群体之外；也不能谨小慎微，严重压抑自己才能的发挥；更不能自视甚高，认为自己年轻、有知识，从事基层工作是大材小用。

要敢于面对挫折和失败，准确界定自己的新角色。面对新单位、新环境，犯一些错误受到批评，这是再正常不过的事情，不能因此而怀疑自己的能力，放大自己的错误。要敢于面对失败，增强战胜困难的勇气，给自己一些积极的心理暗示，明确自己在团队中的准确位置，既不越位，也不缺位，让同事们尽快接纳你，发现自己的闪光点，及时肯定自己。

要保持恒心和耐心，树立美好的第一印象。大学生进入职场，最大的感觉往往是理想与现实的差距，所谓"理想很丰满，现实很骨感"。大学生刚毕业满怀理想和志向，渴望取得事业上的成功，这是一种可贵的精神。但是，任何事业的成功，都不可能一蹴而就，切不可幻想短时间内就能顺利实现自己的愿望，不能急于求成，产生浮躁心理，缺乏恒心和耐心，甚至产生跳槽的心理，这是新入职大学生的大忌。

（三）注意知识、技能及创新能力的扩展与适应

知识的基本结构由实践经验知识、文化基础知识、专业知识和哲学知识组成；技能的基本结构由智力、一般能力、特殊能力和创造能力组成。大学生没有进入职场以前所学知识大部分是"纸上谈兵"的理论知识，个别知识虽然经过学校"实验室"检验，但大部分知识尚未经过"生产实践"和"处理人与人之间关系的实践"检验。相对于一个专门行业，知识量尚需大幅度提升，知识结构、技能结构尚需进一步优化，只有不断学习新知识，增强自身素质和能力，不断提高工作技能和业务水平，才能适应社会的发展。

对于医学生更是如此。医学知识更新速度加快，正在呈指数增长。根据《美国临床和气候学协会 2011 年会刊》的一项研究，医学知识的倍增时间在 1950 年大约为 50 年，在 1980 年加速到了 7 年，2010 年为 3.5 年，而到 2020 年则将缩短至 73 天。有人形象地比喻，过去是"三十年河东三十年河西"，现在是"三年河东三年河西"，甚至每一年都有不同医学专业的学术年会，出台新的行业标准。医学知识日新月异，我们需要与时俱进。通过不断补充最新的医学前沿信息，整合自身已有的知识理论框架，指导日常的临床实践。扩大知识的内涵和外延，不断充实自己，从而适应各项工作与挑战。

走上工作岗位，需要完善和提高的绝非知识本身，非智力因素也是影响工作效率与职业生涯发展的重要因素。非智力因素包括情绪、自信心、意志力、观察力、思考力等非逻辑思维能力。创新思维作为人脑对现存信息进行综合加工而产生新信息的高级能力，是逻辑思维和非逻辑思维的辩证统一，但是非逻辑思维在整个创造活动中，特别是在创造的起始阶段必不可少，且尤其重

要，其特点是发散性、独创性和新颖性，因此人们通常把非逻辑思维视为创造性思维。

（四）注意独立生活与人际关系的适应

成为职业人后往往需要自己独立处理日常生活中的衣食住行，这是学生走向社会必须面对且无法回避的一种能力诉求。但是，在职场又不能做孤家寡人，离群索居。职场人际关系是诸多人际关系的一种类型，是身在职场中的人必须全面把握和灵活运用的一种社会关系。

养成良好的生活习惯。参加工作之后，空闲时间和自由支配时间较多，但不能无所事事，要把业余时间充分利用起来，不断充实自己，提高自己独立完成任务的能力；学校生活相对宽松，且较为规律，职场生活相对紧张，且较为自由，入职后若不严于律己，以往养成的懒散、自由、娇弱、嘴馋等毛病，完全有可能无以复加，直接的损害便是身体，最严重后果便是不能适应新的工作岗位。

作为职场人，由于工作原因要与各式各样的人打交道。职场上流传着"三分做事，七分做人"的说法，说明人际关系的重要性。良好、和谐的人际关系可以消除人的陌生感和孤独感，使人生活愉快，工作顺心。职场人既不能脱离具体的社会实践和社会关系而抽象地、绝对地把人际关系看作决定人行为本质的东西，甚至把人际关系作为自身发展的唯一筹码；也不能忽视人际关系的地位和作用，而固执地认为，自己与工作直接发生关系，只要干好本职工作就行了，没必要看别人脸色，整天高度关注和别人的关系。

除此之外，还有身体的适应、生活方式的适应、风俗习惯的适应，等等，甚至包括理性对待多次择业的适应。总之，人才流动是个人发展的需要，也是社会发展的需要。作为大学生，应该在开始职业生涯后很快适应工作，并从工作中收获快乐和自我肯定。但是，如果工作后感到事与愿违，就要准确把握时机，谨慎地调整自己的岗位，以便更好地发挥自己的聪明才智，理性规划职业生涯。

本章小结

大学毕业生从校园生活步入职场生涯，角色发生了转变，能否顺利完成这个转变，关系到能否尽快适应职业环境及未来的新生活。从校园人到职场人的角色转换是每名毕业生都必须经历的阶段。职业社会对职场人的基本要求主要有：建立良好的职业形象、具备较强的职业技能和积极的工作态度。从校园人到职场人转换的方法主要是：了解自己，明确方向；调整心态，热爱工作；提高智商，重视情商；虚心学习，勤于思考；规划职业，勇于担当。

职业规划是就业指导的基础和重要内容，是促进大学生成才的有效方法。学生与职场人在生活环境、社会责任、管理方式、人际交往和认知方式等方面都有明显的不同。职场具有竞争性、挑战性和复杂多变性。医疗服务行业选人用人的一般原则是：高尚的医德修养；过硬的专业技术；良好的人文修养；保持健康的心态。大学生在职业生涯早期规划中要注意角色的平衡发展，主要是：注意与单位环境、背景与文化的适应；注意心理调适与职业的适应；注意知识、技能及创新能力的扩展与适应；注意独立生活与人际关系的适应。

【推荐资源】

《2023—2029 年中国医疗服务市场调研回顾及投资前景战略分析报告》

【思考题】

1. 角色及角色转换指的是什么？简述校园人与职业人的不同。

2. 毕业生应如何顺利适应职业角色？

3. 医疗服务行业有什么特点？医学院校毕业生怎样准备才能更好地符合或者适应医疗服务行业选人用人的条件？

【课后实训】

请你利用课余时间到周围药店、诊所或医院主动进行一次见习，体验一下在其中工作的感受，谈一谈这一工作角色面临哪些挑战和不同。你是如何应用在学校所学到的技能开展工作的？

主要参考书目

［1］曹世奎，郑伟峰.中医药大学生职业发展与就业指导［M］.北京：中国中医药出版社，2019.

［2］张伯礼，王启明，卢国慧.新时代中医药高等教育发展战略研究［M］.北京：人民卫生出版社，2018.

［3］曹敏.大学生职业发展与就业指导［M］.长沙：湖南科学技术出版社，2017.

［4］谷晓红.大学生职业发展规划［M］.北京：中国中医药出版社，2017.

［5］张继栋.大学生职业发展与就业指导［M］.北京：高等教育出版社，2013.

［6］李芳.大学生就业能力现状及其提升路径研究［M］.北京：中国华侨出版社，2021.

［7］邓双喜，刘高见，王淑慧.大学生就业指导［M］.成都：电子科技大学出版社，2021.

［8］崔爱惠，张志宏，刘轶群.大学生职涯发展与就业指导实训教程［M］.北京：现代教育出版社，2017.

［9］刘鑫，宋宇翔，门奎英.大学生就业指导［M］.成都：电子科技大学出版社，2020.

［10］王庆洲.大学生创业与就业指导［M］.天津：天津科学技术出版社，2019.

［11］张红兰，胡慧远，郑文清.大学生就业与创业指导［M］.天津：天津人民出版社，2020.

［12］王长青.大学生就业创业指导［M］.南京：南京大学出版社，2017.

［13］武承泽.简历写作与求职通关一册通：技巧 模板 范例［M］.北京：人民邮电出版社，2020.

［14］毛婷婷，门奎英.大学生就业指导与实践［M］.北京：清华大学出版社，2022.

［15］丛立，陈伟.大学生就业指导［M］.北京：北京理工大学出版社，2021.

［16］施佩刁，宋新辉.大学生职业生涯规划与就业指导［M］.北京：北京邮电大学出版社，2020.

［17］崔杰.大学生涯规划100题［M］.北京：人民出版社，2019.

［18］伍祥伦，何东，杨德龙.大学生就业指导与创新创业教育［M］.北京：科学出版社，2017.

［19］刘建中.大学生就业指导微课版［M］.成都：电子科技大学出版，2020.

［20］罗正红，舒鹦姿，刘顺春.大学生就业与创业指导［M］3版.北京：首都师范大学出版社，2021.

［21］彭海华，唐正君.大学生职业发展与就业指导［M］.长沙：湖南科学技术出版社，2021.

［22］范崇源，姚旭东，杨梅.大学生就业指导［M］.沈阳：东北大学出版社，2022.

［23］文军，孟超，杨晓艳.大学生就业指导实务［M］.成都：电子科技大学出版社，2020.

［24］袁国.新时代大学生就业指导教程［M］.北京：中国社会出版社，2021.

［25］黄有霖.大学生就业与创业指导（修订版）［M］.厦门：厦门大学出版社，2016.

［26］王尧，叶莹.大学生职业生涯规划［M］.北京：首都师范大学出版社，2022.

［27］曹世奎.医学生创新创业基础［M］.北京：中国中医药出版社，2021.

［28］黄勇林.大学就业指导［M］.北京：中国原子能出版社，2019.

［29］喻艳.大学生学业与职业生涯规划指导［M］.西安：西安电子科技大学出版社，2018.

全国中医药行业高等教育"十四五"规划教材
全国高等中医药院校规划教材（第十一版）

教材目录

注：凡标☆号者为"核心示范教材"。

（一）中医学类专业

序号	书 名	主 编		主编所在单位	
1	中国医学史	郭宏伟	徐江雁	黑龙江中医药大学	河南中医药大学
2	医古文	王育林	李亚军	北京中医药大学	陕西中医药大学
3	大学语文	黄作阵		北京中医药大学	
4	中医基础理论☆	郑洪新	杨 柱	辽宁中医药大学	贵州中医药大学
5	中医诊断学☆	李灿东	方朝义	福建中医药大学	河北中医药大学
6	中药学☆	钟赣生	杨柏灿	北京中医药大学	上海中医药大学
7	方剂学☆	李 冀	左铮云	黑龙江中医药大学	江西中医药大学
8	内经选读☆	翟双庆	黎敬波	北京中医药大学	广州中医药大学
9	伤寒论选读☆	王庆国	周春祥	北京中医药大学	南京中医药大学
10	金匮要略☆	范永升	姜德友	浙江中医药大学	黑龙江中医药大学
11	温病学☆	谷晓红	马 健	北京中医药大学	南京中医药大学
12	中医内科学☆	吴勉华	石 岩	南京中医药大学	辽宁中医药大学
13	中医外科学☆	陈红风		上海中医药大学	
14	中医妇科学☆	冯晓玲	张婷婷	黑龙江中医药大学	上海中医药大学
15	中医儿科学☆	赵 霞	李新民	南京中医药大学	天津中医药大学
16	中医骨伤科学☆	黄桂成	王拥军	南京中医药大学	上海中医药大学
17	中医眼科学	彭清华		湖南中医药大学	
18	中医耳鼻咽喉科学	刘 蓬		广州中医药大学	
19	中医急诊学☆	刘清泉	方邦江	首都医科大学	上海中医药大学
20	中医各家学说☆	尚 力	戴 铭	上海中医药大学	广西中医药大学
21	针灸学☆	梁繁荣	王 华	成都中医药大学	湖北中医药大学
22	推拿学☆	房 敏	王金贵	上海中医药大学	天津中医药大学
23	中医养生学	马烈光	章德林	成都中医药大学	江西中医药大学
24	中医药膳学	谢梦洲	朱天民	湖南中医药大学	成都中医药大学
25	中医食疗学	施洪飞	方 泓	南京中医药大学	上海中医药大学
26	中医气功学	章文春	魏玉龙	江西中医药大学	北京中医药大学
27	细胞生物学	赵宗江	高碧珍	北京中医药大学	福建中医药大学

序号	书　名	主　编		主编所在单位	
28	人体解剖学	邵水金		上海中医药大学	
29	组织学与胚胎学	周忠光	汪　涛	黑龙江中医药大学	天津中医药大学
30	生物化学	唐炳华		北京中医药大学	
31	生理学	赵铁建	朱大诚	广西中医药大学	江西中医药大学
32	病理学	刘春英	高维娟	辽宁中医药大学	河北中医药大学
33	免疫学基础与病原生物学	袁嘉丽	刘永琦	云南中医药大学	甘肃中医药大学
34	预防医学	史周华		山东中医药大学	
35	药理学	张硕峰	方晓艳	北京中医药大学	河南中医药大学
36	诊断学	詹华奎		成都中医药大学	
37	医学影像学	侯　键	许茂盛	成都中医药大学	浙江中医药大学
38	内科学	潘　涛	戴爱国	南京中医药大学	湖南中医药大学
39	外科学	谢建兴		广州中医药大学	
40	中西医文献检索	林丹红	孙　玲	福建中医药大学	湖北中医药大学
41	中医疫病学	张伯礼	吕文亮	天津中医药大学	湖北中医药大学
42	中医文化学	张其成	臧守虎	北京中医药大学	山东中医药大学
43	中医文献学	陈仁寿	宋咏梅	南京中医药大学	山东中医药大学
44	医学伦理学	崔瑞兰	赵　丽	山东中医药大学	北京中医药大学
45	医学生物学	詹秀琴	许　勇	南京中医药大学	成都中医药大学
46	中医全科医学概论	郭　栋	严小军	山东中医药大学	江西中医药大学
47	卫生统计学	魏高文	徐　刚	湖南中医药大学	江西中医药大学
48	中医老年病学	王　飞	张学智	成都中医药大学	北京大学医学部
49	医学遗传学	赵丕文	卫爱武	北京中医药大学	河南中医药大学
50	针刀医学	郭长青		北京中医药大学	
51	腧穴解剖学	邵水金		上海中医药大学	
52	神经解剖学	孙红梅	申国明	北京中医药大学	安徽中医药大学
53	医学免疫学	高永翔	刘永琦	成都中医药大学	甘肃中医药大学
54	神经定位诊断学	王东岩		黑龙江中医药大学	
55	中医运气学	苏　颖		长春中医药大学	
56	实验动物学	苗明三	王春田	河南中医药大学	辽宁中医药大学
57	中医医案学	姜德友	方祝元	黑龙江中医药大学	南京中医药大学
58	分子生物学	唐炳华	郑晓珂	北京中医药大学	河南中医药大学

（二）针灸推拿学专业

序号	书　名	主　编		主编所在单位	
59	局部解剖学	姜国华	李义凯	黑龙江中医药大学	南方医科大学
60	经络腧穴学☆	沈雪勇	刘存志	上海中医药大学	北京中医药大学
61	刺法灸法学☆	王富春	岳增辉	长春中医药大学	湖南中医药大学
62	针灸治疗学☆	高树中	冀来喜	山东中医药大学	山西中医药大学
63	各家针灸学说	高希言	王　威	河南中医药大学	辽宁中医药大学
64	针灸医籍选读	常小荣	张建斌	湖南中医药大学	南京中医药大学
65	实验针灸学	郭　义		天津中医药大学	

序号	书　名	主　编		主编所在单位	
66	推拿手法学☆	周运峰		河南中医药大学	
67	推拿功法学☆	吕立江		浙江中医药大学	
68	推拿治疗学☆	井夫杰	杨永刚	山东中医药大学	长春中医药大学
69	小儿推拿学	刘明军	邰先桃	长春中医药大学	云南中医药大学

（三）中西医临床医学专业

序号	书　名	主　编		主编所在单位	
70	中外医学史	王振国	徐建云	山东中医药大学	南京中医药大学
71	中西医结合内科学	陈志强	杨文明	河北中医药大学	安徽中医药大学
72	中西医结合外科学	何清湖		湖南中医药大学	
73	中西医结合妇产科学	杜惠兰		河北中医药大学	
74	中西医结合儿科学	王雪峰	郑　健	辽宁中医药大学	福建中医药大学
75	中西医结合骨伤科学	詹红生	刘　军	上海中医药大学	广州中医药大学
76	中西医结合眼科学	段俊国	毕宏生	成都中医药大学	山东中医药大学
77	中西医结合耳鼻咽喉科学	张勤修	陈文勇	成都中医药大学	广州中医药大学
78	中西医结合口腔科学	谭　劲		湖南中医药大学	
79	中药学	周祯祥	吴庆光	湖北中医药大学	广州中医药大学
80	中医基础理论	战丽彬	章文春	辽宁中医药大学	江西中医药大学
81	针灸推拿学	梁繁荣	刘明军	成都中医药大学	长春中医药大学
82	方剂学	李　冀	季旭明	黑龙江中医药大学	浙江中医药大学
83	医学心理学	李光英	张　斌	长春中医药大学	湖南中医药大学
84	中西医结合皮肤性病学	李　斌	陈达灿	上海中医药大学	广州中医药大学
85	诊断学	詹华奎	刘　潜	成都中医药大学	江西中医药大学
86	系统解剖学	武煜明	李新华	云南中医药大学	湖南中医药大学
87	生物化学	施　红	贾连群	福建中医药大学	辽宁中医药大学
88	中西医结合急救医学	方邦江	刘清泉	上海中医药大学	首都医科大学
89	中西医结合肛肠病学	何永恒		湖南中医药大学	
90	生理学	朱大诚	徐　颖	江西中医药大学	上海中医药大学
91	病理学	刘春英	姜希娟	辽宁中医药大学	天津中医药大学
92	中西医结合肿瘤学	程海波	贾立群	南京中医药大学	北京中医药大学
93	中西医结合传染病学	李素云	孙克伟	河南中医药大学	湖南中医药大学

（四）中药学类专业

序号	书　名	主　编		主编所在单位	
94	中医学基础	陈　晶	程海波	黑龙江中医药大学	南京中医药大学
95	高等数学	李秀昌	邵建华	长春中医药大学	上海中医药大学
96	中医药统计学	何　雁		江西中医药大学	
97	物理学	章新友	侯俊玲	江西中医药大学	北京中医药大学
98	无机化学	杨怀霞	吴培云	河南中医药大学	安徽中医药大学
99	有机化学	林　辉		广州中医药大学	
100	分析化学（上）（化学分析）	张　凌		江西中医药大学	

序号	书 名	主 编		主编所在单位	
101	分析化学（下）（仪器分析）	王淑美		广东药科大学	
102	物理化学	刘 雄	王颖莉	甘肃中医药大学	山西中医药大学
103	临床中药学☆	周祯祥	唐德才	湖北中医药大学	南京中医药大学
104	方剂学	贾 波	许二平	成都中医药大学	河南中医药大学
105	中药药剂学☆	杨 明		江西中医药大学	
106	中药鉴定学☆	康廷国	闫永红	辽宁中医药大学	北京中医药大学
107	中药药理学☆	彭 成		成都中医药大学	
108	中药拉丁语	李 峰	马 琳	山东中医药大学	天津中医药大学
109	药用植物学☆	刘春生	谷 巍	北京中医药大学	南京中医药大学
110	中药炮制学☆	钟凌云		江西中医药大学	
111	中药分析学☆	梁生旺	张 彤	广东药科大学	上海中医药大学
112	中药化学☆	匡海学	冯卫生	黑龙江中医药大学	河南中医药大学
113	中药制药工程原理与设备	周长征		山东中医药大学	
114	药事管理学☆	刘红宁		江西中医药大学	
115	本草典籍选读	彭代银	陈仁寿	安徽中医药大学	南京中医药大学
116	中药制药分离工程	朱卫丰		江西中医药大学	
117	中药制药设备与车间设计	李 正		天津中医药大学	
118	药用植物栽培学	张永清		山东中医药大学	
119	中药资源学	马云桐		成都中医药大学	
120	中药产品与开发	孟宪生		辽宁中医药大学	
121	中药加工与炮制学	王秋红		广东药科大学	
122	人体形态学	武煜明	游言文	云南中医药大学	河南中医药大学
123	生理学基础	于远望		陕西中医药大学	
124	病理学基础	王 谦		北京中医药大学	
125	解剖生理学	李新华	于远望	湖南中医药大学	陕西中医药大学
126	微生物学与免疫学	袁嘉丽	刘永琦	云南中医药大学	甘肃中医药大学
127	线性代数	李秀昌		长春中医药大学	
128	中药新药研发学	张永萍	王利胜	贵州中医药大学	广州中医药大学
129	中药安全与合理应用导论	张 冰		北京中医药大学	
130	中药商品学	闫永红	蒋桂华	北京中医药大学	成都中医药大学

（五）药学类专业

序号	书 名	主 编		主编所在单位	
131	药用高分子材料学	刘 文		贵州医科大学	
132	中成药学	张金莲	陈 军	江西中医药大学	南京中医药大学
133	制药工艺学	王 沛	赵 鹏	长春中医药大学	陕西中医药大学
134	生物药剂学与药物动力学	龚慕辛	贺福元	首都医科大学	湖南中医药大学
135	生药学	王喜军	陈随清	黑龙江中医药大学	河南中医药大学
136	药学文献检索	章新友	黄必胜	江西中医药大学	湖北中医药大学
137	天然药物化学	邱 峰	廖尚高	天津中医药大学	贵州医科大学
138	药物合成反应	李念光	方 方	南京中医药大学	安徽中医药大学

序号	书 名	主 编		主编所在单位	
139	分子生药学	刘春生	袁 媛	北京中医药大学	中国中医科学院
140	药用辅料学	王世宇	关志宇	成都中医药大学	江西中医药大学
141	物理药剂学	吴 清		北京中医药大学	
142	药剂学	李范珠	冯年平	浙江中医药大学	上海中医药大学
143	药物分析	俞 捷	姚卫峰	云南中医药大学	南京中医药大学

（六）护理学专业

序号	书 名	主 编		主编所在单位	
144	中医护理学基础	徐桂华	胡 慧	南京中医药大学	湖北中医药大学
145	护理学导论	穆 欣	马小琴	黑龙江中医药大学	浙江中医药大学
146	护理学基础	杨巧菊		河南中医药大学	
147	护理专业英语	刘红霞	刘 娅	北京中医药大学	湖北中医药大学
148	护理美学	余雨枫		成都中医药大学	
149	健康评估	阚丽君	张玉芳	黑龙江中医药大学	山东中医药大学
150	护理心理学	郝玉芳		北京中医药大学	
151	护理伦理学	崔瑞兰		山东中医药大学	
152	内科护理学	陈 燕	孙志岭	湖南中医药大学	南京中医药大学
153	外科护理学	陆静波	蔡恩丽	上海中医药大学	云南中医药大学
154	妇产科护理学	冯 进	王丽芹	湖南中医药大学	黑龙江中医药大学
155	儿科护理学	肖洪玲	陈偶英	安徽中医药大学	湖南中医药大学
156	五官科护理学	喻京生		湖南中医药大学	
157	老年护理学	王 燕	高 静	天津中医药大学	成都中医药大学
158	急救护理学	吕 静	卢根娣	长春中医药大学	上海中医药大学
159	康复护理学	陈锦秀	汤继芹	福建中医药大学	山东中医药大学
160	社区护理学	沈翠珍	王诗源	浙江中医药大学	山东中医药大学
161	中医临床护理学	裘秀月	刘建军	浙江中医药大学	江西中医药大学
162	护理管理学	全小明	柏亚妹	广州中医药大学	南京中医药大学
163	医学营养学	聂 宏	李艳玲	黑龙江中医药大学	天津中医药大学
164	安宁疗护	邸淑珍	陆静波	河北中医药大学	上海中医药大学
165	护理健康教育	王 芳		成都中医药大学	
166	护理教育学	聂 宏	杨巧菊	黑龙江中医药大学	河南中医药大学

（七）公共课

序号	书 名	主 编		主编所在单位	
167	中医学概论	储全根	胡志希	安徽中医药大学	湖南中医药大学
168	传统体育	吴志坤	邵玉萍	上海中医药大学	湖北中医药大学
169	科研思路与方法	刘 涛	商洪才	南京中医药大学	北京中医药大学
170	大学生职业发展规划	石作荣	李 玮	山东中医药大学	北京中医药大学
171	大学计算机基础教程	叶 青		江西中医药大学	
172	大学生就业指导	曹世奎	张光霁	长春中医药大学	浙江中医药大学

序号	书 名	主 编		主编所在单位	
173	医患沟通技能	王自润	殷 越	大同大学	黑龙江中医药大学
174	基础医学概论	刘黎青	朱大诚	山东中医药大学	江西中医药大学
175	国学经典导读	胡 真	王明强	湖北中医药大学	南京中医药大学
176	临床医学概论	潘 涛	付 滨	南京中医药大学	天津中医药大学
177	Visual Basic 程序设计教程	闫朝升	曹 慧	黑龙江中医药大学	山东中医药大学
178	SPSS 统计分析教程	刘仁权		北京中医药大学	
179	医学图形图像处理	章新友	孟昭鹏	江西中医药大学	天津中医药大学
180	医药数据库系统原理与应用	杜建强	胡孔法	江西中医药大学	南京中医药大学
181	医药数据管理与可视化分析	马星光		北京中医药大学	
182	中医药统计学与软件应用	史周华	何 雁	山东中医药大学	江西中医药大学

（八）中医骨伤科学专业

序号	书 名	主 编		主编所在单位	
183	中医骨伤科学基础	李 楠	李 刚	福建中医药大学	山东中医药大学
184	骨伤解剖学	侯德才	姜国华	辽宁中医药大学	黑龙江中医药大学
185	骨伤影像学	栾金红	郭会利	黑龙江中医药大学	河南中医药大学洛阳平乐正骨学院
186	中医正骨学	冷向阳	马 勇	长春中医药大学	南京中医药大学
187	中医筋伤学	周红海	于 栋	广西中医药大学	北京中医药大学
188	中医骨病学	徐展望	郑福增	山东中医药大学	河南中医药大学
189	创伤急救学	毕荣修	李无阴	山东中医药大学	河南中医药大学洛阳平乐正骨学院
190	骨伤手术学	童培建	曾意荣	浙江中医药大学	广州中医药大学

（九）中医养生学专业

序号	书 名	主 编		主编所在单位	
191	中医养生文献学	蒋力生	王 平	江西中医药大学	湖北中医药大学
192	中医治未病学概论	陈涤平		南京中医药大学	
193	中医饮食养生学	方 泓		上海中医药大学	
194	中医养生方法技术学	顾一煌	王金贵	南京中医药大学	天津中医药大学
195	中医养生学导论	马烈光	樊 旭	成都中医药大学	辽宁中医药大学
196	中医运动养生学	章文春	邬建卫	江西中医药大学	成都中医药大学

（十）管理学类专业

序号	书 名	主 编		主编所在单位	
197	卫生法学	田 侃	冯秀云	南京中医药大学	山东中医药大学
198	社会医学	王素珍	杨 义	江西中医药大学	成都中医药大学
199	管理学基础	徐爱军		南京中医药大学	
200	卫生经济学	陈永成	欧阳静	江西中医药大学	陕西中医药大学
201	医院管理学	王志伟	翟理祥	北京中医药大学	广东药科大学
202	医药人力资源管理	曹世奎		长春中医药大学	
203	公共关系学	关晓光		黑龙江中医药大学	

序号	书 名	主 编		主编所在单位	
204	卫生管理学	乔学斌	王长青	南京中医药大学	南京医科大学
205	管理心理学	刘鲁蓉	曾 智	成都中医药大学	南京中医药大学
206	医药商品学	徐 晶		辽宁中医药大学	

（十一）康复医学类专业

序号	书 名	主 编		主编所在单位	
207	中医康复学	王瑞辉	冯晓东	陕西中医药大学	河南中医药大学
208	康复评定学	张 泓	陶 静	湖南中医药大学	福建中医药大学
209	临床康复学	朱路文	公维军	黑龙江中医药大学	首都医科大学
210	康复医学导论	唐 强	严兴科	黑龙江中医药大学	甘肃中医药大学
211	言语治疗学	汤继芹		山东中医药大学	
212	康复医学	张 宏	苏友新	上海中医药大学	福建中医药大学
213	运动医学	潘华山	王 艳	广东潮州卫生健康职业学院	黑龙江中医药大学
214	作业治疗学	胡 军	艾 坤	上海中医药大学	湖南中医药大学
215	物理治疗学	金荣疆	王 磊	成都中医药大学	南京中医药大学